打开文学的方式

开学文的方式

王敦 ◎ 著

厦门大学出版社
XIAMEN UNIVERSITY PRESS

国家一级出版社
全国百佳图书出版单位

图书在版编目(CIP)数据

打开文学的方式/王敦著.—厦门：厦门大学出版社，2017.1
(2017.6 重印)
ISBN 978-7-5615-6360-1

Ⅰ.①打…　Ⅱ.①王…　Ⅲ.①文学欣赏-世界　Ⅳ.①I106

中国版本图书馆 CIP 数据核字(2016)第 295486 号

出 版 人	蒋东明
责任编辑	王鹭鹏　冀　钦
装帧设计	蒋卓群
印制人员	朱　楷

出版发行	厦门大学出版社
社　　址	厦门市软件园二期望海路 39 号
邮政编码	361008
总 编 办	0592-2182177　0592-2181406(传真)
营销中心	0592-2184458　0592-2181365
网　　址	http://www.xmupress.com
邮　　箱	xmupress@126.com
印　　刷	厦门集大印刷厂

开本	880mm×1230mm　1/32
印张	9.5
字数	274 千字
版次	2017 年 1 月第 1 版
印次	2017 年 6 月第 2 次印刷
定价	49.00 元

厦门大学出版社
微信二维码

厦门大学出版社
微博二维码

虽然,每至于族,吾见其难为,怵然为戒,视为止,行为迟,动刀甚微。謋然已解,如土委地。提刀而立,为之而四顾,为之踌躇满志。(《庄子·养生主》)

——题记

豆瓣阅读

本书原稿于2014年9月在豆瓣阅读平台上架，以专栏的形式定期发布。在其生动鲜活的文风吸引下，大量文学爱好者持续关注着专栏，"求更如求雨"。在这些读者的支持和催促下，作者和编辑对本书进行了大幅度的增补和修订，纸质版于2017年1月和广大读者见面了。下面节录豆瓣阅读专栏下部分热心读者的评论，以供第一次阅读本书的朋友了解这本书的特点。

专栏地址　read.douban.com/column/1004370/

正文很赞！才看了第二讲就赶紧来留言了，希望王老师能尽早更完！！拜读，受益匪浅！期待您单独对具体作品的解读！！！

还想多看一些细读例子！这几节里，最喜欢对《新石头记》的细读。收敛了"不正经"的口语风格，也不会有欠扁的晦涩。

指点迷津的好书～大四要毕业了才读到，真的是相见恨晚呐！老师辛苦啦，期待更新～

作者的陈述的方式唤起了我曾经享用过的德波顿和艾柯，平易近人的笔触内涵深刻。

最近一口气看完了正文部分，觉得非常好，好的不仅是文本细读的实践部分，还有其中蕴含的观点。

目录

第三讲 聚焦于解读叙事
—— "我们为什么非要故事不可？"

怎样『解读』？ 如何『打开』？

0.1 "文学名著看不进去，一定是我打开的方式不对"

"文学名著看不进去，一定是我打开的方式不对"——相信很多人都感同身受。希望这本书能对你有所帮助。

这是一本什么书？通俗地讲，可以理解为关于文学的"打开方式"的书，由文学研究专业人士，写给社会上对文学有不同程度的爱好、好奇和钻研的读者。如同书稿原副标题"文学解读讲义"——它是建立在笔者多年来先后在中山大学、中国人民大学授课的基础上的。

对文学作品的感受力，是有"时限"的，一般来说，青春期最敏感，印象最深，受用终身；错过这个阶段，就永远错过了。此年龄阶段不"打开"文学，还待何时？学会"打开"文学，是一件正经事。

这本书，就是从我们普通读者的角度，来告诉你——你本人，一个普通人，如何来打开文学，与文学发生关系，从文学中获取收益。放下了专业面孔的我，脑子里更多地想要考虑非专业读者及本科低年级的中文专业读者的感受。同时，这本书也是写给有一定中文专业基础的朋友们的——你们会敏感地看出这书和一般专业书的差别来。我尽量努力想去做的是，不论面对专业的还是非专业的读者，都不在已有的理论套话里面打转，而是掰开了揉碎了，深入浅出地把解读之事，说得全面且清楚。我认为，文学专业话语如果与日常语言脱节，拒人于千里之外，是一种失败。不管有多少困难，也不应该逃避。

本书标题中的"打开"两字，何解？通俗地讲，就是剽悍地"搞定"、"玩转"、"得以享用"之意。

打个比方：当一只狮子扑倒一只羚羊后，它该如何"打开"——"搞定"、"玩转"、"得以享用"——之？曰："工欲善其事，必先利其器"——它应该剽悍果断地咬断羚羊的颈动脉，然后该从后腿内侧咬开表皮，尽情享用之，才是正经事。舍此之外，都是瞎忙活，都是添乱。

"打开"文学当果断如此，并尽情享用。

这，是一个技巧活儿，实践活儿。本书就是教你这个技巧活儿、实践活儿，不是"专家"、"学者"的坐而论道，不是教你"屠龙之术"。——屠龙在我们现实世界里是派不上用场的。

一只鸡都屠不了，谈何屠龙？"打开"一本小说，"打开"一首诗，就如同"屠"一只鸡，一头猪。

实践是检验真理的唯一标准。无以见龙的屠龙之术则无异于"耍

流氓"。与空谈屠龙比起来，坐而解剖一只麻雀才是正经事。唯此，才有可能切实触摸文学的"任督二脉"。

可见，这本书不是把文学捧在胸口放在心尖儿，来顶礼膜拜的。——我们是务实的人。我们要的，不是"自己陶醉于文学的样子"，或自己虔诚地匍匐于文学大神教父的脚趾前的幻影。我们要的，是用自己的脑力，为自己"打开"文学，自己真正地享用之。

所以，我们要用柳叶刀、显微镜、核磁共振等各种方法和手段，来洞悉文艺作品之魅力之所在。

是的，这本书里不会出现"只可意会不可言传"那样的话。对于这本书的作者来说，"只可意会不可言传"，如同自闭模式下的樱桃小丸子一般，太私人化，"脑电"并无交流。再比如，无论金庸大侠把玄妙的武功描绘得多么五迷三道让你心有戚戚，但其实无法教会你哪怕最基础的武功。同理，若想亲手真正打开文学，就要真正去学打开文学的路数、技巧，而不是去"想象"。

这样一本教人打开文学的书，就是要"言传"、"身教"、操练。它的公式是：言传 + 打开方式的实际操练 = 学会打开文学。说到底，我们是要用理性认知加上实践操练，来打开文学里面的堂奥。

当然，我们不是不需要私下的脑电体验。文艺自然需要情感和生活体验的带入。你的感性，是你打开文学的思维底层。我们只是不专门跑题去说它罢了——众口难调，感动你的不一定能感动他或她，若去追究和讨论"什么"让我感动，势必会忽略我是"怎样"被感动，以及"为什么"我被感动了——对这后两者的分析，才是"解读"，才能有助于

打开我们所遭受的感动，看看它到底是怎么回事儿。

所以说，煽情和感动，不等于文学"解读"本身。

否则，设想一下，如果只是确认或想象自己被文学作品感动了，却不会打开之，无能力去解读之，那将会是个什么状况？……那将会是这样的一段对话：

> 你："天哪，这小说写得太好了，太让我感动了，你们也都去看看吧！"
>
> 别人："是吗，写得怎么好？"
>
> 你："就是好，我也说不出来，就是 really good, really really good, really really really good, really really really really……"
>
> 别人："感动你的是哪儿？"
>
> 你："就是被感动了，我也说不出来是哪儿，太感动了！我 really 被感动了，really really really really……"

你，肯定也不想这样，或者说，早已厌倦了这样的没有存在感的被动尴尬了吧？——千百遍的"really"，也比不上一句话言传出"how"（怎样好）和"why"（为什么好）的问题，更给你带来成就感的干货。而且，在别人的眼里，也不是你的情迷"意会"，而是你的清晰"言传"，印证了你的思维素养和深度。

你的感动，需要"言说"。你的"言说"，就是你的"解读"，就是你对文学的"打开"。

别人根据你的"解读"，来鉴定你的思考深度、感受程度，以及人文素养。

所以在这本书的解读路数里，我们不是来乱感动的。我们是来分析，

"为什么"，我们就被感动了，以及我们是"怎样"被感动的。

总之，不是关于"what"的问题，而是关于"why"和"how"的问题。

至于"What"——是"什么"感动了你，是你的私人事务，是我们每个人的私人事务，比如说因人而异的"三观"培养、精神寄托、人生的"避难所"、精神上的"希腊小庙"、"民国范儿"等等，这些，都各有其符号化的来由，各有当下的针对性。但对于我们培养打开文学的能力的"解读"操练来说，这些，都是你自己的事。不必强求一致，也不必灌输任何一种。

这本书，不会"推销"任何一种"范儿"，而是尊重你自己的选择。萝卜白菜，各有所爱。喜欢渡边淳一或喜欢林徽因，都无对错，都无所谓谁更有"范儿"。这就不再赘述了。让我们直奔主题，再次强调：打开文学的方式为何？

答曰："意会"之处，努力"言传"，即解读出"why"和"how"。

若无清晰"言传"，从逻辑上讲，别人无法推知，你是否真的已经"意会"了。实现这一点，需要一件解读的利器——"文本细读"，或曰"close reading"。

这本书，从头到尾都在示范和言传此物。无此物，则"打开"文学的努力，大打折扣。

你想了解并尝试一下吗？

那就放马过来吧。

0.2　学会"打开文学的方式"，是一件正经事

我是文学专业里面的一位研究者，之前在广州的中山大学中文系任教，现在是北京的中国人民大学文学院的教师。这本书，自然是将专业的含金量，服务于课堂之外的众人了。但首先，需要让读者明白，这本讲文学的"讲义"书，具体提供的，主要是在"文学理论"方面的服务。

这意思是说，这本"文学解读讲义"，不是具体去讲唐诗宋词鲁迅，也不是具体去讲托尔斯泰卡夫卡。——讲唐诗、宋词，是古代文学教研室教师的事儿。讲鲁迅、沈从文、莫言，是现当代文学教研室的事儿。讲托尔斯泰、卡夫卡，是外国文学教研室的事儿。那你可能会问了："您这也不讲，那也不讲，那么，您具体都讲些什么呢？"

答曰："文学理论"。文学理论，是对文学本身的认识的一门学问，归"文艺学"或"文学理论"（两个词的意思在国内基本上是一回事儿）教研室来讲。如果对文学本身是怎么回事儿，懂得比较多了，当你面对唐诗宋词、鲁迅沈从文、托尔斯泰卡夫卡的时候，就能够更加靠谱地"打开"。这就如同，当你对"男人"、"女人"整体上有所了解之后，谈恋爱的时候，面对具体的一个男人或女人，会更能够成功地"打开"一样。事实上，当您试图打开一个具体男人或女人的心扉的时候，您必然也会想到"男人是什么"或"女人是什么"的问题，对不对？——寻求方法论上的对普遍性问题的指导，是我们思维活动中内在的一部分。这，就是理论性思维。它在我们的生活中，无处不在，很有用。

前面还说了，这本书讲的是文学"解读"——以"文本细读"为

主要特征的文学"解读"。

本书的书稿原题，即为"文学解读讲义"。意思是说，解读不是为了学习文学理论自身，而是落实于更好地打开具体的作品。如同"了解男人"或"了解女人"，是为了"打开"具体的男人或女人的，对不对？

所以说，这既是一本文学理论书，又是一本十分独特的理论书，因为它里面的理论总是紧紧扣在解读实践经验和问题上的。

如果不用男人和女人的比方了，也可以用一个比较老套的比方——树木和森林的关系。从唐诗或宋词这一两棵"树木"上，满足不了你看清"文苑"整座大森林的愿望，而关于森林的地形图和导游手册（好比理论）也不能让你对森林有深入的了解，怎么办？就要既见树木，又见森林。就如同本书，既让你去深入的"文本细读"，又让深入的文本分析，来说明文学当中的一些大问题——超越了具体作品，而直达文学本身的大问题。

你自然会问：作者您说的这一套"解读"的道理，在学理上靠谱吗？在有关文学理论的学术话语中，这到底是处于一个怎样的大致坐标上呢？

好，下面我就来简要说说这事儿。首先要强调说，我们在这里所说的"解读"或"打开"文学，不是在追寻作者的"原意"。打个比方：，作者写完作品，摆在了我们的面前，可以说对于作者来说，就如同在港剧里面，赌家在赌场下了赌注后，发牌员会说："庄家离手！"有一句话说"一千个读者心目中有一千个哈姆雷特"——这意思是说，读者很

重要，在心目中"再创造"出了一千个人物形象，比作者心目中的人物形象，还要丰富多啦，不是吗？

"解读"之事，说到底，绝不是去"还原"作者的"圣旨"，也不是选择一位权威的"批评家"，然后站到他的身后，成为一个无关紧要的"零"，而是充分发挥读者的"主体"作用，为作品有效地生成新的意义。解读出来的新的意义，是解读者的私有财产，并参与到与作者、与其他读者的交流之中，成为读者自己对文学这件事儿的贡献。

在中文系或文学院学过一点儿文学理论（或"文学概论"，或"文学原理"，要看具体院校的具体课程名称了）的学生都知道美国文学理论家 M. H. 艾布拉姆斯在他的《镜与灯——浪漫主义文论及批评传统》一书中提出的"文学四要素"的说法。简而言之，这"四要素"，就是"作者"、"作品"、"世界"、"读者"。它们的互动，构成了作为"文学活动"的整体的文学系统。围绕着这四个要素，森罗万象，涵盖并得以生发了阐述文学问题的理论话语的方方面面。

本书作者认同艾布拉姆斯的这个理论话语框架。

这本书里面锁定的"解读"问题，与四要素里面的"读者"方面，最为相关。

"四要素"，很深奥吗？并不。下面先把四个要素各自所起的重要作用，都通俗地串讲一下：

"作者"，好理解，是生育出作品的母亲，是文学生产的法人代表、责任人。围绕作者是怎样的人、产生了怎样的作用，所产生的庞杂的理论思考，大致可以叫作"创作论"——就是关于作者如何创作的研究。

比如说，文学作品是如何从一个人的脑子里面产生出来，并变成文字的？这里面的步骤和机制，能否说得清楚？作者的心理成长、三观、成长经历，以及外在世界的存在——社会、历史、政治、经济、文化、出版消费等，如何作用于他的脑子，变成了他写出的，与别人不一样的文字风格？而"读者接受"这一客观存在，是否制约着作者的创造过程？就好比，网络读者的回帖，是不是影响着网络作家下一次的"更新"？

"作品"，就是行之于文之后的那个文本产品。从"作品"角度考虑问题的时候，就不要老想着"作者本来要告诉我们什么"。作品就是作品，从某种意义上说，已经摆脱作者的管辖权，传递到读者手里了。相关的文学思考，大致可以叫作"作品形式论"，包括：作品里面有怎样的结构、层次？体裁如何？如何对一部作品的风格进行分类定位？……作者、读者，和外部世界（社会、历史、政治、经济、文化等），如何影响和制约着作品的面貌？

"世界"（本来就是中古翻译佛经所进入汉语的双音节外来词），简直如同佛教里面所说的"大千世界"，包括作品（文本）所展现出来的写实、虚构或想象的世界，以及其他与客观外部世界的政治、经济、文化等各方面的关系如"意识形态"等，以及作者创造作品时和读者打开作品、评判作者时所调用的外部体验、认识。

最后说到"读者"。读者，是"打开"文学作品的当事人、责任人，正如同作者是生育文学作品的当事人、责任人一样。在这个"打开"机制中，读者又会与作品、作者甚至世界发生多方的复杂关系。

显然，在这个意义上，对本书所探讨的"解读"之事，你可以理

解为"有关以读者为主体的一切"，或"当读者与作品遭遇时，发生了什么"。

这事儿的重要意义在于：我们这些活生生的读者，在文学活动中的作用不可或缺。文学活动的四要素中有两个"人"——作者和读者，平起平坐，缺了后者，作品无法被打开、被解读，也就生成不了文学意义、文学价值。

甭把自己的读者和解读者的主体身份不当回事儿。在文学活动中，我们这些普通人，基本上都不是以作者身份来出书，主要是以读者身份出现的，对不对？

"文学解读讲义"所讲的就是读者如何发挥主体性进行"二度创造"。这个解读问题，必然也与作品/文本后面的作者，以及从方方面面所折射的"世界"相关。

这本书，也并没有把解读之事，放进西方的"接受理论"和"读者反应批评"等偏重读者角度的一些理论体系的条条框框来讲述。窃以为，对于理论的条条框框，您可以阅读坊间的一些理论书自学即可。这本书不是用来干这个的。

如同前面所说，这本书所说的解读问题，更偏重于技巧活儿，实践活儿，对理论话语采取实用的态度。总之，不会牺牲文本分析，来"成全"理论，一切都要在"文本细读"的示范中，用实践来检验。所以，您也不要一听到我说"文本细读"，就把这个做法和英美二十世纪四五十年代的"新批评"理论，给直接匹配、对应起来。

"文本细读"的具体尝试，人人随时随地皆可为，不需要钻进半

个多世纪前提出"文本细读"的"新批评"理论的殉葬墓穴里去才能开展之。这不禁也让我想起前一阵子，在微博上看到社科院外文所前辈大师盛宁所说的话："现在流行一种很深的误解，似乎批评一强调'文本'，便以为是摒弃了理论，又来新批评那一套了。殊不知无论哪种理论取向的批评，对所论作品文本本身的细读，其实是不可或缺的一项基本功。即以新历史主义批评为例，诸位去读一读格林布拉特（S. J. Greenblatt）等大家的文章，有谁在那里整天的甩理论术语，全都需要到字里行间去讨生活的哟！"几年来，我也一直在说着类似的话。

您愿意的话，可以把我看作一个"对理论话语时常保持警惕性的理论研究中人"。

歌德说："理论是灰色的。生命之树常青。"理论固然自有其不可替代的价值，告诫我们不要"只见树木不见森林"，但若过于信赖理论其实也很不值——会陷入森林看不真切，树木也见不到一棵的窘况。过于信赖理论，就如同以森林的"导游图"取代了森林本身，让你熟练背诵其海拔，温度，面积，本质，意义，或者用"屠龙之术"，来取代实际的哪怕是解剖一只麻雀的刀法……

但理论也绝非无用！其实理论有多种用法，既可观林，也可观木，还可林木皆观。对理论的学习，当然是一种艰苦的有价值的学习。其中的艰苦，不是理论"理解"的艰苦，而是理论"习得"的艰苦。"习得"的获得，离不开实践，即在解读的过程中，体验自己的理论倾向，发现自己在操作哪种理论话语时比较得心应手。也就是说，获取个人版本的理论"私有财产"。对此有所在意的"理论型"读者，可以体会之。

对于本书的那些"实用型"读者来说，我们可能并没有对于理论的自发的或功利的兴趣、需要。我们在意的是如何来具体打开文学作品，读出收获来。这本书的作者，最在意的就是满足你的这个需要。让我们用理论的望远镜、显微镜，来仔细观察一棵树，或曰，用理论的柳叶刀、核磁共振，来解剖一只麻雀。

另外，本书的作者想特意再对你说一个观点：从文学"解读"中获得的，也应该算是你的"私有财产"。

我帮助你摆脱面对文学作品时无法打开而茫然不知所措的窘境，让你自己从文学中获取属于你自己的私有财产——"一千个读者眼中有一千个哈姆雷特"，没有所谓对错，没有"标准答案"的私有财产。你所获得的私有财产，很可能和别人的不一样。

因为前面已经说了，"文学解读讲义"所讲的，就是读者如何发挥主体性进行"二度创造"。

第一次创造，是作者创造出作品。第二次创造，是不同时代、性别、阶级、社群、趣味的读者，通过解读而打开作品，创造出各自的不同的"私有财产"。

所以我们要强调文本细读（close reading）。这样一种"解读"之道，不仅可以用来打开文学文本，也可用来打开哲学、历史学、社会学等等各种学科话语领域的作者所创造的各种文本。大学生们在文科各个院系经常要写的课程作业和论文，常常要面对不同学科领域的"作品"，来"解读"之。这本书也会间接地启发和帮助你。

把"解读"问题，上升到一个方法论的层面，看看这个东西，还

有哪些意义？

有一种说法，说"学术为天下之公器"。对文学的研究、思考，当然也属于"治学"的一部分。我则要说，这个"公器"的动态传承，离不开治学者私人的"解读"。举例说，在朱熹对汉唐儒学注疏的颠覆性解读中，儒学得到了再创造，焕发了空前的活力。学问的历史，如一条长河，需要一个个的活人来再创造，从而保持活力。从每个细部看，都是私人的"解读"性活动。

治学，固然是一个需要积累别人的话语，需要"厚积薄发"的力气活儿，也是一个时刻需要解读文本，审视自身、作者、和世界的力气活儿。

下面看看，在文学和学术之外，以读者为主体的解读活动，对个人和社会生活，还有怎样的意义？

卢梭说："人生而自由，但无时无刻不在枷锁中。"这个"枷锁"，如同猪八戒的"珍珠衫"，孙悟空的"紧箍咒"，其实可以被理解为两层意思。其一是那些由国家机器作为后盾的有形的社会限制，其二则可以引申为不间断地不知不觉地塑造着你的言语行为的无形的"话语之网"，小者如教你瘦身、时尚消费的商业广告，大者如指导你"三观"的集团、身份、性别，乃至"意识形态"。这后者的威力，更是天网恢恢疏而不漏。你想：《祝福》里的祥林嫂，不是被具体某个有形的枷锁所害死，而主要是被精神上的无形枷锁摧残致死。在鲁迅先生的短篇小说里面，充满了所谓"近乎无事的悲剧"。为了反抗封建文化的"天罗地网"，鲁迅等新文化运动的奠基者，也编织出"启蒙"、"革命"、"救亡"等新的文化

构想。可见，文学文化领域是一个战场，不同的文化"编码"，相互厮杀，都在争着去占据我们心灵里面的一个个节点。

想一想美国电影《黑客帝国》和《楚门的世界》吧。我们被别人精心炮制的说辞和字符矩阵所包围，如果不去"close reading"，多分析分析"为什么"（why）和"如何"（how）的问题，被其里面的"什么"（what）所裹挟、忽悠、催眠，我们被骗的概率就是99.9%了。在社会上，往往是整整一代代的人集体被骗。在比较糟糕的时代，比如希特勒时代的德国，你个人幸福追求的回旋余地就变得近乎为零了。

这时，此书里面所训练你的"解读"技巧和能力，就能起到拯救性的作用了。比如说，当大家都认为一个东西不好的时候，其实它可能是好的而没有被发现。或者当大家都说一个东西好的时候，强大的解读者能发现它有可能是不好的。

这样的人，强大的解读者，拥有强大的心灵和智慧。一言以蔽之，不拥有强大的解读能力，就无法拥有陈寅恪所说的"独立之人格，自由之思想"。

你不信？"问题有这么严重吗？"

就不用我多说什么了。让我们看看二十世纪六十年代一个"高大上"的加拿大文学理论家弗莱（Northrop Frye）是怎么说的。这是生活在冷战时期高度发达资本主义国家的一个学者，他本人在政治上也丝毫不与激进的反叛性沾边，不过是个本分的学术权威而已，在文学理论界之外，很少有人知道他。但我觉得他下面这段话，是说给我们所有普通人听的。我很佩服他能把深刻的人文情怀，用通俗晓畅的句子，说给我们

大家听。他对"文学的学习"的期望，差不多等同于我对于"解读"的效力的期望。他所说的那些当时被西方意识形态所洗脑，患上可笑的反共歇斯底里症的"乌合之众"，相当于我眼中的人云亦云，不会发挥解读者主体性的人：

> 文学的学习，乃至语言的学习，往往被视为一项高雅的造诣——关于谈论好的文法抑或跟上自己的阅读。我想说明的是问题要比这个稍严重。我不知道语言和文学的学习如何能与言论自由的问题分离开来——我们都知道它对我们的社会至关重要。在我看来，日常话语的领域是两种社会话语（一群乌合之众的和一个自由社会的话语）之间的战场。一个代表了陈词滥调、陈旧的观念和无意识的胡言乱语，而且导致我们不可避免地从幻觉转入歇斯底里。一群乌合之众中是不可能有言论自由的：乌合之众无法容忍言论自由。你会注意到那些把自己对共产主义的畏惧之情发展成歇斯底里的人们最终会尖声惊叫：他们所见到的每一个神志清醒的人都是共产主义分子。此外，言论自由与埋怨或说社会是一团糟、所有的政治家全都是撒谎精和大骗子等等诸如此类是无关的。埋怨绝不比这类陈词滥调更前进一步，他们所表达的那种含混不清的犬儒主义是针对一些人的态度——一些寻求一群乌合之众然后加入其中的人。（王敦译。Northrop Frye, The Educated Imagination, Indiana University Press, 164.）

把原文也提供出来，以飨比较执着的读者：

> Too often the study of literature, or even the study of language, is thought of as a kind of elegant accomplishment, a matter of talking good grammar or keeping up with one's reading. I'm trying to show that the subject is a little more serious than

that. I don't see how the study of language and literature can be separated from the question of free speech, which we all know is fundamental to our society. The area of ordinary speech, as I see it, is a battleground between two forms of social speech, the speech of a mob and the speech of a free society. One stands for cliché, ready-made idea and automatic babble, andit leads us inevitably from illusion into hysteria. There can be no free speech in a mob: free speech is onething a mob can't stand. You notice that the people who allow their fear of Communism to become hystericaleventually get to screaming that every sane man they see is a Communist. Free speech, again, has nothing to do with grousing or saying that the country's in a mess and that all politicians are liars and cheats, and so on and so on. Grousing never gets any further than clichés of this kind, and the sort of vague cynicism they express is the attitude of somebody who's looking for a mob to join.

0.3 三个系列讲座帮你初步打开文学

我之前在中山大学讲授"文学／文化解读"课程的那几年，不断有学生说："老师，您应该把讲义编成一本书，我们就可以随时翻翻呀。"当时觉得还有很多需要完善的地方，觉得还需要进一步提炼，觉得世界上的书已经太多，读者的时间又很宝贵，所以迟迟没有动笔。时间证明，"解读"课（私下叫"解毒"课）确实是我特别"有话要说"的一门课。话说一九三七年八·一三的淞沪抗战，蒋介石把黄埔精英全都投入进去

了，不计工本——那是他唯一的一次不计工本儿吧。我对这门课的私人感情，也庶几类似。

经过多年的掂量，我现在觉得，还是把讲义形之于文吧。在作者之于读者的伦理关系中，我觉得我不是在谋杀诸位的时间。

本书作为一本"文学解读讲义"，其主体部分，分为三讲。这"三讲"，有理论阐述，也有解读实践操练。

也就是说，所有的讲述，都是基于对具体的文本的解读而展开进行的，所以"仰望星空"的时候，总会脚踏在坚实的文本的土地上——理论的文本，或者是文学作品文本。当然，对这些文本的选择和解读，都是服务于作者所设定的一个个专门的话题。

每一个解读示范，都是具备技术含金量的足够扎实的"干货"，是"树木"，每一个专门话题，在"树木"的基础上，则看到规律性的理论性的阐述，是"森林"。

在"有所为"的同时，也意味着"有所不为"。这本书，不会脱离对文学创作文本和对理论创作文本的具体细读。是的，书写理论，对我来说，不是"扶乩请仙"去请来理论"特派员"。

这本书，不会去谈"艺术·人生"式的非"干货"感悟，或者去谈作者本人的"境界"——因为这些无法在文本解读中求证，与如何打开文学的技术宗旨无关。

这本书，也不是在全面阐述我这个作者的文学观。——我的文学观对你来说不重要。你自己的文学解读能力对你来说才重要。

如同《圣经》中所述，施洗者约翰需要先为耶稣施以洗礼，但同

时施洗者约翰指着耶稣对众人说：他必兴旺，我必衰微。

你是独立的解读者。我这个作者，只为此项事业，提供技术性的援助工具箱。

下面分别说说这"三讲"都讲了些什么。

第一讲"解读啥？——符号"或"老天创造了人，人创造了符号"，从介绍文化的"符号"之特性入手，把构成文学书写的语言文字，和构成视觉、听觉等的表意符号（线条、图形、音符等）的编织，统称为人类"文化"这一符号表意之网。

"符号"这个词儿，近年来在大众话语中也变得越来越火了。其实关于"符号"的文化思考，如果从卡西尔的《人论》算起，经过二十世纪的"语言学转向"、"符号学转向"、"结构主义转向"、"文化人类学转向"等一波波的人文学科方法论的聚焦，已经在学界火了一百多年了。著名的文化人类学者克利福德·格尔茨（Clifford Geertz）说："人是悬浮于自身所编织的意义之网络中的动物。我用文化一词，来称呼那些网络。"（原文为：Man is an animal suspended in webs of significance he himself has spun. I take culture to be those webs.）你可以把这一张"文化之网"，想象为猪八戒不慎穿上的那件"珍珠衫"，真是环环相扣，穿上就脱不下来嘞。

"解读"，就是基于对这一"符号之网"中任何文学、文化产品的破解。我们已经进入了互联网的"读图时代"。同样，手机和电脑里的音频文艺"APP"样式，也不可或缺。所以，从这第一讲的"热身"开始，我们对文学的理解，就不是局限于印刷时代的文学生产消费，而是放在

包括各种艺术形式及日常生活的广义文化大背景之下来思考，具体地说，会牵涉到对一般理论书所牵涉不到的一些理论段落的精读，以及听觉艺术、视觉艺术现象的分析。

第二讲"如何走起——文本细读"，首先通过对希利斯·米勒（J. Hillis Miller）一段深入浅出的话的解读，来展示出文本细读的方法，以及这样做的好处，还有它的复杂性。在很多的理论教程和著述上一般都说，希利斯·米勒是解构主义文论家，是"耶鲁四人帮"之一，听起来是个很高深的样子。但是，理论书永远是挂一漏万的。窃以为，好的解构主义文论家，反而是出奇地精于文本细读，以至于我们完全可以欣赏他的好的解读功力，而不管他是否还有解构主义理论家的头衔。我感觉，这位顶尖理论大师面对普通读者讲解文学时，对于我们一般大众的阅读反应，是明察秋毫的。显然，他是个精通各种阅读模式的老手、阅读热爱者和深度思考者。

文本细读本来就是个实践活儿，所以这一讲里面，也离不开实践性的示范。不是有句话说"男不读王小波，女不读周国平"么？我来示范细读一下王小波的中篇小说《革命时期的爱情》第一章的开篇。这篇小说里的主人公，一九七二年的一个"青工"（当时历史语境里面的青年工人）、落后分子男青年王二，在"革命"的权力话语格局里面无路可逃。他尝试着进行自己的"符号表达"（自己所认为的有意义的"活法儿"）——科学发明、艺术创作——但被强大的政治话语权力（当时主流的那一套话儿，和组织管理）给压制得极其猥琐。在王二的生涯里面，艺术、社会、"发明"、"梦境"的符号意义，各有隐喻。该小说里

第一人称和第三人称叙事的交叠运用，蕴藏着很多的深意。我的细读示范，则用一千字的篇幅，只来展示细读小说的开篇一百六十字。

第三讲"聚焦于解读叙事——我们为什么非有故事不可？"承接上一讲里面米勒所说的阅读技巧问题，索性把文学类型里最无法回避的一个大块头——叙事（故事讲述）——挑出来单练。讲故事，是用语言来制造事件的方式。就是用语言来说出一件事儿，不一定是真发生过的。叙事活动，是我们获得人生经验的必经途径。我们需要通过文学性虚构，来品尝可能的自我，并且在实际世界中进行推演和角色扮演，审视目前的生活，设想尚未不存在的生活之可能。没吃过猪肉，还没见过猪跑么？没谈过恋爱，就更要看小说，看韩剧。科幻小说里面发生的事情，虽然在今天还是科幻，但未必不会在今后的社会里发生……

恕我不一一"剧透"了。其实这三讲里面的每一讲，都是横亘五六万字，自成体系的大问题，里面又下辖若干方面的分论题，所以加起来就是好几十个课时，足够讲一个学期了。

下面，祝你开卷有益，渐入佳境！

第一讲 解读啥？

——符号，或『老天创造了人，人创造了符号』

1.1 符号学之"爱情＝玫瑰？"

"文学解读讲义"，现在正式开讲了。

先别急。

"打开文学"的第一讲，需要先进行一番讨论，认清我们所说的"解读"事业，到底是要解读啥的问题。

这第一讲，我们暂且把具体的解读拳脚展示及演练放它一放，是因为磨刀不误砍柴工，要先在理论思考的层面上认清解读的对象，明白解读行为，是对人类语言符号运作的"解码"。

我们要解读的一切，都是"符号"。一言以蔽之："老天创造了人，人创造了符号"。

这就像彼得·布洛克斯（Peter Brooks）所指出的，如果说人是会使用工具的动物，"homo faber"，这种动物也早就是

使用象征符号的动物，"homo significans"。前面掉书袋的这些拉丁语单词，离我们太遥远。但我们都认识英文单词"sign"（符号、标记），和"significance"（意义）。

显然，从这两个英文词的拉丁文词源上看，"意义"来自于"符号"。

人是唯一能够辨识意义的地球动物，原因就在于人类能够创造符号、使用符号，与符号不离不弃，在符号中寻找意义。海德格尔有句名言："人——诗意地栖居。"如何"诗意"？怎样"栖居"？答案，都在"符号"里面。

所以说，"老天创造了人，人创造了符号。"

从此，人说："我要与这个世界谈谈。"

文学如同相声，均是"语言艺术"，只不过前者，现在主要依靠读者（脱离文盲状态的读者）用眼睛去阅读，后者是不分文盲或非文盲，都可以用耳朵去听。"语言艺术"离不开人类语言。语言，就是我们最基本的符号系统，成为编织"文化符号之网"的"珍珠衫"的大宗。

所以我觉得，学习如何"打开文学"，需要先对语言的符号性问题有所了解为好。

这本"文学解读讲义"的第一个讲座，在此也明确地提出并随后回答一个重要的疑问：我们从事文学解读时，到底是要解读什么？

答案是"符号"——语言符号所编织出来的各种花样，包括"修辞"，包括"叙事"，包括"风格"，包括在"审美"和"意识形态"（"三观"）上面的，用语言符号所经营的，对"现实"和"想象"的模仿（你可以理解为"模拟"、虚拟，或"表征"）。

下面就花一点时间，来说说符号问题吧——我写一写和您看一看，都是值得的。

（1）

符号是啥？往复杂了说，可以复杂得不得了。我们的语言，就是人类使用最频繁、最精微的，对整体人群来说都须臾不可或缺的符号系统。里面又主要分为两大层：声音的和图像的。

语言的声音层，就是用嘴说和用耳朵听的话。这连文盲也会。

语言的图像层，则是手写、印刷、键盘敲出的，记录声音语言的书面语言字符，靠视觉来辨认。

我们从小学开始的"受教育"，在某种程度上，就是超越"文盲"阶段的日常口头表达，而逐步掌握更复杂的书面语言系统的"符号化"过程。这就是狭义的"识文断字"。对于广义的"识文断字"而言，一个人的话语符号运用与意义内化两者，是鸡生蛋、蛋生鸡的一体两面，识文断字也就意味着概念、意义、思想，也内化于心，于是就能在"语言艺术"和书面阅读中，以及自己的言说、写作中，在"文化的符号之网"这一团乱麻中，交替地输入和提取新的"意义"。

除了语言符号之外，音乐艺术，运用声音的音高、强弱、节奏、音色来"符号化"，传递"意义"。美术呢，则运用轮廓、线条、色彩、明暗、笔触、留白等来"符号化"，传递"意义"。而电影呢，自从默片时代结束后，就是把视觉呈现的意义和听觉符号意义叠加到了一起，更不用说画面还是在时间中流动的，声音又分为场景音和画外音。这些事情，要多复杂有多复杂。

于是就有了各种版本和各个门类的"符号学"。

比如，要对符号的"层次结构"进行分类阐述，就有了索绪尔的语言符号"能指"（signifier）和"所指"（signified）的分层及其引申。若按符号的"类型和功能"来分，则有了皮尔斯的"icon"、"index"和"symbol"三分法。再比如说，对于语言之外的符号进行分析、研究、甄别，则有了音乐符号学、"图像学"、电影符号学、文化符号学等——它们与音乐学、艺术史、文化人类学、传播学等学科生成了错综复杂的交叉。

所以说，若往复杂里去说，则这本书就不是仅仅一本书的容量，而要无限地扩容了。

还是就此打住，往简单扼要里说吧。

从何讲起？先从"爱情和玫瑰"的关系讲起，好不好？

这……貌似简单——爱情不就是玫瑰嘛！

实则不然。

然与不然之间，隐藏着符号问题的神秘的真谛。

但你会问：这……跟"符号"，跟"意义"的问题，会有关系？

有的。

爱情是什么？是人心里面一种复杂的情感，是无法直接言说的。——若直接言说出来，则成为"我爱你！"、"我太爱你了！""我爱死你了！"……总之，对于"爱"的各种表态，就算把"爱"字重复一万次，也说不出爱本身为何物，怎样爱，仍然是"爱"这种"人心里面复杂的情感"的表述性"缺席"。"单纯"的陈述性语言，无法表达、

描摹复杂的东西如"爱"。"单纯"的语言，能传达"饿"、"渴"、"吃饭"、"喝水"、"睡觉"这样的讯息，却无法传达"爱"的状态为何物。

怎么办？诗人做到了。——把不可名状的"爱"的"意义"，符号化为外在的玫瑰。十八世纪的苏格兰著名诗人，《友谊地久天长》的作者罗伯特·彭斯（Robert Burns），在另一首迄今英语世界里无人不晓，并占据了当今无数明信片和网页的诗里说："O, my Luve's like a red, red rose,That's newly sprung in June." 王佐良先生译为"呵，我的爱人像朵红红的玫瑰，六月里迎风初开。"

你看，"爱人"也好，"爱"也好，就和一种叫"玫瑰"的花草画上了等号。——"爱情 = 玫瑰"。

预料你会说：对嘛！诗人发现了真谛——爱情，不就是玫瑰嘛！

但我说"No"！

——玫瑰，一种蔷薇科植物，与人类进入文明阶段后的"爱"这种内在的隐秘情感，之间会有一毛钱的联系么？

玫瑰，不论是"羞答答的玫瑰静悄悄地开"的玫瑰，还是"玫瑰玫瑰我爱你"的玫瑰，本身都不曾拥有你所赋予它的"意义"。其脉脉的情意、浓烈的情意，都是人类的"符号化"行为强加给它的。

如果玫瑰懂得人类语言，你跟它说，"你代表爱情呀！"它会感到莫名其妙，"别烦我！我对爱情丝毫没有兴趣，我如同任何人类以外的生物一样，只是以保存和传播自己的基因为己任，与仙人掌、老玉米、蜜蜂或者苍蝇没有任何不同。"

如果玫瑰懂得人类语言，你跟它说："你在中文叫玫瑰，在英文叫

rose，在印地语叫⋯⋯"它也会感到莫名其妙。有莎士比亚的诗句为证："我们用别的名字称呼玫瑰，它也会芳香如故。"（《罗密欧与朱丽叶》）

但是，从诗人到广告商，再到情书写作者，都离不开"玫瑰"两个字及其符号化意指，而且也离不开其他的一些符号化勾连，将星光呀、月夜呀、巧克力呀、"钻石恒久远，一颗永流传"什么的，强行与人类心灵内分泌的"爱情"画上等号。

这么说吧，离开了语言和其他符号体系的符号化运作，我们就无法把爱情这东西，"真切"地表述出来。

没有对玫瑰这样的东西的指涉，就"木有"爱情，或者说就无法让别人感受到，当你想要表达出来的时候。

而玫瑰"这货"，对此一无所知。

你的内心世界的全部表达，往往就需要依靠对玫瑰这样，与你一毛钱关系也没有的东西的符号化。

语言，就是这样运转的。语言表达的高精尖集大成者是文学。各种语言和非语言符号体系运作的总和，是文化。

一首情诗、一部电影或一段 MV，绝不仅仅依靠"玫瑰"这一个符号而已，而是众多符号相互之间形成复杂的关系，而且实现不同符号体系的交叉。对符号问题的解释，就是对文学、文艺的魅力之所在的一种解释吧。

按照罗兰·巴特（Roland Barthes）《符号学原理》（文学院或中文系的同学你懂的）的描述，作为"结构层面"的"能指"（比如"玫

瑰"），和作为"意义层面"的"所指"（比如"爱人"或"爱情"），构成"第一级符号"。"第一级符号"又作为"第二级符号"的能指，与新的"所指"共同构成"第二级符号"。这样的"意指行为"（signification）还可以衍生出三级、四级乃至无限的符号系统，没有终极。……举例说吧。比如说在 MV 中，先给出一朵娇艳欲滴的玫瑰的特写镜头，这个"能指"意象，指向了与爱情和爱欲有关的"所指"意义，构成了一个"第一级符号"。它也立刻成为新的"第二级符号"的能指，指向了新的所指——这时候的屏幕上紧跟着出现的一个女子娇艳欲滴（请原谅我的措辞，举例而已）的特写镜头，成了第二级符号的所指，即这个女子就是前面的二级能指的爱情和爱欲的指涉对象。这是一个"蒙太奇"，一个表达"爱情"的"蒙太奇"。蒙太奇是电影所发明出来之后，人类所调试出来的一种"视觉性修辞"。这个作为二级符号的蒙太奇，又会成为一个能指，指涉向新的所指，因为这个 MV 不会只有三十秒呀。一部两个小时的故事片，其符号运作，想必就比五分钟的 MV 更加复杂了。

　　同理，从一首诗，一段 MV，到一个手机段子，一部长篇小说，在某种意义上——在符号学的意义上说——都是通过摆弄符号（"修辞"的、"叙事"的、"风格"的、"审美"的……），来操纵我们的视听，潜入我们的心灵。

（2）

　　而实际的情形，比前面举例所进行的图解，还要复杂得多。

　　前面我说了，"地球人"都会将"爱情"与外在的某个符号能指画上等号。据一位海外的著名人类学家亲口对我讲，在菲律宾南部某盛行

"猎头"习俗的土著部落，爱情＝人头，而不是玫瑰，因为，在那个部落，要求爱，得先去杀人，提着人头来，送给心上人，作为爱情的标志，就如同现代社会里我们用玫瑰来求爱。想象若那个部落的"诗人"口占一阕爱情诗（他们尚处于不设文字的阶段），或许是"我的爱，像鲜血淋淋的人头"……

要点在于，不论是爱情＝玫瑰，还是爱情＝钻石，甚至是爱情＝人头，都只有我们人类才干得出来，因为我们就是前面说的"homo significans"物种——地球上唯一使用象征符号的动物。远古的人类，凭借于此，在改造外部世界的劳动过程中，以及协调劳作的沟通中，比其他动物要"高大上"许多。要不然我们的物种的学名，为什么会叫作"智人"（"wise man"，拉丁文"Homo Sapiens"）呢。我们的智人祖先需要对事物加以标记、指认、分析，"与世界谈谈"，由此创造了符号，从此就能够发现、描述和判断事物和内心的"意义"，从而为赤裸的自然界和赤裸的自己穿上了符号的珍珠衫。这件珍珠衫其实是一副越来越精密的意义之网，从此就再也脱不去了。食欲，性欲，繁衍，排泄，死亡，群居，取暖，地盘争斗，这些原本遵从生物遗传规律的活动，变成了烹饪文化，性文化，厕所文化，伦常，社会，建筑，国家……

人类的一切物质和精神创造，总称为文化（器物、工艺、技术、思想、生活方式）。对英国著名文化研究泰斗雷蒙·威廉斯（Raymond Williams，1921-1988）来说，"文化是整个生活方式"。总之，凡是人类生活的创造，都是广义的文化——是其他动物所不具有的。想想人为什么埋葬尸体，开追悼会，过生日，举办婚礼、洗礼、"金婚"，为什么

要修建中山陵、醉翁亭、岳阳楼、毛主席纪念堂？想想中国人为何自古痴迷于玉石，要从遥远的昆仑山采来和田玉，数千年而不绝？如此，草木山川、人头玫瑰、金声玉振，而皆有情，成为诗意的"能指"，从此"诗意地栖居"才有可能。人终日摆弄自己所创造出来的语言、文字、音乐等视觉听觉符号。文学、宗教、科学、艺术，都是符号系统里的一些子系统罢了——它们共同构成了一个虚拟的巨大的符号世界。

无论是十八世纪的诗人罗伯特·彭斯所在的苏格兰，还是尚不知书写为何物的那个南菲律宾部落，因为都是人，都生活在文化"意义"中，和对文化意义的寻找、变更、再寻找中，所以都要为爱情的意义的赋予进行表达——通过符号化的画等号来表达，不管符号等式的另外一边是玫瑰，还是人头。

那么你可能又要问了：是"谁"在划定能指（玫瑰、钻石、人头等）与所指意义（如爱情）之等号关联的？为什么会是玫瑰、人头或钻石？

回答这问题，连我都觉得"压力山大"，知道这是直戳文学文化理论的永恒深处和学科前沿了。我只能边回答边总结。符号化的意义表达，是一件复杂的事，因为文化之网是由多种因素构成的，包括文化、政治、经济等各种因素。

所以，何不就具体看看人头、玫瑰和钻石这三个能指，是如何指向爱情的意义的。

先说"人头"。

在泛太平洋诸多剽悍的岛屿部落中，杀人而猎取人头，乃是最悠久的文化传统，或者可以叫作"猎头文化"吧。每一个部落，都处于其

他部落的威胁之下，一般是捉到其他部落的人，大家分食之，然后将人头进行风干或药物处理，收藏起来，作为艺术收藏品来把玩、炫耀。猎取外族头颅，就起到安定团结本族的精神作用。而拥有足够多的人头收藏品的男士，则如今天的"钻石王老五"一样，能得到所追求的女性及其家人的青睐吧。这意味着地位和安全感。能够猎杀别人的头越多，意味着自己家越安全，离那种倒霉的被猎头的命运越远嘛。

再说"玫瑰"。

这显然来自西方文化，玫瑰是西方最复杂的符号象征系统之一。想一想，中国古代诗歌，李白杜甫李商隐，以及宋词里面的爱情，有一首是咏玫瑰的么？玫瑰能进入中国人乃至亚洲人的文化想象和文化符号体系，靠的是一百多年来"西学东渐"的结果。玫瑰和百合，是《圣经》中喻表耶稣的花卉，象征神的圣洁、美好，如"沙仑的玫瑰"、"谷中的百合"。读过法国小说，大仲马的《三个火枪手》的读者都知道，法国王室的图案里面有百合花造型，这肯定也是因为其自诩为奉天承运的基督王国吧。在中世纪的骑士文学中，爱的对象不仅仅是耶稣基督了，而可以是寓意上和字面意义上的女性。于是，那份强烈的爱的所指意义，就转移到了男女之间的爱情和爱欲上面了吧，以至于在今天的东方乃至在西方自身，很多人已经完全不需要了解其来自基督教背景的意旨转移，就可以在通俗文化中看懂有关玫瑰的一切了。而在基督教文化之前，在古希腊罗马文化中，当然也有玫瑰这种原产于地中海沿岸的植物的影子，但古希腊罗马人文化，作为大半截儿都处于基督教兴起之前的"异教徒"文化，对爱情、爱欲进行符号化的重镇，是苹果。《荷马

史诗》中著名的特洛伊战争是怎么打起来的？就是苹果惹的祸。希腊英雄珀琉斯和爱琴海海神千金西蒂斯成婚，奥林匹斯诸神都被请到了，唯独漏了争执女神厄里斯。厄里斯在席上抛下一个金苹果，说它属于"最美的人"。天后赫拉、智慧之神雅典娜、爱与美神阿弗洛狄特相争不下，最后请特洛伊王子帕里斯裁决。赫拉许以权力，雅典娜许以智慧，而阿弗洛狄特则以美色为诱惑。最终帕里斯选择了美色，抱得绝世美女海伦入春闺，而那场旷日持久、波澜壮阔的战争则是后话了。这个苹果，在基督教文明的符号体系中，也在《圣经》中担当了重要的反派角色——它成了"诱惑"的能指，被夏娃和亚当吃进嘴里，导致人类的祖先最终被逐出伊甸园。人类不断繁衍、发展的历史就此开始。苹果由此成为性欲的象征，而人类的祖先及其后代，为了这红彤彤的欲望，不得不世代为它背负责任，忍受惩罚。这，就是原罪。显然，玫瑰和苹果本来都是"无辜"的，但在基督教的符号体系里面，前者指向了从神传递到凡人的爱，及其升华、扩展，后者则指向了来自人自身的欲和罪。玫瑰和苹果的两种命运，真是"天人永隔"呀。当代意大利的著名符号学大师安伯托·艾柯也来凑热闹，居然写过一本以中世纪修道院为场景的畅销书小说，集惊悚、悬疑、侦探、煽情为一体，题目就叫《玫瑰的名字》！而最近在中外迅速蹿红的那首"你是我的小呀小苹果"，则更是一朵匪夷所思的符号意指"奇葩"了！

最后说钻石。

相比于玫瑰、百合，关于钻石的上古典故、文学轶事，要少到可怜的地步。这样一种碳元素晶体，是如何成为价格高昂的美满婚姻必备

佳品的？秦汉宋元诗文中，爱情千古佳话中，古希腊、罗马故事中，中世纪骑士传奇罗曼史中，有哪一个是以钻石当爱情信物的？至少对我这个没有着意考证的一般人来说，所知甚少。只能说，它是英国在十九世纪与二十世纪之交，通过布尔战争赶走了荷兰人，占领了南非，为了经济增长点，为了占领庞大的世界市场，发明出来"钻石恒久远"这种说法，让有一点儿钱又跃跃欲试，需要掏钱来表达"something"的中产阶级，掏钱来证明自己"真心"的一种昂贵道具吧？最硬的物质哇，不变心哇。——化学知识的演进，也是必要的。

一个关于爱情之符号能指的小小话题，就可以这样复杂。这是因为人是使用符号，借符号来表述意义，栖居于意义之中的动物。人能有多复杂，符号就有多复杂。反过来说也对：符号有多复杂，人就有多复杂。在符号的运作中，最主要的是靠语言符号的运作。在这个意义上，二十世纪著名的"阐释学"大师伽达默尔说，"能够被理解的存在就是语言"。（《真理与方法》，洪汉鼎译）

请记住"爱情＝玫瑰"，以及关于玫瑰等上述的一切问题吧。

这，就是我对于符号问题进行解释的简单版讲法。——无法做到更简了。

（3）

人是唯一能够辨识意义的地球动物，原因就在于人类能够创造符号、使用符号，与符号不离不弃，在符号中寻找意义。海德格尔有名言："人——诗意地栖居。"如何"诗意"？怎样"栖居"？答案，都在"符

号"里面。从符号学的角度看，文学、文化就是符号产品。人，作为符号动物，从文学、文化活动中，创造并传承、变更意义。

前面这段话，重申了一下这一讲到目前为止的最主要论点。

下面最后再补充说明一下还没有涵盖的方面，以及解答你可能会有的疑问。

你可能会说：难道动物不会运用符号么？侦察蜜源的蜜蜂回来后，在蜂巢外面一丝不苟地跳"8字舞"，通过舞蹈飞行的速度、角度、方向等，传递花粉蜜源的方向、距离、品类，以及需要多少工蜂同去。这难道不是符号行为么？蚂蚁也能通过触角接触来传达食物信息，组织协同性的统一工作。很多群居或者说是"社会性"的动物，乃至非群居性的动物，相互之间很多都以各种方式来实现交流，甚至交流得相当复杂。这些，难道不是符号行为么？这些，难道就没有传递某些"意义"在其中？这些，难道就没有达成哪怕最低限度的"文明"的萌芽？

我的回答依然是"No"——它们真的没有。我有充分的理由来说出，动物的这些行为，为什么离符号行为还差得很远。

动物只能算是实现了"信号"的传递——而符号行为要比这复杂得多。

固然，符号行为里面的重要组成部分包括信息的有效传递，但符号行为远远不止于此。动物收发的，只是信号（signal），不是符号（sign）。动物的信号收发、辨识，只是生理活动，是由遗传基因所决定的，并在进化的自然选择之漫长路途中逐渐固定下来，没有主动创造的成分。这就如同是被预先编码的程序，其"程序猿"是大自然本身。一旦固定下

来，就很难更改。而每一次微小的更改导致并积累的修订，都在漫长的"地质时代"中展开，并再次在基因的遗传中传递下去，与每一个动物个体的主体性"头脑"的"思考"无关。换言之，蜜蜂在跳8字舞和辨识8字舞的行为中，无法发挥任何主体性的"聪明才智"，蜜蜂个体不得有，也不曾想到可以有丝毫更改——因为任何的更改，都会带来灾难性后果，导致同伴无法有效辨识信息。同样，当雄孔雀一丝不苟地履行它那烦琐的求偶表演时，也并不代表它有多么"浪漫"。这与人类"求偶表演"的"浪漫性"之区别在于，两者完全相反。人类的求偶行为需要求偶者用他的灵感来编织出"我爱你"、"我很棒"、"和我在一起会很幸福"的符号意指，需要想象力和针对性。而同一个种群中任何孔雀的求偶表演，则是彻底一致的，"千篇一律"，毫无"个性"——改变了一丝一毫，都会阻断信息的有效传递。

蜜蜂跳8字舞，孔雀的求偶表演，在百万年里，不易觉察出可曾有什么改变。掌握了语言运用的人类则不然。人类的小婴儿从他开始说话起，每一句话，都是发明创造。文学艺术的魅力，不就在于诗句和音符、形体，都要表达出新鲜的感受，不断赋予新的意义么？

当然，动物凭借其叫声、体态，也能传达出不少东西，特别是哺乳动物，尤其是高阶哺乳动物里面的灵长类。但是，不管一只狗多么善解人意，它也不可能在房子着火的时候，直接告诉其人类主人"着火了"。主人只能从狗的叫声、神态里面，推测为出了什么问题，最终还需要主人自己发现是着火了。这就如同语言阶段之前的婴儿，可以说仍然停留在动物界，而没有跨进文明界。婴儿与幼儿的区别，就如同动物与人的

区别。婴儿通过各种哭声、叫嚷和欢笑，来表达各种欲望和不适。幼儿则能直接说出"我要看动画片"，或"我肚子疼"。我们也不必拘泥于讨论高级灵长类物种如大猩猩、黑猩猩，以及海豚等的"通人性"了。一个硬性的指标是：在三岁以前，同龄的人类幼儿并没有比黑猩猩和大猩猩显现出优势。这个坎儿，就是人类语言的门槛。一旦掌握了语言，则人类个体就可以通过交谈而获得对不在场的事物的体验、思考。大猩猩的学习，只可能是"在场"的，它只能在看到豹子的情况下，来与同类交流如何躲避和对付豹子，而不可能像人类一样，通过谈话来说出昨天大家是怎样对付豹子，以及今后大家该如何来对付豹子。人类的幼童就是在三岁的时候跨过了语言的这道门槛，也可以说是凭借语言符号而延伸了人的存在——在语言表述中超越了现在，在时间上可以谈及"昨天的豹子"和"明天的豹子"，"冬天会很冷"，"夏天热，要开空调"；也超越了空间的在场限制，能够听懂并说出"在遥远遥远的，人走不到的树林里，住着黑猩猩"，或住着"蓝精灵"，尽管他／她终其一生也不会见到黑猩猩或蓝精灵，或上帝，或哈利·波特。……黑猩猩不管如何嗞儿哇乱叫，表情深沉，也无法如同人类所幻想出来的"人猿猩球"里面的家伙们那样地复杂，获得如此的存在感和表述效果，其大脑发展的复杂性也就到此为止了。当然，"读图时代"的影像应用，另当别论，因为黑猩猩也可以直观地看到电视里面的图像，不需要经由对语言符号进行想象来生成对不在场的事物的体验。

这就是说，人类的婴儿一旦开始听懂人言，掌握一定数量的词汇，和基本的语法，并开始说话，则他／她说出来的每一句话，都超越了蜜

蜂的8字舞，是不折不扣的创造性行为。大人只是教了词汇，并且在不知不觉中示范了语法结构（这个也是婴儿自己在实践中习得的），而不可能教会每一句话。在这个意义上，人类的语言行为，成了人类符号行为的总代表，体现为每一次的符号行为都是一次创造性活动。比如说："我要吃那个桌子上的红的苹果"，或"我不喝那个蓝色杯子里的水，太热"，这与诗人、哲人的语言创造，其实已经并无本质性不同了，不过是大家——不分年龄、性别、种族、语种——比着看谁更具创造性而已。与儿童相比，不过是大人的语言经验更多，在"字面义"之上还能说出并懂得用抽象的方法来接受比喻修辞义，比如说"五星红旗是由烈士的鲜血染红的"，比如说"解放区的天是晴朗的天"，再比如说"O, my Luve's like a red, red rose, That's newly sprung in June"（"呵，我的爱人像朵红红的玫瑰，六月里迎风初开"），或"人，诗意地栖居"，或"你是我的小苹果"……

尽管如此，儿童的语言符号表述能力也完全可以达到微妙的地步——这微妙，是属于人类所共有的符号能力，自然也包括人类里面的儿童。举个例子。我曾接触到了二十世纪二十年代，民国时期儿童刊物《小朋友》上面的一个幽默故事，名为"狡猾的回答"。故事里有一个自信的小男孩儿，名叫珊儿。珊儿和爸爸去动物园。爸爸为了考一考他，便让他分辨出笼子里

《小朋友》第130期（1924）封面，画的就是"狡猾的回答"。

哪只是狐狸，哪只是狼。珊儿轻而易举地避开了提问所预设的二元选择，答道：狐狸的旁边是狼，狼的旁边是狐狸。

三岁的儿童一旦学会了说话，就把动物亲戚们远远地甩在了后面，在智识上开始突飞猛进。从此，就加入了人类这个喋喋不休的话匣子物种，并且通过音乐、美术等非语言的符号手段和电影等综合符号手段，来表述自己，寻求理解。

（4）

那你可能又会问：为什么会这么喋喋不休地不停地说下去？人类说了几千年，各种喜怒哀乐羡慕嫉妒恨都说了无数了，为什么还没有说够、说尽？这是为什么？

原因有二。一，意无限。二，言生言。

先说第一点：意无限且不断生成。这是因为，人类成了"homo significans"，"符号动物"，之后，本身成了文明界的主宰，不断地为自己的存在，赋予在自然界不曾有过的关于生存的"意义"。什么男人、女人、三纲五常、家国君父，都是动物界不曾有过的。这，难道不需要不断地对个体和群体的身份意义，予以界定么？这些，又随着社会形态的不断变化，也不断地转变，怎么会有个完呢？比如说，就连家庭、婚姻等为何物，都随着同性恋行为及其话语的浮出历史地表，而需要予以新的伦理、法律乃至社会管理层面上的界定。

再说第二点：言生言，永动中。这是由语言和其他表意符号活动本身的机制所决定的，非关表述能力的高下。因为，作为意象能指的"玫瑰"与作为意义所指的"爱情"之间的那个"等号"，不是真的等号，

只是一个"好像";每一个这样的"好像",都不会让言者自己和听者的想象力觉得尽了兴,而是需要进一步往下说,进一步听下去。比如罗伯特·彭斯那首诗里,刚告诉我们"呵,我的爱人像朵红红的玫瑰,六月里迎风初开",就又来一句:"呵,我的爱人像支甜甜的曲子,奏得合拍又和谐。"——"红红的玫瑰",描绘了诗里面主人公的"爱人"的容颜之娇妍,"甜甜的曲子",描绘了"爱人"的嗓音或性情之甜美。但其"爱人"到底是哪般呢?一朵"六月里迎风初开的玫瑰"加上一支"奏得合拍又和谐"的"甜甜的曲子",仍然无法穷尽对其"爱人"的欣赏和爱慕,所以还会一行行地接着吟唱下去,也让我们兴味无穷。虽说在今天的"读图时代",人们爱说"无图无真相",其实有图也仍然无真相。维度只是"2D"的图片,如何传达出"5D"甚至"6D"维度上才能显现出来的全部韵味?在这个意义上来说,每一次符号活动所借用的意象性能指,都无法彻底通达意义的所指呈现,而是需要不断打开新的意向性能指。而且,前面也介绍了,按照二十世纪法国结构主义符号学文化大师罗兰·巴特《符号学原理》里面的描述,作为"结构层面"的"能指"(比如"玫瑰"),和作为"意义层面"的"所指"(比如"爱人"或"爱情"),构成"第一级符号"。"第一级符号"又作为"第二级符号"的能指,与新的"所指"共同构成"第二级符号"。这样的"意指行为"(signification)还可以衍生出三级、四级乃至无限的符号衍生,没有终极——意义的所指,藏在言说的尽头,永远在"下一次"的符号指涉的边缘,诱惑着我们。

　　所以才会"言有尽而意无穷",尽管我们这本文学解读讲义,负责

帮你尽量地从"言"中，有效地解读出"意"来。

尽管我们在这里触到了"言有尽而意无穷"的"彼岸"，但我们为了"打开文学"，就必须还要稍微在这里停留片刻，体验一下其界限到底在哪里。其界限——不可言说所盘踞之处——就是符号的意象性能指，无法穷尽的所指意义所在。

我们不可避免地碰到了文学文化不断言说但无法真正抵达的两大主题：爱与死。

人生总被两件事所"逆袭"：爱与死。此二者，无法逃避。对死亡的理解与想象，对于爱欲（不管是同性还是异性）的渴望和追求加上对于亲情、友情的体验，谁也无法做到说透、说尽。一个是"爱"，一个是"死"，这两个强悍的东西，是无法受人控制的。爱是人所欲的极乐状态，牵涉到精神，也牵涉到身体感官。其他的很多欲望，是附着在它的上面的，或者呈现为如同弗洛伊德的精神分析话语里面所说的"升华"。死亡，则是对于存在感的彻底否定——才华、生命、肉体和物质的享受、学问，都会随个体生命的终结而终结，主体性不复存在。年轻人饥渴于生活、文学、文化中的爱；年长者则忍不住要沉思于死。对于这两个东西的追问，贯穿了人类文明迄今为止的全过程，而且仍然会贯穿下去，贯穿于文学、文化、哲学、心理、宗教的各种语言探索中，不会有答案。

举一个"变态"一些的，关于"爱"的"重口味"例子。来自于法国十八世纪哲学、文学和思想"大神"卢梭，写在其《忏悔录》里面的，他十六岁起对于华伦夫人，一位比他大十二岁的贵妇"熟女"，的

全方位的"爱之欲"。

很难用一句话准确说明华伦夫人对于卢梭意味着什么。在卢梭晚年写作的《忏悔录》中，华伦夫人是卢梭的"母亲"、姐姐、朋友、老师、保护人、情人……"我把自己看作是她的作品。"

> 我要是把自己这位亲爱的妈妈不在眼前时，由于思念她而做出来的种种傻事详细叙述起来，恐怕永远也说不完。当我想到她曾睡过我这张床的时候，我曾吻过我的床多少次啊！当我想起我的窗帘、我房里的所有家具都是她的东西，她都用美丽的手摸过时，我又吻过这些东西多少次啊！甚至当我想到她曾经在我屋内的地板上走过，我有多少次匍匐在它上面啊！有时，当着她的面我也曾情不自禁地作出一些唯有在最激烈的爱情驱使下才会作出的不可思议的举动。有一天吃饭的时候，她把一块肉刚送进嘴里，我便大喊一声说上面有一根头发，她把那块肉吐到她的盘子里，我立即如获至宝地把它抓起来吞了下去。……

卢梭在肉体上和精神上对华伦夫人的占有，无法与他对华伦夫人的爱之间，画出真正心满意足的等式。同样，上述段落里面卢梭通过语言符号对华伦夫人的占有，也仍然无法达成其爱欲的满足——因为爱欲的所指，是语言符号的能指所无法抵达的彼岸。

卢梭的妙笔，竭尽全力，也只能说是差不多地、"almost"地，在将达未达之处——他的嘴所吻过的华伦夫人的床，所吻过的华伦夫人走过的地板，以及他通过言辞让华伦夫人吐出嘴并被卢梭再次吞入自己嘴中的食物。然而卢梭的言辞，无论多么努力，无法等同于卢梭对于华伦夫人的爱欲本身。

文学和文化的解读，就在符号的衍生和变化之中，流连忘返……

O, my Luve's like a red, red rose……（呵，我的爱人像朵红红的玫瑰）

1.2 课间休息"小甜点"

第一讲，有关文学符号性问题的讲解，正在进行中。

现在，课间休息。在这里休息片刻，提供三块承上启下的"小甜点"。

三块"小甜点"，是三篇漫笔，其中的两篇是我写的，还有一篇是我以前在中山大学中文系任教时一个学生写的。三篇漫笔，都不是专门来论述语言符号问题的。但它们却让你觉得，在我们的日常文化体验中，由符号所编织的意义网络从来也不曾离开我们。再次引用美国文化人类学家克利福德·格尔茨的话："人是悬浮于自身所编织的意义之网络中的动物。我用文化一词，来称呼那些网络。"

①

儿童语言运用的直来直去（没有"反讽"和"话里有话"）

王　敦

（此文见于我在豆瓣网写的一篇日记。）

今早，七岁的儿子看着我给他做早餐三明治，突然说："爸爸你知道吗？黑猩猩和倭黑猩猩也会做饭！"

（！）"哦？是么？"我反问，"你见过黑猩猩做饭？"（瞬间就觉得此言可能导致自己变得被动。）

——"见过！"

（！觉得自己真的被动了。）我硬着头皮问："在哪儿见过？"

——"在电视和小庞里都见过。"（"小庞"来自于他看的一个台湾人译制的日本录像，里面有一个叫小庞的黑猩猩和一只叫詹姆斯的狗，一起完成买东西等任务。）

于是，我松了口气，发觉是自己"想多了"。——七岁的儿子并没有"话里有话"，嘲弄我为"做饭的黑猩猩或倭黑猩猩"之意。（虽然我严重怀疑电视和录像里，那小批量的出类拔萃的黑猩猩和倭黑猩猩，做饭能力能否与我的相比。）

"想多了"的原因，在于我这个成年人（我们成年人都如此），在语言符号系统的运用方面已经习惯于"修辞性"言说与倾听——所谓"话里有话"，所谓"讽喻"、"赋比兴"、"反讽"、"类比"等，是交流沟通中的必备技能了，否则不论是谈恋爱、职场、居家，还是讲政治，都搞不定。比如说，若男生听不懂女生说的"你知道吗——听说男生的臂长约等于女生的腰围，你觉得呢？……"这样的委婉语，则不可能具备谈恋爱的能力。（这是十多年前在新东方上 GRE 词汇课听到讲"euphemism"时，新东方教师宋昊的举例……）

相比之下，儿童的语言运用是直来直去的，更为简单，"很傻很天真"，如同人类文明史上文明早期阶段的语言运用。

难怪"赋比兴"被后世的笺注家（如上述情境会话中的我）注疏时，显得那样深不可测——其实是由于上古之人（如同我七岁的儿子）的语言用法，具备"惊心动魄"的直来直去的"诗意"呀。

又联想起我自己小时候的一个故事——我当时的语言运用也是那样。

幼年时，在济南老家，爷爷奶奶那里。有一次除夕夜，爷爷奶奶说：今晚到明天，无论问你什么东西"还有没有"，都要说"还有呐，有的是"。我记住了。于是除夕半夜，起来尿尿。我一边往尿罐里尿着，奶奶一边端着尿罐问："敦敦，还有没有？"

我："还有呐，有的是！"……

儿童也不懂得"拟人"的修辞手法。对他们来说，猫狗植物，与人无异，无须"拟"之——直接和它们说话便好了。

记得三年前春节前，家里把蒜种在花盆里，指望着收获蒜苗

炒菜吃。我儿很盼望吃到这个蒜苗（或许是眼睁睁地看到蒜苗奇迹般地从花盆的土层里刷刷地长出来，体验到了"生长"的宇宙奥秘？），常常一个人面对蒜苗唱歌跳舞，卖力表演、讨好之，并专门发出一种"长啊！快长吧！"的类似咒语的浑厚声音。这其实就是流传下来的《诗经·毛诗序》里面所谈及的"诗、乐、舞"合一的状态。当我们点破"你不就是想让蒜苗长出来好吃它么"时，我儿慌忙"嘘……"地堵住我们的嘴，一边小声说："别让它们听见我骗它们，那样它们就不长了。"……人类文明早期阶段的巫术，是否也经历了这样一个与万物不分彼此，同时又对宇宙万物开始有所图谋的历程？

而这里面，已经能看到诡诈的、"用语言来实现某种目的"的萌芽了。

对蒜苗可以这样，对人又何尝不可以？——娴熟的言说者，如古希腊罗马的演说家修辞家，或如近现代的亨利·詹姆斯、鲁迅、村上春树，或如林肯、周恩来、丘吉尔等政治家，不都是这样一步步走起的么？

（美国记者白修德回忆在二十世纪四十年代的陪都重庆，政要们参加的一次饭局。席间，八路军驻重庆的周恩来坐在邻座。周用筷子夹起一大块东坡肉，殷勤有礼地放到白修德的碗里。犹太裔的白修德很为难，不得不对周恩来说，他是犹太人，不能吃猪肉。只见周恩来仍旧满面笑容，用英语回答："This is not pork; it's duck."——说罢殷勤地从那盘东坡肉里，又夹过来了一块"鸭肉"。此言此景，白修德只得乖乖地把两块"鸭肉"都吃下去了……）

都体会体会吧。

人所运用的语言符号系统，不可避免地走向越来越复杂，不论是对于成长中的人类个体，还是对于整体的文明。

②

苹果与文明

slash

（"slash"是此篇作者的豆瓣网网名。他是我在中山大学任教

期间教过的一位中文系学生。此文见于其豆瓣网的一篇日记。）

　　我其实不太喜欢吃水果，原因就在于懒。懒得剥皮，懒得洗，懒得买。如今独自一人漂泊在外，能唯一让我勤快一点送进嘴里的水果只有苹果了。对苹果钟爱的恐怕不只有我一个人，许多伟大人物都和苹果有或多或少的关系，比如说夏娃，比如说牛顿，比如说乔布斯，比如说范冰冰。苹果在人类历史和文明中所处的地位远超于其他水果，可以说西方文明的发源就从苹果伊始。而苹果自从天堂落进人间之后，渐渐随着人类的脚步游遍了世界各地，见证着人类历史的发展，记录着人类最原始的欲望。

　　苹果在《圣经》中是个重要角色，它被夏娃和亚当吃进嘴里，导致人类的祖先最终被逐出伊甸园。人类不断繁衍、发展的历史就此开始。苹果由此成为性欲的象征，而人类的祖先为了这红彤彤的欲望，不得不世代为它背负责任，忍受惩罚，这就是原罪。在《新周刊》二零一一年四月刊的"苹果专辑"中，编辑们把苹果看作好奇心的象征。试想一下，在伊甸园中，一对裸体男女互相居然没有"非分之想"，还要靠一个水果来催情，实在是说不过去。在这里，无论是好奇引起了性欲，还是反之，都无所谓。此刻如果弗洛伊德还活着，他会跳出来告诉你好奇心肯定是源自性欲的。不管怎样，各种好奇都有可能枯竭，唯独性是不会的，尤其是男人。无论是情窦初开的青涩少年，还是"怪蜀黍"，除非没有功能，不然一般是不会对性说"No"的，至少在大脑里是这样想的。因此说男人是用下半身思考的动物，一点不错。《新周刊》中随后写道，其实在《圣经》中通篇都是"fruit"而非"apple"，各种考据派的说法也不同，有的说是蛇果，有的说是西瓜，有的说是无花果，甚至还有人说是葡萄或者小麦……其实这都怪中世纪的英语，那时候所有的水果都叫"apple"，甚至连坚果都不例外。这让学究们大伤脑筋。后来有人干脆调笑说，如果亚当夏娃是中国人就好了，他们肯定会把蛇吃了，把"apple"留下。但无论怎样，亚当和夏娃最后总要被上帝赶出去的，苹果只是一不小心被吃掉了而已。后来在希腊神话中，苹果仍是一副诱惑的面孔。记得《荷马史诗》中最著名的特洛伊战争怎么打起来的么，就是苹果惹的祸。希腊英雄珀琉斯和爱

琴海海神千金西蒂斯成婚，奥林匹斯诸神都被请到了，唯独漏了争执女神厄里斯。厄里斯在席上抛下一个金苹果，说它属于"最美的人"。天后赫拉、智慧之神雅典娜、爱与美神阿弗洛狄特相争不下，最后请特洛伊王子帕里斯裁决。赫拉许以权力，雅典娜许以智慧，而阿弗洛狄特则以美人为诱惑。最终帕里斯精虫上脑，抱得绝世美女海伦入春闺，而那场旷日持久、波澜壮阔的战争则是后话了。如果再看看两千多年后的今天，这个故事仍然让人玩味。王子的名字后来成了一座城市的名称，那座城市五光十色，充满诱惑。那里的美女就像从土壤中生长出来的野草一般席卷各个角落，那里的氧气都印上了"罗曼蒂克"的标签，那座城市叫巴黎。更有意思的是，在一八九五年巴黎画展上，一个名不见经传的年轻画家单凭一副静物画轰动整个美术界。画面中色彩鲜艳的苹果静静地躺着，桌布似掩非掩，欲说还羞，充满了色情的诱惑。这幅画开启了新一代画风，直接影响后世的立体派和抽象派。顺便说一下，那个年轻人叫塞尚。再回到希腊神话，荷马口中的金苹果成了人类欲望的象征，阿弗洛狄特满心欢喜地抱着它回家了。不过赫拉和雅典娜也不用伤心和嫉妒，因为她们的苹果终究也会到来。

　　一千七百多年以后，一个苹果从天而降，砸在了一个少年的头上。少年没有扔掉它，或是吃掉，而是从这个苹果中发现了物体运动的一般规律，后世称为"万有引力定律"。从牛顿开始，物理学进入了一个新的阶段，它摆脱了亚里士多德、阿基米德等人没有体系的物理学发现，使物理学走上了数学化、公理化的道路。尽管后世的爱因斯坦和海森堡修正了牛顿体系在宏观高速运动和微观高速运动领域的错误影响，但时至今日我们再看牛顿物理学体系，不得不赞叹那简洁的表达，现实世界各种低速运动的状况都被简明扼要地阐释出来。它就像一道强光穿透浓雾，人们清晰地看见背后世界运行的基本模型。唯一能与之相比的恐怕只有爱因斯坦的质能方程了。这颗诞生在文艺复兴时期的苹果，代表了人类理性和求知欲的觉醒。西方文明从此摆脱了中世纪的阴霾，近代辉煌灿烂的理性文明就此诞生，毫无疑问的是，这就是属于雅典娜的那颗苹果。时至今日，求知欲这颗苹果越发显得红颜而诱人，无论何种伟大或

者不伟大的理论体系，背后都能看到这颗苹果散发的诱人香气。人类在雅典娜的诱惑下一步步走向未知，走向一个幸福而又充满危机的此岸，它给人类带来了此前任何一个时代都不可比拟的高度发达的时代，同时也引诱人类一步步走向毁灭和自我毁灭的悬崖。同阿弗洛狄特的金苹果一样，雅典娜的苹果让人也背负了罪责和代价。如今我们拷问理性，拷问后现代，却无法阻止苹果砸在牛顿的脑袋上。求知欲，这个人类与生俱来的欲望同样会在某一时刻觉醒，无论是否是苹果是否砸在什么人的头上，而苹果再一次创造了历史。

又过了二百多年，赫拉的苹果终于诞生了。不过她的苹果不是金的，甚至不是完整的，是一个被咬了一口的白苹果。一九八四年，Apple 2家用电脑诞生，它和 IBM PC 一道成为个人电脑的鼻祖。时至今日，其中一位创造这台电脑的天才已经退休，而另一位则仍然活跃在属于他的舞台上。舞台的名字叫 WWDC，这个天才就是史蒂夫·乔布斯。硅谷从来就不缺乏技术天才，但技术从来就不能保证让一家公司称之以"伟大"，而乔布斯就做得到。乔布斯的天才就在于控制欲。任何一个用过苹果产品的人都知道，无论是 iPod、iPhone、iPad、Apple TV 还是什么别的，只能用 iTunes 管理；尽管在 Windows 大行其道的今天，苹果的 Mac 仍然活得好好的，并且衍生出各种版本，生存于各个苹果硬件产品上。有人说乔布斯是固执的，有人甚至说他是专制的。所有用户给乔布斯发邮件提建议，得到的回答都是 "No，You don't need it." 曾经有人说当年乔布斯没有开放 Mac OS 的使用权限，使得 Windows 一跃成为各大厂商的首选，这是乔布斯的失败。在我看来，乔布斯是无论如何不可能这样做的。不然的话，他如何能控制他的用户，又如何能对所有的 OEM 说 "NO"？乔布斯的控制欲造就了他的固执，也造就了他的成功。几乎没有人能抵挡苹果那种独特的设计风格，也没人能抵挡苹果的诱惑。尽管他们要为此付出成为小众的代价和 iTunes 的不便，那也没关系。如今的苹果在营销的各个层面上都体现出乔布斯的固执，风格、硬件配置、价格、使用模式等等。可就是这种固执造就了一个"宗教"，笼络了一批又一批狂热的"果粉"，也创造了一个又一个销售神话。对于人来说，控制欲同样也

是一个无法抑制的冲动，尽管它时常在打盹，可一旦它醒来，就很难再睡去。乔布斯就是这样。

人类的文明源自内心无法抑制的欲望，而苹果就代表了性欲、求知欲、控制欲这三种最常见、影响最深远的欲望，代表了性、智慧、权力这三种人类历史上永恒的追求，只要拥有了它们，财富、名誉就会接踵而至。是它们造就了整个人类历史和文明，它们属于赫拉、雅典娜和阿弗洛狄特，但同样属于其他奥林匹斯众神。在《悲剧的诞生》中，尼采认为希腊人为了抵御无情而强大的自然，创造了奥林匹斯众神，并赋予他们人的欲望。他们是人类文明的基石，是抵御自然最坚固的城墙。而无论是梦神的"个性化原则"，还是酒神的狂欢，背后浮现的都是欲望的身影。对于人来说，无论"最好是不出生"还是"最坏是不出生"，原因都在于欲望，这是一个人类永远不能回避的问题。最后我想以一座城市作为结尾。这世界上有一座城让人向往又让人痛恨，它能勾起所有人的所有欲望，它是神话和地狱的象征，它是梦想和现实的最极端反差的统一体，它的历史交织着各种传奇，它的居民里到处都是天使和恶魔，它的美不在于有七种或七十种奇景，而在于它对所有人的问题所提示的答案，或者在于它迫使所有人回答的问题，像底比斯人的斯芬克斯一样。它是"The Big Apple"，它叫纽约。

③

我也吃个桃儿

王　敦

（这篇本来也是我的一篇豆瓣网日记，是看到"slash"同学的"苹果与文明"之后，随性而写的，同一天写的，距今都三年半了。后收入我的一本书《中文系是治愈系》，江苏文艺出版社出版。）

在遥远的中国，流行吃桃子。桃之夭夭，灼灼其华，之子于归，宜其室家。而从桃花一直到桃木、桃符、蟠桃宴、桃花运，组成了博大精深的寓意化链条，其文化含义不亚于欧洲温带海洋性气候和大陆性气候文化圈里的苹果，及地中海式气候的葡萄、橄榄、肉桂。中国要想搞民族品牌与 Apple/苹果抗衡，就得叫 peach——

桃，或者叫 peach blossom——桃花，或者叫 peach blossom spring——桃花源。

在豆瓣上看到一篇《苹果与文明》，超喜欢。

想到那个睡美人或者是白雪公主，是巫婆让她吃苹果，中毒了，然后王子来了，怎么怎么着，她就把一小块儿卡在嗓子里的苹果吐出来了。

苹果花是惨白的，桃花是温润的。葡萄花？没见过。十九世纪伦敦著名的性变态杀人狂开膛手杰克每次都是用当时在阴冷的伦敦很昂贵的葡萄进行诱骗，屡屡得手。而在弗雷泽爵士的人类学开山之作《金枝》里面，地中海文明所离不开的桂冠，其巫术底蕴是对旧王的屠戮和对新王的加冕。

还是桃儿，体现了中华民族的思无邪的中和之美，一身是宝，合乎伦理。大和民族的"sakura"也很美，但樱花的凋零并不宜其室家，容易诱发情死和切腹。

对成吉思汗和其蒙古勇士来说，遥远的富庶的强大的南宋，有一个美好的名字——"桃花石"。撒马尔罕的葡萄和宝马，波兰的美女，帝国在欧亚的远征，不过是征服"桃花石"之前的开胃小菜和热身罢了。到了大汗的孙子忽必烈汗那里，帝国才做好了征服"桃花石"的准备。

尽管郭靖在襄樊对蒙古大军加以重创，桃花石的最后一个小皇帝，在重臣张世杰、陆秀夫的怀抱里，在香港附近投海殉国。海滩上，涨潮了，蒙古重装骑兵屠杀了桃花石朝廷残存的老幼妇孺。

另一个重臣文天祥，则在零丁洋面被俘，押解到大都，其被关押的、写《正气歌》的地方，日后成为顺天府的府学，离国子监也不远，在二十世纪成为东城区的重点小学——府学小学。笔者在府学小学学习六年，课间玩耍于当时破败的文天祥祠。学校里有一棵千年枣树，根深叶茂，紧贴着地皮向南而生，为文丞相所手植。每年六月，文丞相的枣树，还结出足够的枣，让全校师生每人分食一二。这是府学小学一个特有的教育仪式吧。以分食文丞相的枣树的枣儿，来接受崇高的"spirit"，如同领天主教的圣体和基督教的圣餐吧。府学小学的学生一边满足地吃着文丞相的枣子，一边朴素

地体会着家国、君父的分量；府学小学的学生，长大就不会变成坏人了吧。至少在变成坏人之前，还会惭愧地想起文丞相的话，而不会对自己变成坏人浑然不觉吧。

……但明朝所有的司礼监掌印大太监如刘瑾、王振等，都是自幼净身，在内书房饱读圣贤书的……其结果只是更加知书达理道貌岸然，比没读过的更坏……所以也很难说。

话说，忽必烈汗终于消停了。他广袤的帝国不仅被长生天、白度母、罗马教皇及一切神祇祝福。他不仅来自撒马尔罕的阿合马来料理金币，有来自威尼斯的马可波罗来密报奇闻逸事。他充斥着金发碧眼及各色佳丽的后宫，也终于住满了正宗的桃花石女子。

当家国、君父都不复存在了，桃花又能"归"何处啊？正如我们在府学小学背诵文丞相的"山河破碎风飘絮，身世浮沉雨打萍"。又联想到了明亡的不朽之作——《桃花扇》。

又联想到了《撒马尔罕的金桃》。唐朝具有强烈的中亚血统。加州大学伯克利分校的老一辈汉学家薛爱华（Edward Schafer），居然写了一本著名的《撒马尔罕的金桃》。话说撒马尔罕人向大唐进贡了一种特别好吃的金色的桃儿。唐人自己也想种，居然培育成功，在柿子树上嫁接出来了！

文丞相为什么是种枣树，没有种桃树呢？也许没被允许吧。在大元朝的大都，"桃花石"、"桃"，可能都是敏感词吧？

1.3 "夜行火车的车窗"

先来看一段话，还是出自我屡次引用过的，加拿大那位很有名的文学理论家诺斯罗普·弗莱（Northrop Frye）：

我们外面的那层"封皮"——如我所言，那个将我们与赤裸自然隔开的文化绝缘层——倒是很像一节灯火通明的夜行火车的玻璃窗子。（这个意象从我的童年就开始萦绕于我心。）在大多数时间里，这个车窗看起来是一面镜子，照出我们的内心活动——包括我们心

中所理解的自然界。作为一面镜子，它给我们提供了这样一种意识：这个世界主要是作为我们人类生活的参照物而存在——世界为我们而创设；我们居于其中心，是其存在的全部意义。然而有的时候，这面镜子又恢复了它作为窗子的本来面目。透过这扇窗户，我们面对的景象不过是那个亘古不变、冷漠的自然界——在它存在的亿万年里我们并不存在；我们从它里面的产生仅仅是一个偶然。而且，如果它具有意识，它一定会后悔曾经造就了我们。窗子里的这另一幅景象立刻让我们陷入了另一种偏执，感觉我们是宇宙阴谋的牺牲品。我们发现自己——不是出于自我意志——（在宇宙的舞台上）被武断地赋予了一个戏剧角色。这个角色就是海德格尔所说的"抛入"。从这个角色中我们学不到台词。

所谓文化的光晕，不管它还叫什么，是靠语言和其他方式把我们同自然界隔开。这其中的语言机制也即我所说的"神话"谱系，或曰用语言所表达的人类所有创造之体系，在这个体系里面，文学位于中心。此神话谱系从属于那面"镜子"，而不是那扇窗户。它的用途是在人类社会外边画一个圈，并将人类的思考反射回人类自身，而不是直视外面的自然界。

如上是我的粗浅翻译。我把其不长的英文也拿出来，以飨有心的读者（Northrop Frye, Creation and Recreation. Toronto: University of Toronto Press, 1980, 6-7）：

> Our envelope, as I have called it, the cultural insulation that separates us from nature, is rather like (to use a figure that has haunted me from childhood) the window of a lit-up railway carriage at night. Most of the time it is a mirror of our own concerns, including our concern about nature. As a mirror, it fills us with the sense that the world is something which exists

primarily in reference to us: it was created for us; we are the centre of it and the whole point of its existence. But occasionally the mirror turns into a real window, through which we can see only the vision of an indifferent nature that got along for untold aeons of time without us, seems to have produced us only by accident, and, if it were conscious, could only regret having done so. This vision propels us instantly into the opposite pole of paranoia, where we seem to be victims of a huge conspiracy, finding ourselves, through no will of our own, arbitrarily assigned to a dramatic role which we have been given no script to learn, in a state of what Heidegger calls 'thrownness'.

The cultural aura, or whatever it is, that insulates us from nature consists among other things of words, and the verbal part of it is what I call a mythology, or the total structure of human creation conveyed by words, with literature at its centre. Such a mythology belongs to the mirror, not the window. It is designed to draw a circumference around human society and reflect its concerns, not to look directly at the nature outside.

诸位都坐过"夜行火车"吧？想象一下，在广漠的夜色中，一趟列车，通体弥漫着光辉，平滑地驶过，显得好有人气，令人神往。希望你能永远记住这个鲜明的意象，以及下面我所要展开阐释的，关于弗莱的"夜行火车的车窗"里面，有关文学符号活动的寓意。

对于弗莱而言，夜行火车的玻璃车窗这个意象让他难忘，是因为这就如同我们的文学文化一样，是一层"封皮"（envelope），是一个"绝缘层"（insulation），来"将我们与赤裸自然隔开"。

车厢外面的黑暗，可以隐喻为人类不在场的虚无状态。就如同弗莱所言："透过这扇窗户，我们面对的景象不过是那个亘古不变、冷漠的自然界——在它存在的亿万年里我们并不存在；我们从它里面的产生仅仅是一个偶然。而且，如果它具有意识，它一定会后悔曾经造就了我们。……我们发现自己——不是出于自我意志——（在宇宙的舞台上）被武断地赋予了一个戏剧角色。这个角色就是海德格尔所说的'抛入'。从这个角色中我们学不到台词。"

看呐！于是灯火通明的一趟夜车出现了。人类所追求的意义、爱和价值，真、善和美，就如同照亮这黑夜的灯火吧。难怪《圣经》在开头的《创世纪》第一章里面首先要说："（1:1）起初，神创造天地。（1:2）地是空虚混沌，渊面黑暗。神的灵运行在水面上。（1:3）神说，要有光。就有了光。"进一步引申说，人类文明，作为广漠宇宙的过客，就如同这辆灯火通明的夜行火车吧。这夜车，来自黑暗的过去，行驶在茫茫的自然界，走向遥不可知的未来。自始至终，都如同穿行在无意义的黑暗里的一团光晕。它是人类在冷漠的宇宙时空中，所自创的"诗意栖居"空间。在其中，人类作为"乘客"，出生、死亡，一代又一代，永无止境。每个个体，及其一个个群体，乃至于人类全体，在我们作为乘客的有生之年里，有幸与某一些同伴共走一程，走或长或短的那么几站，追寻、怀疑、审视，也验证了或多或少的一些"意义"。

死亡，就意味着下车。我们这些乘客，一般都不知道自己会在什么时候下车——边走边看吧。到了不可预期的该下车的时刻，亲朋好友们对我们说再见，于是我们离开车厢里幸福或者悲哀的一切，回归于自

然界，不知道夜行的列车又往何处去，走多远，又要发生哪些新的故事。车厢里，始终是一个羡慕嫉妒恨、怨念与不舍并存，也不乏诗意与温情的所在。各种离奇的和刻骨铭心的情节，在随时发生。死亡而消失的乘客，被家人朋友以及后人，铭记或长或短的几许路程。然而火车载着健在的乘客和新的乘客，不断地"在路上"，所有乘客，都出生在车厢里……

弗莱说，夜行火车的车窗"在大多数时间里"，对车厢里面的乘客来说，是作为一面镜子而存在的。这个比喻，和我前面讲到的，关于人类这种唯一的"符号动物"，用语言文字等符号方式为自己编织出文化意义之网的说法，十分投合。作为比喻的本体的窗玻璃，既是透明的，同时又是可以反射"镜像"的。对于弗莱而言，后者的效果在夜行火车的玻璃窗面上产生时，乘客们并没有意识到，此时这已经不是透明的窗户了。乘客错认为车厢里面的诗意与温情，充斥于整个宇宙。

作为比喻的本体的玻璃，还有一种重要的特质和功用，那就是虽然貌似通透，一览无遗，实则是一道最"密不透风"的屏障。人们离不开玻璃，往往是利用这个特质，把内和外，完全隔开。在喻体上，我们可以把这看作是前面所说的符号形象（意象）能指（比如"玫瑰"）和意义所指（比如"爱情"）的彻底区隔——两者之间不存在透明的、直接的、内在的对应关系。造成透明、直接、内在的对应的错觉，也是很自然的。因为我们在不知不觉中，把镜子当成了窗户。

再回到这一讲前面说过的"爱情＝玫瑰？"的比方，并引用弗莱的引文来看看。玻璃窗外面"那个亘古不变、冷漠的自然界"之中的蔷

薇科植物玫瑰，和人类所谓爱情之间，没有任何的因果的、先天的、必然的关联。文学文化，是那面镜子——心里的爱情，变成了镜子里的玫瑰——"照出我们的内心活动——包括我们心中所理解的自然界"。于是，由代表爱情的玫瑰啦，由代表欲望的苹果啦，由中华民族的桃花，大和民族的樱花，以及月光、群山、萤火虫等等所组成的这个意象世界，"主要是作为我们人类生活的参照物而存在"。若错认为这诗意是先天存在于万物自然的，那就谬误了，错在将镜子当成了窗户。——世界本无诗意，但现在因为隔着夜行火车的车窗，凭借其镜像功能，变得好像"为我们而创设；我们居于其中心，是其存在的全部意义。"

文艺的活动，就是编织诗意的栖居的活动。对弗莱而言，所谓"文化的光晕"，是"靠语言和其他方式把我们同自然界隔开"。这其中的"语言机制"，即他所说的"神话"谱系，或曰"用语言所表达的人类所有创造之体系"。或者用前面引用过的美国文化人类学家克利福德·格尔茨的话来说，"人是悬浮于自身所编织的意义之网络中的动物。我用文化一词，来称呼那些网络。"对弗莱而言，在这个体系里面，"文学位于中心"。

我们不能透过文艺，看到外面的自然界，并让"车厢"里面的意义、诗意，与车厢外面的自然存在，实现必然的呼应。这是一种自然而然的错觉，叫作"反映论"（取其广义而非狭义）。虽然在弗莱的"夜行火车的车窗"的比喻下，"反映论"显得很无辜，很诗意，但毕竟，"反映论"是建立在错觉上面的。

文艺是面镜子，不是窗户。这面镜子上面所呈现出的玫瑰，不是

窗外的自然界的玫瑰，而是对应于内心意义所指的符号能指的玫瑰。借此玫瑰能指，可以推演内心的意义所指是咋回事，推演社会经济政治文化，如何作用于人心，并被折射出来一个"虚拟"的形象化世界，而不是直接反映出外面那个"那个亘古不变、冷漠的自然界"。

文学文化，作为弗莱所说的夜行火车的车窗，"它的用途是在人类社会外边画一个圈，并将人类的思考反射回人类自身，而不是直视外面的自然界。"

1.4 符号修辞与巫术思维

我们要解读的一切，都是"符号"。一言以蔽之："老天创造了人，人创造了符号"。这就像彼得·布洛克斯（Peter Brooks）所指出的，如果说人是会使用工具的动物，"homo faber"，这种动物也早就是使用象征符号的动物，"homo significans"。前面掉书袋的这些拉丁语单词，离我们太遥远。但我们都认识英文单词"sign"（符号、标记），和"significance"（意义）。显然，从这两个英文词的拉丁文词源上看，"意义"来自于"符号"。

是的，我是在引用我自己。这来自于前番那娓娓而漫长的"符号学之爱情＝玫瑰？"。

那里还遗留了一个很执着的重量级设问，还没有得到正面回答：

是"谁"在划定能指（玫瑰、钻石、人头等）与所指意义（如爱情）之等号关联的？为什么会是玫瑰、人头或钻石？

说得更详细些，其实这就是在问：凭空指定一个能指 A，再指定一

个所指 B，然后"拉郎配"，归入一个符号意义指涉的等式关联——这事儿，谁说了算？（打个比方，就如同我们面对"茫茫人海"中太多的互不相识的 A 与 B，堕入爱河这类事儿，也不禁想问问：是否冥冥之中有一些共有的主宰性的机制在起作用，对不对？）在关于"玫瑰"、"人头"、"钻石"等的具体符号意义形成的就事论事的描述性讲述之外，还能不能给出一个理论上的解释，哪怕臆测一下，符号运作是如何出现的，源头在何处？"where did it come from"？

当时，我没有做到另立头绪，专门解答之。今天我来把解答补上。

你可能会问——为什么没有做到及时解答呢？

好吧……当时我对于符号问题的"通俗"讲述，已经写了洋洋洒洒将近两万言，严重超负荷了。而这个问题，则更是过分复杂了。最最"显而易见"地被忽略的，往往是最复杂最前沿的文科问题。

别找我，我想静静
也别问我静静是谁

当时的我，实在是太想"静静"了，于是就很虚弱地答道："回答这个问题，连我都觉得'压力山大'，知道这是直戳文学文化理论的永恒深处和学科前沿了。我只能边回答边总结。符号化的意义表达，是一件复杂的事，因为文化之网是由多种因素构成的，包括文化、政治、经济等各种因素。"

我这话说得很到位，也就是充分指出了问题的复杂性。于是当时的我，在享受了一会儿"静静"之后，把这一重量级问题，默默转换为操作性很强、很具体的个案讨论："何不就具体看看人头、玫瑰和钻石

这三个能指，是如何指向爱情的意义的。"这些荡气回肠的个案讨论及其内容延伸，你也都已经读过了。

但前面那个强悍的设问，仍然在强悍地等待着一个翔实的正面回应。——远古人类如何就如同牵线木偶一般，不约而同走上了符号表意之途呢？我个人把这当作人类文明史里面的最大奥秘。也就是说从历史轴线上的某个人类学时刻，人类突然将符号性思维内化后，符号行为就成了人的自发本能，将人与自然界和动物界天人永隔了，以至于符号化生存模式下的人类，已经无法想象完全没有语言符号的存在了。

这些，在前面娓娓道来的"符号学之爱情＝玫瑰？"的讲述中，都说了不少了。但"为什么是这样"？——每想到这儿，我就特别地想念"静静"。但我的虚弱和逃避，也是可以谅解的，因为各个相关学科也都不负责直接解答这个问题。比如说，常规的符号学不负责回答这个问题。常规的符号学，负责对符号"启动"之后的意义世界，做符号分析、归纳，不负责解释"发生学"意义上的符号的发生、启动机制。其他的如心理分析、认知科学、修辞学、语言学等等。里面到底牵涉到了怎样的相关话语和思考，我也真的不敢说都盘点清楚了。

回答这个问题，也是解答我自身困惑的需要呀！

所以，也就顾不得自己的才疏学浅了。下面我就详细说出我的解答思路：用巫术思维的发生，来解释符号化表意的发生。

（1）

我觉得，巫术思维培养了语言思维，将隐喻和借代的修辞或者说表述方式，内化到了语言之中，成为符号化表意的核心，乃至于经过几

千或上万年后，我们完全意识不到，玫瑰这种蔷薇科植物，真的和爱情没有一毛钱的关系，我们用玫瑰来指涉爱情，纯粹是一种已经完全不自觉的符号表意行为。这样的语言思维，逐渐成了把人类与动物界分割开的，专属于人的本能。

当然，这个事情又极其混杂，至少还需要近万字的论述，才能说个大概。个人认为，巫术的出现，基本上是语言出现之后的产物，也就是说处在人类跨过了符号门槛的阶段。我这样说，也只能算是遐想。近现代以来，从肯尼斯·伯克到保罗·利科，有一批学者接续古典的修辞研究，从隐喻、借代、提喻、反讽等修辞格入手，通达了人文研究的一些大问题。而从书斋型人类学家弗雷泽在百年前的巨著《金枝》到从精神病临床到理论兼备的弗洛伊德的《图腾与禁忌》，近现代谈巫术，谈相似律和接触律的研究也很多。这些相关书籍，我也都囫囵吞枣过。

虽然我自认欠缺语言学、修辞学和人类学的完备知识和训练，但我相信，人类的符号修辞表述能力（在修辞结构中，表征事物的形态和意义）的成形，是巫术思维长期"培育"的结果。

你看，在所谓修辞结构中，不同事物之间的关系，和对事物形态的判定，主要是通过建构在发现（其实是"发明"）所谓相似性的隐喻手法（姑娘的娇嫩＝玫瑰的娇嫩）得以实现的；而对事物意义的赋予，则可以通过建立某事物与别事物的整体／部分之关系（红领巾的意义在于是红旗的一角，而红旗的意义在于它是被烈士的鲜血染红的……）的换喻／提喻／借代，得以建构。

因此可以说，没有符号修辞的一次次应用，就建构不出来事物之

间的关系和事物的意义。

可见，事物之间的关系和事物的意义，在某种程度上不是内在于事物本身的"属性"，而是人在符号表述中"发现"或"发明"出来的。

而且显然，这都不是"胡来"。

那么，这里面的规则是什么？——是什么样的古老的规则，导致这些符号表述中，意义得以发现或发明，又从不胡来？

个人觉得就是巫术思维里面的相似律和接触律。前者建构"隐喻"修辞，后者建构"借代"修辞。

举前面的例子来继续说：从"姑娘的娇嫩＝玫瑰的娇嫩"这一关联中所体现的隐喻性思维方式，来自巫术"相似律"的古老而娴熟的运用，"红领巾的意义在于是红旗的一角，而红旗的意义在于它是被烈士的鲜血染红的……"这样的借代性建构，则直接离不开古老的"接触律"巫术思维。

相似律巫术的思维内核是发现（其实是发明）两件事物内在的关联相似，并通过一丝不苟的表演式模仿行为，作为巫术仪式来表达、召唤之。

巫术行为者觉得，如果整个仪式过程都不出"差错"，表演得很"像"的话，那么其所模仿的对应物——某自然事物就会收到感应，从而也会在人所希望的某方面，做出相似举动的回应。也就是说，通过"正确"的模仿，就能控制模仿的对象，让它为人做事。所以，基于相似律的法术就叫作"顺势巫术"或"模拟巫术"。

弗洛伊德在图解人类学家弗雷泽提出的相似律概念时，举了求雨

仪式和生殖仪式的例子。一言以蔽之，用今天的话来说，求雨仪式就是人在那里折腾，模仿出风来、云来、乌云密布、电闪雷鸣、倾盆大雨的全过程，然后等着真实的天空在感召之下也来一回。弗洛伊德举的生殖仪式例子，是说在东南亚稻米文化中，某地当稻子夜间拔节狂长的时候，农夫农妇都要睡到地里面去做爱。貌似是用这种生殖行为的示范，来教导稻子生殖出稻米来？再比如说在很多地方，直到现在，小孩子换牙了，如果掉下的乳牙是上牙，就扔到床下，如果掉的是下牙则扔上屋顶——这种上扔下扔的习俗，其实是在模仿新牙生长的方向，从而希望相似的结果也作用于新牙的生长。

在接触律巫术的逻辑中，"接触"本身是一种重要的因果关联模式，即人与能行使某些效力的事物进行接触后，这种效力就通过这样的因果关联，作用于人。这里面的要点不是相似性模仿，而是发现（其实是发明）出接触方式或仪式，从而启动因果关联，获得想要的效果。

说到接触律巫术，立马映入我的脑海的，还是咱中国文学名著《红楼梦》里面的坏蛋马道婆，她在写有宝玉和凤姐的生辰八字的纸人上作法，就导致宝玉和凤姐头痛欲裂和发疯寻死，最后幸亏一僧一道赶来，才将叔嫂二人救活。——通过写有生辰八字的纸人来与活人建立关联，导致对纸人的折磨能作用于活人，这可以看作典型的接触律巫术。这种巫术在中国民间，甚至宫廷斗争中都常有出现。直到今天，民间关于头发、唾液、指甲、分泌物、衣服、物品、影像、名字、脚印等相关的各种禁忌和风俗讲究，也都可以看作是基于接触律巫术思维。

我不禁又很恶心地联想到：义和团在攻城的时候，亮出妇女的月经

布，这样据说洋兵的大炮在隔空接触如此倒霉不祥的秽物之后，就打不响了……索性继续联想下去："大师兄"、"二师兄"们所有的法术，都是基于相似律和接触律的吧。又想到我们的又一名著，鲁迅先生的《祝福》，里面的祥林嫂在死了两个丈夫后，被视作不祥之人，冬至祭祖时她刚要碰祭祀物品，主人家就慌忙叫道"你放着罢！"这是因为在接触律思维里面，一个倒霉的人身上带有晦气，而这种晦气通过接触传播，所以与她的直接接触能免则免，更不要说触碰祭祀这种神圣仪式上所用的物品了。

（2）

看到上面如此之"low"的例子，你可能会鄙视巫术思维阶段所出现的接触律和相似律了，觉得自己无论如何要高明些。然而我则更"谦卑"，觉得我们所鄙夷嘲笑的，往往是我们自己的思维结构里面最根深蒂固的部分。

你叫它直觉思维也好，潜意识内在结构也好，总之它是自动运行的，不以你的意志为转移，或者说，它构成你的意志的最坚实的内在底座。

其实我们没有资格嘲笑或无视我们思维底层最顽固的东西。——来自巫术界的相似律和接触律思维，是无法超越，也无须超越的。因为，从群体发生学（phylogeny）角度来说，这是人类创造性思维的持久温床，是动物所没有的人类思维之内核；从个体发生学（ontogeny）角度来说，缺失了这样一个充分的思维联想和建构阶段，儿童根本就无法成长为具备正常思维能力的成人。

人类思维的本质是创造性思维。——它不是逻辑学意义上的演绎和归纳（电脑就可以演绎和归纳），而是创造性地赋予万事万物秩序和意义，既能在完全不相干的事物之间建构相似性，又能跨越不同的事物，建构联想式的因果链条。前者为相似律思维，后者为接触律思维。如同前面说的，东南亚稻米文化里面，农夫农妇在稻田里进行性爱，与稻米的成长本来完全无任何关联，是人创造性地发明了一种相似性——生殖性和生长——就接通了相似律思维的。在求雨仪式中，人创造性地想象模拟了下雨的过程——神灵的喜怒哀乐、乌云密布、大雨瓢泼，对神灵威逼利诱。当人一丝不苟地履行了自己所发明的仪式之后，就要求大自然将此用真实降雨的方式来重演。而酋长要坐虎皮椅，战士们要吃"熊心豹子胆"，道理就在于接触律思维——老虎是山林的"王者"，酋长坐在王者的毛皮上，就获得了王者的地位和力量。熊和豹，是勇猛的；当战士吃了熊的心和豹子的胆之后，就把熊和豹的勇猛属性，据为己有了……对照一下，若动物碰巧吃到了熊心豹子胆，也只是为了充饥而已呀——只要能够果腹，与吃肥猪心、老鼠胆相比，也没啥区别。

海德格尔那句高深而煽情的"人，诗意地栖居……"，我觉得若是让我祛魅之后，就应该是"人，相似律和接触律地栖居……"

诸君有意见吗？相似律和接触律，可以说是诗意的"老母"么？——运用语言符号，将人的存在，参照其他事物，赋予相似性和联想性的关联。我们便栖居于这样的"创意"之中。接触律和相似律所关联起来的日常诗意栖居，并不抽象深奥，就在日常生活中。——假想未婚的你，参加一个婚礼，凭空接到新娘子抛出的花球，这时内心，难道

不是很自然地觉得，这是个好兆头么？再说婚礼上的各种仪式，是不是都扎根于意义的赋予和联想？比如说，新婚前夜一般要找一个小男孩到婚床上先滚一滚……想想"开光"的佛像为什么与一般的佛像的价格不同？为什么有人热衷于作者签名的书，娱乐明星签过名的 T 恤？再想想中华菜肴里面的牛鞭……

（3）

写到这里，请允许我再次放出前面久已用过的弗莱的引文——放在这里实在是太贴切了：

> 我们外面的那层"封皮"——如我所言，那个将我们与赤裸自然隔开的文化绝缘层——倒是很像一节灯火通明的夜行火车的玻璃窗子。（这个意象从我的童年就开始萦绕于我心。）在大多数时间里，这个车窗看起来是一面镜子，照出我们的内心活动——包括我们心中所理解的自然界。作为一面镜子，它给我们提供了这样一种意识：这个世界主要是作为我们人类生活的参照物而存在——世界为我们而创设；我们居于其中心，是其存在的全部意义。然而有的时候，这面镜子又恢复了它作为窗子的本来面目。透过这扇窗户，我们面对的景象不过是那个亘古不变、冷漠的自然界——在它存在的亿万年里我们并不存在；我们从它里面的产生仅仅是一个偶然。而且，如果它具有意识，它一定会后悔曾经造就了我们。窗子里的这另一幅景象立刻让我们陷入了另一种偏执，感觉我们是宇宙阴谋的牺牲品。我们发现自己——不是出于自我意志——（在宇宙的舞台上）被武断地赋予了一个戏剧角色。这个角色就是海德格尔所说的"抛入"。从这个角色中我们学不到台词。
>
> 所谓文化的光晕，不管它还叫什么，是靠语言和其他方式把我们同自然界隔开。这其中的语言机制也即我所说的"神话"谱系，

或曰用语言所表达的人类所有创造之体系，在这个体系里面，文学位于中心。此神话谱系从属于那面"镜子"，而不是那扇窗户。它的用途是在人类社会外边画一个圈，并将人类的思考反射回人类自身，而不是直视外面的自然界。

今番再看这段引文，会比前番更"带感"，因为我们仿佛对弗莱所说的这个"语言机制"或曰"神话谱系"有了更深的体会。语言机制和神话谱系的底色就是接触律和相似律巫术思维。这个基础打得不牢，伟大文明的高层建筑根本就站不住。巫术思维，就是文明底色中形象思维的漫长丰富与操练，是一件最正经的事业。从中，人类获得了联想、类比等意义赋予的本领，塑造了借代和隐喻等基本修辞手段的雏形。

你看那五星红旗的神圣指涉，不是建立在"相似律"的思维结构之上么？——那颗大星星代表党，四颗小星则代表各族人民，宛若各族人民紧紧围绕在党的周围。于是从修辞手法的角度看这一番相似律关联，这五颗星星的关系，就成为中华人民共和国的党与人民之关系的"比喻"或"隐喻"了。不必纠结于进一步的术语辨析了——修辞学家们也各有说法，不需要在这本"文普"书里搬弄、折腾我们了，以免捡了芝麻丢了西瓜。

再看接触律的"日常"。我们从小都被告知，红领巾是红旗的一角，是被烈士的鲜血染红的。从接触律思维来看，红领巾因为是红旗的一部分，所以具备了红旗的神圣属性。红旗的神圣性来自于烈士的鲜血；烈士的鲜血具备神圣性，被其染红，也就具备神圣性了。是的，由此达成的由 A 及 B 的"联想直通车"的符号关系，在修辞上，中文里被叫作

"借代"、"借喻"、"转喻"、"换喻"等（metonymy），有时也有一些类型被称为"提喻"（synecdoche）——以局部来代表整体。

又联想到美国总统宣誓就职的仪式。就职总统要手触圣经宣誓，体现了接触律。在天主教和一些基督教派的领圣餐仪式里，信众分食面饼，代表将基督的身体"吃"入自己的身体，用葡萄酒代表基督的宝血，也"喝"入自己的身体。——这不是接触律是什么？

而在《约翰福音》里，开篇说："In the beginning was the Word, and the Word was with God, and the Word was God."中文通常翻译做："太初有道，道与神同在，道就是神。"很多人（包括我），不满意将"the Word"比附为"道"，觉得"道"的含义里面不容易看到"the Word"的语言属性。"the Word was God"，分明给出了"语言符号表意＝上帝自身"这样一个等式的意味。在这个意义上，整部圣经就是上帝的"Word"。读圣经这样一个教徒的日常活动，在相似律的意义上，与领圣体的仪式获得了相似性，并且将该宗教信仰对神的"吃"与"喝"，内在化为精神层面的汲取，是这样的吗？

（4）

前面从"群体发生学"（phylogeny）的角度说得比较多。下面偏重一下从"个体发生学"（ontogeny）的角度来谈。在前番"课间休息小甜点"里，放了几篇与符号问题有关的随想小文，在有一篇里，我思考了自己儿子的符号化进程的一些日常，其实关联到了巫术思维在个体成长中的不可或缺，值得再选摘一点儿放在这里：

> 记得三年前春节前，家里把蒜种在花盆里，指望着收获蒜苗炒

菜吃。我儿很盼望吃到这个蒜苗（或许是眼睁睁地看到蒜苗奇迹般地从花盆的土层里刷刷地长出来，体验到了"生长"的宇宙奥秘？），常常一个人面对蒜苗唱歌跳舞，卖力表演、讨好之，并专门发出一种"长啊！快长吧！"的类似咒语的浑厚声音。这其实就是流传下来的《诗经·毛诗序》里面所谈及的"诗、乐、舞"合一的状态。当我们点破"你不就是想让蒜苗长出来好吃它么"时，我儿慌忙"嘘……"地堵住我们的嘴，一边小声说："别让它们听见我骗它们，那样它们就不长了。"……人类文明早期阶段的巫术，是否也经历了这样一个与万物不分彼此，同时又对宇宙万物开始有所图谋的历程？……而这里面，已经有诡诈的、"用语言来实现某种目的"的萌芽了。

这让我想到亚里士多德在《诗学》里的观点：自儿童时代起，人类就有模仿的本能和天性，就此而言，人与动物的区别，本质上在于人会模仿，通过符号表意的方式，由此获得知识，认识世界万物和自身。——我觉得此见不虚。在我儿身上，他的卖力歌舞和咒语，就是对蒜苗生长的相似律模仿吧。另外，模仿总是有目的的，如同我儿的歌舞模仿的目的，是"骗"蒜苗生长，然后好去吃它……

我想继续说说这个用语言和其他符号手段来"实现某种目的"的问题。——刚生下来不久，与禽兽幼兽无心智区别的幼儿，在两岁跨越了接触并粗通语言听说与交流的临界点后，飞跃为能自发地用歌舞和言辞来达成自己目的的儿童，直至进化为具备一定的伪诈识破度（从而也暗示着更具作伪能力）的我等"衣冠"中人——这，是人类个体进化发展的自然规律，是不可避免的。在此路途上一路进化下去，"衣冠"性会越来越强，"禽兽"性则会越来越隐藏，直至成为"衣冠禽兽"。这不

是在骂人，也不是在自贬，而是说，群体发生学意义上的文明社会的伪诈，是建立在个体发生学基础上的。文明社会的进程，只能是发展出越来越高度的文化，和虚伪，就如同个体发展的进程，都是不可逆转的。当模仿的动机越来越深藏不露的时候，模仿的手段则越来越巧妙，将早期巫术模仿的血腥和野蛮，掩藏在文明的外衣之下。

虽然这并不是一个很轻松的话题，但我还是忍俊不禁地稍微跑题一些，联想到电视里面一只"衣冠禽兽"在儿童面前的表演，以及在电视前的我儿的反应。

在《爸爸去哪儿》第一季，拍摄到后半部，有一集是在冰天雪地的东北。在一个村落的杂货店里，"村长"让孩子们当店员。然后，吴秀波穿着窝囊的破棉大衣，戴着窝囊的破棉帽子和破口罩，把自己扮演成为一个"loser"大叔，出现了。其主要目的就是没钱也要从儿童店员手里骗到吃喝。

我们大人爱看这一段。看点，是儿童的幼稚。

儿童爱看这一段。看点是……艰巨的被骗的考验？学会识破"影帝"吴秀波的演技，得到锻炼？终于能在长大后，如同吴秀波一样"狡猾"，让人"不放心"？

只见，吴秀波歪歪扭扭地在风雪中走进小店，要吃东西，但没钱。他说他本来就是这个村儿的，村里大家都认识他，这个店就是他的，他来吃是吃他自己的。

我一边和儿子看，一边拆穿种种可笑之处，犬子开怀大笑，说"这吴秀波也太坏了"。节目里面那几个孩子也很得意兴奋，一边警觉着，

一边获得了锻炼，觉得能识破伎俩，自己也很了不起。

但吴秀波不愧是吴秀波。

只见他突然弯下腰来，眼泪都要流出来了，说，刚坐火车从外地赶来，好几天都没吃饭了，可怜可怜吧……节目里面的几个孩子立刻茫然了。显然，孟子说的"恻隐之心人皆有之"，此刻体现在了"童心未泯"的儿童身上。

这时的我，当然不会被吴秀波骗住。我又及时向儿子戳穿其伎俩，"他是个演员呀，演没吃饭演得真像呀。"

但儿子却很严肃地、异样地看着我：

"他真的好几天没吃饭了。"

！！！

好吧——当时我也就没再说什么了。儿子作为儿童，识伪程度也只能到这儿了。他能够以自发的巫术形式对蒜苗进行想象式的哄骗，但面对吴秀波的演技则仍然显得太嫩……

相形之下，我们这些"文明社会"的成年人，已经习惯于寻找别人的模仿行为背后的动机问题，用大白话来说，也就是更加狡猾、多疑。

人心里面所有的曲折与深度，狡猾与能量，复杂性，都体现在符号运用里了。而符号建构的心理底蕴及思维结构，来自巫术里面的接触律和相似律——人类最初级也最根深蒂固，从而也是最底层、最活跃的思维方式。它占据了我们的意识和潜意识活动的90%以上，我想。

常想起一句话，似乎是说文明的沃土是用鲜血浇灌的。不说古埃及、玛雅、殷商，就说罗马城的奠基物，就是无辜的童男童女。按照弗洛伊

德《图腾与禁忌》《摩西与一神教》里面的说法，犹太－基督教文明就是建立在更早期的罪感记忆的基础上——部落里的儿子们共同杀死暴虐强悍的父亲，分食其肉。为了避免这种血腥无限重演下去，儿子们尊奉被吃掉的父亲为神明，禁止了这项罪行，并设立了祭祀仪式来平息神的愤怒，祈求保佑。久而久之，文明时代就在对远古暴力遮蔽的基础上，一点点"洗白"了。我们的高度文明，就是建立在这样的底色上面——血腥、暴力，残忍的巫术时代的底色。

在这个意义上，巫术思维是文明进化的压舱石。

就是说，它必须沉甸甸地压在那里，在群体进化和个体发生的潜意识里，须臾不能抽离。

1.5 "文学由两个梦境组成"

（1）

"文学由两个梦境组成"——还是出自诺斯罗普·弗莱：

> 文学和梦境其实不尽相同。文学是由两个梦幻组合而成：愿望成真之梦和焦虑之梦。这两个梦幻聚焦在一起，如同眼镜上的两个镜片，为洞悉我们的意识提供了完整的观象。在柏拉图看来，艺术是睡醒之后的头脑所需要的梦幻，是远离日常生活的想象力的作品。它虽然与梦境一样被某些未可知的力量所主宰，但是却为我们提供了角度和侧面来认识现实；这些角度和侧面只有艺术才能提供给我们。所以济慈说，诗人和做梦之人是有别的。一个个人的日常生活组成了生活的群体。文学——某种意义上说是人与人获得沟通的艺

69

术——在功能上也具有群体性。在日常生活中，我们每个人在每个晚上退缩到相互隔绝的私有的潜在意识当中去，在睡梦中按照私人的、隔绝的想象来重塑外部世界（经验）。与之相对，文学里面包含着另外一种潜在意识；它是社会性的，不是私人化的，它是出于人围绕着人所创造的文化象征（比如说英国女王和英国国旗）而加入一个群体的需要。这种潜在意识也表现为对主宰秩序和稳定的神明的想象，或者是对生成、变化、死亡、再生的想象，等等。从文学体现了人类用自己的心智来创造神话的力量。人类的心智就这样造就了一个又一个人类文明，也在这个过程中让其一个个消亡。

以上是我的翻译。原文如下（Northrop Frye, The Educated Imagination. Indianapolis: Indiana University Press, 1964, 102-103）：

Literature, then, is not a dream-world: it's two dreams, a wish-fulfillment dream and an anxiety dream, that are focused together, like a pair of glasses, and become a fully conscious vision. Art, according to Plato, is a dream for awakened minds, a work of imagination withdrawn from ordinary life, dominated by the same forces that dominate the dream, and yet giving us a perspective and dimension on reality that we don't get from any other approach to reality. So the poet and the dreamer are distinct, as Keats says. Ordinary life forms a community, and literature is among other things an art of communication, so it [Page 103] forms a community, too. In ordinary life we fall into a private and separate subconscious every night, where we reshape the world according to a private and separate imagination. Underneath literature there's another kind of

subconscious, which is social and not private, a need for forming a community around certain symbols, like the Queen and the flag, or around certain gods that represent order and stability, or becoming and change, or death and rebirth to a new life. This is the myth-making power of the human mind, which throws up and dissolves one civilization after another.

这个类比，"文学与梦境"，回答了文学四要素【复习一下？——作者、文本、读者、世界】中的两个"人"——作者和读者，如何就成了拴在一根线儿上的蚂蚱的问题。用通俗的话来讲，就是这样一个问题：为什么有一个叫"作者"的家伙在孤独状态之下，默默地写下的东西，却能牵动另外一些叫"读者"的家伙的心，如同一场跨越时空的"异地恋"？

这真的是个正经问题需要回答。

一个人，默默地、精心地写出来一些字，连缀成小说故事、诗篇等文体。这等行为，是属于他私生活的一部分呀。如果偷偷安装一个针孔摄像头，我们就会看到这个家伙——或者面对屏幕，在键盘上敲来敲去，或者是半躺在沙发上，拿个手机，手指微动，或者他是个传统文人，手握一管钢笔、铅笔或者甚至是毛笔，在那里闲篇，抑或孤愤疾书。

其实说实在的，写作这件"行为"本身，毫无魅力可言，极其乏味。况且，如今已经是"无图无真相"的时代了。——这个世界上有那么多潇洒、煽情的造型，那么多帅哥美女。而写作状态下的人，即便俊俏如吴彦祖金城武，也会呆若木鸡，逊色于日常风采。再拿真实的作家来说

吧。韩寒的文字，比他本人要精神得多。福楼拜和巴尔扎克是大肚腩的矮胖子大叔。萧伯纳和卡夫卡像马三立一般如同麻秆儿。郭敬明是短小的"杀马特"风格。鲁迅先生则闷声儿不响，一个劲儿地抽烟。而目前正在按键盘打下这些字的我呢？则一会儿打几个字，一会儿对着窗外的冬日雾霾发呆，再喝口水，出去上厕所，又对着屏幕皱眉，一副"蛋疼"的样子。李白狂草退蛮书、曹植七步成诗这种高度表演化的"行为艺术"传说，都是可疑的特例呀。

我们真的不在意"作者"是在何种姿势或姿态下写出文字来的。与那些"风姿"相比，我们更在意的是此君写出来的文字意象本身，从而借此来获得所传达出来的思想和感情。读者阅读的日常，也是一样的。——请不要以为，坐在咖啡馆或文艺书店里摆出拉斐尔前派绘画构图的姿势去阅读，会更有营养。——无论写作还是阅读，您都可以理解为是私密的事情——私密地进行在头脑里，而躯壳是处于休眠状态，与任何的表演、展演无关。

作者在孤独的状态下写出来，供孤独的人默默地去读。

两者都彻底自由散漫，却又息息相关，"不露声色"地自我放任甚至放纵。两者"光华内敛"地交流着，外人一无所知。

难怪卡尔维诺的《寒冬夜行人》的著名的开篇，是这个样子：

> 你即将开始阅读伊塔洛·卡尔维诺的新小说《寒冬夜行人》了。请你先放松一下，然后再集中注意力。把一切无关的想法都从你的头脑中驱逐出去，让周围的一切变成看不见听不着的东西，不再干扰你。门最好关起来。那边老开着电视机，立即告诉他们："不，我

不要看电视！"如果他们没听见，你再大点声音："我在看书！请不要打扰我！"也许那边噪音太大，他们没听见你的话，你再大点声音，怒吼道："我要开始看伊塔洛·卡尔维诺的新小说了！"哦，你要是不愿意说，也可以不说；但愿他们不来干扰你。

你先要找个舒适的姿势：坐着、仰着、蜷着或者躺着；仰卧、侧卧或者俯卧；坐在小沙发上或是躺在长沙发上，坐在摇椅上，或者仰在躺椅上、睡椅上；躺在吊床上，如果你有张吊床的话；或者躺在床上，当然也可躺在被窝里；你还可以头朝下拿大顶，像练瑜伽功，当然，书也得倒过来拿着。

是啊，理想的阅读姿势是找不到的。过去人们曾站在阅读架前看书，习惯站着。那是因为他们骑马骑累了，站着就是休息。以前还从来没人想到骑在马上看书；可今天，骑坐在马鞍上看书，把书放在马背上或者用个特制的马具把书挂在马耳朵上，好像对你挺有吸引力。两足插在脚镫里看书也许是个非常舒适的姿势。要从阅读中得到欢乐，首要的条件就是把两只脚抬起来。

喏，干吗愣着？伸直腿，抬起脚，跷到一个软垫上，跷到两个软垫上，跷到沙发扶手上，跷到沙发上，跷到茶几上，跷到写字台上，跷到钢琴上，跷到地球仪上。先脱掉鞋子，如果你想把脚跷起来。如果你不想把脚跷起来，那就再把鞋穿上。喂，别这么一只手拿着鞋、一只手拿着书地愣在那里。

调一调灯光，别让它太刺眼。现在就把灯光调好，因为你一旦开始阅读，就顾不上这些了。你应当这样调节灯光：让灯光照亮整个书页，让白纸上的黑字清清楚楚；当心别让灯光像南方中午的日光，那样强，那样直射在书上，那会使书页反光，影响字迹的清晰度。要尽量办好可能中途打断你阅读的事。你如果抽烟，要把香烟和烟灰缸放在手边。还有什么事呢？要小便？嗯，这你知道该怎么办。

······

这，可以为作者与读者之间的隐秘默契，做一个生动的注脚吧。

（2）

回到前面提出的问题："What is going on here?Why?"——凭什么？为什么在去蹦迪、街舞、逛街之外，还有人总在孤独地写，还总有人在孤独地读？是什么样的机制，达成了如此散漫却投入的共同体——不同时间、不同地点的"异床同梦"？

第一讲这最后一节"文学由两个梦境组成"的最开始所引用的弗莱的话，就是对此"异床同梦"机制的一种解释吧。

弗莱的这一段话，把文学和梦，联系到了一起。不妨先粗略地列出一串类比，凸显出关联点：

做梦者与作者。

梦与文本。

解梦者与读者（解读者）。

（实际情况要复杂得多。弗莱的引文虽不长，却很复杂。后面自会讨论。）

好。先说说"做梦"本身。

梦是日常（夜常？）生活最隐秘的底座。——"在日常生活中，我们每个人在每个晚上退缩到相互隔绝的私有的潜在意识当中去。"如果在实验室里做相关实验，不让受试者做梦，让他没有机会回归"私有的潜在意识"的睡梦中"按照私人的、隔绝的想象"来"重塑外部世界"，而是一做梦就电流干预，阻断叫醒。那会怎样？——那他就会发疯。显

然，潜在意识的梦中"夜常"行为，"保健"、"治愈"和维护着白天的意识层面活动。所谓日有所思夜有所梦，就是说做梦这事儿，是以迄今还不为人完全所知的方式，来处理在意识层面上不断要面对的，"欲望－自我"的互为界定、"舆情监控"和"维护稳定"问题吧。不论是医学、神经科学、精神病学、心理学还是行为科学等，迄今都离详细解说此机制差得很远。我们只能大致说，做梦的机制，大抵是涵盖了排除压抑和释放焦虑的机能。梦境对心灵（涵盖"意识"但是比"意识"更复杂的一个系统？）予以了日常的维护，"排毒"，使得心灵在一个相对的稳定值里来指导一个人的人格，支配日常。

上一段是在常态意义上来说做梦这件事儿。这里还需要在非常态甚至病态的意义上来看做梦现象。常态下的心灵"夜常"做梦机制，若"维护稳定"不成功，就会出精神症状。咋办？这是病，得治。如何治？古人靠的是跳大神等仪式性心理暗示。近一百年来，这个"治愈"的行当，移交给了精神病学的专业人士，特别是操着精神分析话语的精神分析师——现代人所托付的解梦者。更重要的是，这牵涉到了与文学的类比关系。——如何就与文学发生类比了呢？

在弗洛伊德及其徒子徒孙所传承的现代精神分析学派那里，靠的是"说"和"听"——由病人或觉得自己有病需要救助的人来说，由吃"精神分析师"、"心理咨询师"这碗饭的专业从业人员来听。光是"说"和"听"还不够，还需要"书写"下来，成为"文本"，并对之进行"释"——"解读"。然后，再把这个解读，说给病人听。由梦境所转换而成的文本，在清醒的意识所审视之下，不管显得多么离奇、隐晦、荒诞不经，只要

被进行了"有效"的"解读",也就是说病人本人认为解开了自己的梦及潜意识的谜底,就有希望收到"治愈"的功效了。——是为完整的疗程。

联想到这本书的书名《打开文学的方式》——会不会觉得,"打开文学的方式"与"打开梦的方式",有些关联?

"文学是由两个梦幻组合而成:愿望成真之梦和焦虑之梦。这两个梦幻聚焦在一起,如同眼镜上的两个镜片。"——愿望的成真,和得不到满意解决时所生出的焦虑,都事关欲望,是欲望的两种呈现类型,不仅呈现在梦和潜意识所统御的层面,也浮现在清醒的意识层面,从而"为洞悉我们的意识"提供了"完整的观象"。所谓"白日梦",就是以主观想象的变通(虚构)方法,来满足欲望。

而焦虑感,一旦得到命名和言说,就开启了释放的通道。如同古代"杯弓蛇影"的典故。——某君做客友人家,端起酒杯欲饮,忽见杯中有一条小蛇,却又碍于情面,埋头饮下。归去而卧床,病得不轻。朋友来探病因,某君才支吾道出实情。朋友甚为诧异,归家后百思不得其解,偶然发现当日酒席墙头上挂着一张弓,上面有一条用漆画的蛇。就在此处再次请来某君饮酒,问:"杯中是否又见蛇?"某人答:"所见与上次同。"于是彻底解开谜团,病者心中所郁顿开,沉疴即愈。

毋庸讳言,我们每个人都有不同程度的精神创伤和心理郁积,如同"杯弓蛇影"的某君。而借助文字,哪怕我们与"杯弓蛇影"的当事人及其友人,相隔着时间和空间,也能有"异床同梦"的"参与"之感,也同样有可能获得适合自己的一款治愈方法。

弗莱也明言："诗人和做梦之人是有别的。"——文学"虽然与梦境一样被某些未可知的力量所主宰"，但"艺术（今天说的"文艺"）是睡醒之后的头脑所需要的梦幻，是远离日常生活的想象力的作品"。所以弗莱说，"文学和梦境"其实还是"不尽相同"。

对于弗莱，人在睡梦中是"按照私人的、隔绝的想象来重塑外部世界"的。与之相对，文学里面包含着"另外一种潜在意识"；它不是"私人化"而是"社会性"的，是出于"人围绕着人所创造的文化象征而加入一个群体的需要"。这种"潜在意识"也表现为"对主宰秩序和稳定的神明的想象"，或者是"对生成、变化、死亡、再生的想象"等等。弗莱的上述话语，固然预留了多种解读的可能方向，但至少可以在这里有把握地说，他着重指出了文学所具备的"社会性"、"群体需要"等属性。文学的文本，是自觉的文本——不是被动地"回忆"过去时态的梦境，也不是催眠状态下的语言失控，而是运用创造性思维，来积极地"造梦"。与被记录下来的梦的文本不同，文学文本不仅是被"睡醒之后"的读者头脑所需求，显然也是睡醒之后的作者头脑的清醒所为。在这个意义上，文学文本（也包括广义上艺术作品）的作者与做梦者不一样。前者是在创造，后者是在还原。

然而（抱歉！越是复杂的地方，就越需要"然而"），越是想分清梦与文学，也就越可能发现两者又悖论性地纠结到了一起。比如，前面刚说了，记梦的文本是对过去式的梦境的被动记录，而文学文本则是积极主动的有意识创造。但细想一下：回忆自己的梦的人，与正在梦中的那人，在时间和空间（心理存在空间）上，俨然判若两人。回忆梦境，

作为一个行为，显然是前者所为，却宣称是在还原后者的梦态。于是，记录下来的梦的文本，不等于梦境本身，反而是经过了"再加工"的类似于文学文本的东西。再说一下弗莱所说的梦是"相互隔绝的私有的潜在意识"问题。这也是个悖论——从弗洛伊德到拉康的百年精神分析学派，似乎都在从这个前提出发，而致力于推翻这个前提；因为精神分析，作为一套方法论，就是在寻求解梦的共同机制，寻求个体潜在意识之间的共同性。于是，这听起来又很像弗莱所说的文学活动了。况且，说梦、听梦、记梦、解梦，靠的都是语言。而语言，作为公用的符号系统，却不是"私人化"的，而必须是共通性的。

回顾一下这第一讲最后一节的开头所提出的设问：

凭什么？为什么在去蹦迪、街舞、逛街、"淘宝"之外，还有人总在孤独地写，还总有人在孤独地读？是什么样的机制，达成了如此散漫却投入的共同体——不同时间、不同地点的"异床同梦"？

如下是总结性回答：

因为文学文本的读者，类似于精神分析师。文学文本的作者，则类同于说梦人，或是在被催眠状态下进行言说的"病人"。当作者以读者为对象，通过文本来倾诉时，在精神分析意义上，他是在治愈自己——将焦虑和欲望，予以命名、言说、放逐、治愈。

不仅如此。文学文本的读者，又类似于病人。好的作家，则又如同精神分析师了，预先创造性的记录下来了（"创造性记录"——又是一个悖论式表达？）我们的症候、焦虑、欲望，并予以解读。于是当我们阅读其作品时，又如同是病人在倾听医生对我们自己症状的评判……

有句话说：语言符号的边界就是人的存在的边界。这番存在，既包括明确意识条件下的存在，也包括潜意识的存在。而文学的载体，就是语言符号。文学体现了语言符号的不断生成的无限丰富性，在意识层面和潜意识层面都不断致力于提取我们的存在。精神分析问题与语言运用问题的关联，梦与文学的关联，就是如此深不可测。

（3）

回忆一下这第一讲的大标题叫什么？——

解读啥？——符号。或"老天创造了人，人创造了符号"。

那么就通过上面对"文学由两个梦境组成"的分析，来最后强调一下符号性问题吧。

结论：

1、符号是公共性的。如同弗莱所举例的，英国和英联邦的人，对"米字旗"这一"文化象征"的"群体需要"。你若想创立一面私人的"木字旗"来代替之，则必须获得公共认同感之后才行，否则仍然是私人性的。再比如说，在西方文化影响之下的地方，人们将玫瑰作为指涉爱情的公共符号；而对于菲律宾某土著部落来说，则用砍下来的人头来求爱，于是对他们来说，人头才具备指涉爱情的公共性。

2、符号化造就的"意义"，在根本上是对欲望的"潜在意识"的指涉，也创造了欲望。——"表现为对主宰秩序和稳定的神明的想象，或者是对生成、变化、死亡、再生的想象。"

3、私人通过公共符号表述私人的欲望，获得群体性公共性的沟通。文学和文化，正是这样运作的。法国哲学家、文学家萨特说：自我的存

在，就像冰箱里的灯，灯一直装在那里，冰箱关起来工作时，不需要亮灯，只有当我们从外面打开冰箱查看时，才需要有灯照亮冰箱内部。由语言符号所组成的文学，干的就是这个"查看"的活儿：用公共性的语言符号来探究"私有的潜在意识"。

"冰箱"需要打开，才能看到里面的光。耶和华说："要有光。"

文学也需要打开，才能看到里面所藏的自我的存在。打开之事，需要方法，叫作对语言符号的解读。

这一件正经事业的深远意义，就截止在这第一讲，讲完了。

下一讲，具体进入对这一件正经事业的具体方法的讲解。特别是通过在对各种文本的细读实践中，进行讲解。

第二讲 如何走起？

2.1 "看小说也需要那么投入么？"

对于笔者来说，"文本细读"，是打开文学乃至"文化符号之网"的方式，是解读之道的内核。这本书从一开始，就是很鲜明地这样说。

但是很显然，就光凭这一句口号，仍然是无法打开文学的。

为什么（why）细读呢？如何做（how）？——需要把此二事说清才行。

就是第二讲要说的正题。

在这本"文学解读讲义"里，用笔来谈此事，可

以展开得更淋漓尽致些，比课程实况版要荡气回肠——原因在于免受了课堂气场震荡之扰。其中常见的一个气场干扰，就是经常听到有学生嘀咕："天哪，看小说也需要那么投入么？"言外之意是"文学，本来是为了好玩儿才去看的。煞有介事地去'Close reading'，敢情是把肉麻当有趣了不成？……文学靠的是灵性，认真起来就不好了……"

在这些个言外之意的侧翼而纷纷"躺枪"的人，包括了中文系或文学院的所有师生。该言外之意的侧翼伤害扩大版为："文学需要研究么？中文作为专业，也算是理工、经济、法律专业一样的正经事？整天看看小说诗歌，也叫上大学？……"中文系、文学院的绝大多数师生，面对如此的气场骚扰，都会如同孔乙己一样，露出一脸颓唐模样，说出一些别人也不懂的"人文关怀"、"终极价值"、"诗意地栖居"、"澄明与遮蔽"、"精神家园"、"学术传承"等"不明觉厉"的文科特征十足的话，让发问者获得了别样的优越感和娱乐，导致联谊活动的"内外充满了快活的空气"，并且以后会习惯性地以此种诘难当作为理工农医专业人群解闷儿的一种方式。正如同鲁迅先生说的："孔乙己是这样的使人快活，可是没有他，别人也便这么过。"

"看小说也需要那么投入么？"——面对此气场扰动，我心里的默默的假想的回答，是汹涌澎湃的"Yes!"，但却不是你所预料的"人文关怀"、"诗意地栖居"、"精神家园"那样已经沦落为变相娱乐版的表述。你若心理上做好准备，不妨就往下看去：

我的回答

不是说好了，要学学打开文学和文化符号之网的方式么？——

打开一本小说，不仅仅是寻求陷入式的刺激，对不对？要那样的话，还不如直接去玩电子游戏，或者下载个片儿去看算了，对不？……退一步说，比如看击剑或拳击、赛车比赛，若自己学过一点儿击剑或拳击或赛车，会更"刺激"，对不对？"外行看热闹、内行看门道"吧。

还有，至少你看作者写作的时候，绝不是一笔十行。哪怕他文思涌动如大仲马，也仍然是处心积虑地一句句写出，一段段吊你胃口，以求达到最佳效果呀。对此种技艺的消费、品味，放慢些速度去看，难道就亏待自己了么？

当然，我绝不会反对你或任何人，现在和今后，一目十行地去读小说。——这当然也是合法的。儿童从初学识字那天起，读故事娱乐自己，就是自然而然如此，沉浸于作者的调度之下，被情节效果牵着走的。没有这个"很傻很天真"的就范于作者的煽情指挥，做一切阅读的基础，"close reading"也是空中楼阁。（先要"知其然"。）但是，对于成熟的、具备解读意识的，训练有素、明确期望获得"深度"、"内涵"并真正获得之的读者，"close reading"是一件解读利器，同样是合法的。希望你不要偏废之，希望你不要只会一目十行，而排斥细读。（还要"知所以然"嘛。）

回顾一下，这本书在最开头就说了，解读能力的"很傻很天真"，有两大坏处：一、易轻信，易被骗，成为"不明真相"的群众。被文本（text）本身里面的花招，给骗了。二、有眼无珠。发现不了文本里面埋藏的真的好东西。分辨不出真正有内涵、用心良苦、和美妙的表述。也就是说，缺乏解读能力，你就没有独立的判断力，只能在媒体和话语引领人说"好看、高大上"，指给你之后，才跟着去读。总之没有啥存在感。

"我读书少，你可别骗我……"存在感凌乱至此，心有戚戚焉？其实跟读书多少没有关系。有了文本解读的能力，就谁也骗不了你了。"工欲善其事，必先利其器。"所以需要"close reading"——文本细读。

待我细细把这事儿说透。

在我的眼里，符号－文化之网固然是能给人以陶冶、安慰、

启示的人类文明光晕。但同时，符号的运用，永远是有目的性的，小者如写情书求爱，商家炮制或软或硬的广告怂恿人去购买商品，大者如政治竞选说辞、政党文宣、内政与外交的说辞。

往极端里去说，在迄今为止不尽如人意的驳杂社会里，必然存在宏观和微观上的"天罗地网"，对大多数群体、个体实施安慰性欺骗，以维持"现状"或予以"引导"。这就如同《黑客帝国》里的"母体"，对我们的一切进行控制。这一张网，隔在人与自然造化之间，凝聚了巨大权力，在这个意义上就有了另外一个名字——意识形态。而此类以"心灵植入"为目的的意识形态，不是单数，而是复数。——在政党竞争里面，在商家竞争里面，都会创造各自的"传奇"、"文化"、信条、价值，都想进驻我们的心灵。

我们这门课，基本上对"意识形态们"（是的，复数形式），抱着相当警惕的态度。我们如同"母体"里的尼奥，时刻注意可能的"心灵捕手"、"灵魂工程师"。

人家都是精通了解和捕获众人心灵的专家和熟练工呀！我们这些"读者"，作为被上述"读心"熟练工所锚定的受众，我们对自己的文化体验的了解和文化符号运作机制的了解，难道不应该不弱于开发商对我们的文化体验的了解吗？

否则，是不是有一种，人家在暗处，我们在明处，随时可能被"惦记"、"暗算"的感觉？

而面对一些意味深长的文本揭示性的瞬间，我们也最好能做到领会到一些好心的试图"破壁"的作者的用心良苦的修辞，获得逃脱、揭露意识形态的，或纯粹审美、体悟上的，或两者兼备的"私有"的发现。

这就是学习文学解读能带给我们的收获。文学是对语言精微运用的最集中体现。对文学进行解读，所给予我们的不是"知识"，是对"认识"性表述的"认识"，是比知识性干货还要干货的认识性干货。

想起了马克思在《英国资产阶级》中评论以狄更斯为代表的十九世纪小说作家时说："他们在自己的卓越的、描写生动的书籍中向世界揭示了政治和社会真理，比一切职业政客、政治家和道德

家加在一起所揭示的还要多。"——前提是要会对"他们"的文字，进行解读，首先是细读。

我们也可以学着说一句。——曹雪芹的《红楼梦》，提供给我们的对明清社会人文的认识，比不少的历史专业读物还要有效。——前提是要会进行解读，首先是细读。

就是说，要想了解社会、人生、大千世界，文艺很重要。——"了解"之事，终归不是靠统计数字、图表、大事记、学术报告，而是诉诸心灵。能够左右心灵的，其实就是诸如"玫瑰"（详见上一讲）等等的符号的"编码"，即"语法"、"修辞"。

前提，仍然是要会进行解读，首先是细读。

所以说，若想真正能找到打开文学的有收获的方式，就需要在获得单纯的浸入式愉悦之外，多多思考，盘点一些在即时煽情效果之外的体验——对体验本身的反思、认知。比如说，看看狄更斯用了什么样的比喻、什么样的手法和表述方式，折射出来了怎样的文化历史境遇。所以，《红楼梦》也不仅仅是几个男女的爱情而已——那，真是小看了文艺了。……

好吧——以上就是我对"看小说也需要那么投入么？"的激情澎湃的回答。

另外，还要再次特别强调一点在这儿，免得以后成为迷惑：

从细读（close reading）性解读中获得的，应该算是"私有财产"，没有所谓对错，没有"标准答案"。

我后面就要进行的解读示范，也不是在演示什么标准答案，不过是在展示我的大脑里的辛苦活跃的细读反应，所挣来的属于我的私有财产。这个私有财产，你也很可能和我分享，或者说"英雄所见略同"，因为前面说了，构成文学的"两个梦境"，是群体性的不是私人性的。（弗莱语。）但同理，"一千个观众眼中有一千个哈姆雷特"。解读之事，总

归是私人事务。我只是在教你解读文学的 N 种打开方式。具体如何去解读具体的作品，在你。

可以挑明了说：解读，是一种创造性活动。这种创造，是"再创造"——自己对作者所提供的文本的分析。打个比方，若作者为精神病患者，解读者则为精神分析师，对病人的讲述进行分析。如何能分析得高明些，就要看精神分析师（解读者）的水平了。（经验、阅历、敏感度的相加。）

前面已经提到了，有一种令我哑然失笑的大尾（yǐ）巴狼的说法，说"学术为天下之公器"，治学是为了传承学术，等等。——我则说：学术从来不是公器，而是属于学者私人的解读！在朱熹对汉儒的颠覆性解读中，儒学得到了再创造，得到了传承，是不是？

学问的历史，如一条长河，需要我们每个人来再创造，从而保持活力。从每个细部看，都是私人的"解读"性活动。

这一节的最后，再问一下：我们怎么来做到有效解读？（How？）

途径就是"critical reading"——"close reading"。细读、细听、细看！"Close reading"是需要科学方法的。从下一节开始，我们就要领略一下了。

但仍然阻止不了愤而离去的人口——"他至于么？阅读还可以这么费劲，还让不让人活了？"……那拨人的嘴里仍然是那句嘀咕："读小说还需要那么投入么？"

如果你没有走，那么在这本《打开文学的方式》的后续阅读中，你可能会庆幸当初没有因一时不耐烦而溜号。你终于学会了如何在阅读和

解读中即保持了娱乐，保持了乐趣，又获得了清醒的局外意识、阅读的"新技能 get √"和方法……乐趣没有减少，反而增加了。

2.2 "好的阅读是慢读"

如何在阅读和解读中既享受娱乐，保持了乐趣，又获得了清醒的局外意识、阅读的"新技能 get √"和方法，乐趣没有减少，反而增加了？

这一讲对此和盘托出，把方法简略地告诉你。然后如何扬帆起航"走起"，能否做到，就在于你了。这本书在这一讲之后的章节，还会为你"护航"一段路。

而这一节的主角不是我，是蜚声世界文学理论界的大师 J. 希利斯·米勒爷爷的夫子自道。他是所谓曾经的"耶鲁四人帮"之一，一名"解构主义"的"老炮儿"。

"喔！'二零后'的'学霸'爷爷，好赞！"——我已经听到了眼尖的你，发出的赞叹声。关于这位二零后学霸爷爷的光辉事迹，除了哈佛博士毕业、年纪轻轻就在耶鲁开始执教等等之外，还有一个早年细节需要补充：他本科是从物理学转到文学来的。——从物理学转型为文科学霸，是出于怎样的激情呢？稍后我们会从对他文字的引述里，读到他自己对此的解释。

在我们这门课上，在这本文学解读讲义里，请出米勒这位文艺理论学霸，不是用来膜拜的，而是用来解读的。要让弗莱、米勒等超一流的人才和资源，来服务于我们的解读事业。下面就让米勒爷爷的一篇"好

的阅读是慢读"来伺候你，让你体验"文本细读"的红利和道理。这虽然是由学霸爷爷写的，但读来丝毫不觉抽象枯燥。它节选自这位顶尖理论大师的"畅销书"模式的《关于文学》（On Literature），真正体现了深入浅出的文化普及之功。读罢会觉得，他对于我们一般大众的阅读反应，真是明察秋毫呀。显然，米勒是一位娴熟于各种阅读模式的老手、阅读热爱者和深度思考者。

顺便说一句。虽然下面的引文里是我所做的试译，但我后来发现，这本书已经被翻译过来并出版了，中文书名被改为比较耸人听闻的《文学死了吗》，广西师范大学出版社二零零七年版。译者是北大中文系比较文学教研室的秦立彦老师。算来也是本科阶段的北大校友啦，也和我一样，是海归博士。有兴趣也不妨通读全书。

给中文专业的"研究型"读者，关于希利斯·米勒的"tip"：理论书上一般说，希利斯·米勒是解构主义文论家，是"耶鲁四人帮"之一，听起来是个很高深的样子。但是，理论书永远是片面的。窃以为，（好的）解构主义文论家，反而出奇地精于文本细读，以至于，我们完全可以欣赏好的解读，而不管他是否还有理论家的头衔。也可由此来区别真的优秀理论家，和一般的从业者。

下面，就由我来带头阅读讨论："好的阅读是慢读"。——J. Hillis Miller, On Literature (London & New York: Routledge, 2002), 118-125。/ J. 希利斯·米勒，《关于文学》一书第五章"文学读法"（"How to Read Literature"）第二、三、四节118-125页。翻译也是我试译的。

我选出一些节选，讨论其亮点。

2 忘情式阅读（Reading as Schwärmerei）

倘使真是如我所言，每一部文学作品都为读者打开了一个除了通过阅读以外没有别的办法可以通达的世界，那么阅读就应该是一个需要人毫无保留地付出全部身心的举动，需要凭借文字来在自己内心里重新营造那样一个世界。这种状态应该算是伊曼努尔·康德所谓的审美"迷醉"（Schwärmerei）之一种体现；它是盲从、狂喜，甚或放纵。于是乎作品通过人的内心重演而获得新生，以一种奇怪的方式变得似乎与书页上的文字痕迹无关了。（……）一般受过书面教育的人或多或少都具备了这种忘情式阅读的能力。也就是说，只要你受过了书本教育，你就能够将那些看似沉默无声的客观符号变成与声音语言相对应的字句。

这说的是获得了符号能力之后一个理想的"很傻很天真"状态吧。

【原文】If it is really the case, as I have argued, that each literary work opens up a singular world, attainable in no other way than by reading that work, then reading should be a matter of giving one's whole mind, heart, feelings, and imagination, without reservation, to recreating that world within oneself, one the basis of the words. This would be a species of that fanaticism, or rapture, or even revelry that Immanuel Kant calls "Schwärmerei." The work comes alive as a kind of internal theater that seems in a strange way independent of the words on the page. (…) The ability to do that is probably more or less universal, once you have learned to read, once you have learned, that is, to turn those mute and objectively meaningless shapes into letters, words, and sentences that correspond to spoken language.

我倡导天真如孩童般那种无所顾忌的阅读，以此作为能有幸领略到阅读困境之前的一个必经阶段。在这时还不需要对阅读有所怀疑、保留、追问。借用柯勒律治的名言，可以说这时的阅读体验是有意识地放逐了不信任感。然而，这种的放逐也会使人忽略：即对文本的不信任也可以成为一种阅读方式。在这另一种阅读方式看来，那种放逐就不算是出于清楚的阅读意愿而发出的自我选择，而不过体现了不假思索的自发状态。我可以用两个人相互之间说出的"我爱你"来做一个并非随便为之的类比。米歇尔·德吉（Michel Deguy）说："诗与爱一样，它的一切惊险都体现在措辞上。"故事的读者与故事这两者的关系也如同恋爱中的双方一样。不管是谈恋爱还是阅读，最重要的都是把自我毫无保留地献给对方。书不管在你的手里或者在书架上，它都向你发出强烈的命令："读我！"你若遵命，就可以说是开始了一番冒险，后面的事情将前途未卜，甚至具有危险性。这就如同别人对你说"我爱你"时你回之以"我也爱你"一样。——你事先是不会知道一本书会把你引向何处去的。以我本人为例，对某些书的阅读在我的一生发生了关键的作用。每一本这样的书都是我的一个转折点，标志我的新轨迹。

【原文】I am advocating, as the first side of the aporia of reading, an innocent, childlike abandonment to the act of reading, without suspicion, reservation, or interrogation. Such a reading makes a willing suspension of disbelief, in Coleridge's famous phrase. It is a suspension, however, that does not even know anymore that disbelief might be possible. The suspension then becomes no longer the result of a conscious effort of will. It becomes spontaneous, without forethought. My analogy with reciprocal assertions of "I love you" by two persons is more than

casual. As Michel Deguy says, "La po é siecomme l'amour risqu é tout sur des signes. (Poetry, like love, risks everything on signs.)" The relation between reader and story read is like a love affair. In both cases, it is a matter of giving yourself without reservation to the other. A book in my hands or on the shelf utters a powerful command: "Read me!" To do so is as risky, precarious, or even dangerous as to respond to another person's "I love you" with an "I love you too." You never know where reading a given book might lead you. In my own case, reading certain books has been decisive for my life. Each such book has been a turning point, the marker of a new epoch.

　　阅读，如同谈恋爱，绝不是一个被动的行为，而需要精神、情感甚至体力的投入。阅读需要的是积极的参与。一个人必须调动全部心思，在自己的内心里把书中的想象世界尽可能生动地再次创造。对于那些已经不再是儿童或者已经度过儿童心理阶段的读者来说，就更需要在阅读中做出格外的着意去尝试沉浸于阅读的体验当中。即使这种尝试没有成功，读者也要尝试着去避免那种习惯性的"批评式"或曰猜疑式的阅读。

　　【原文】Reading, like being in love, is by no means a passive act. It takes much mental, emotional, and even physical energy. Reading requires a positive effort. One must give all one's faculties to re-creating the work's imaginary world as fully and as vividly as possible within oneself. For those who are no longer children, or childlike, a different kind of effort is necessary too. This is the attempt, an attempt that

may well not succeed, to suspend ingrained habits of "critical" or suspicious reading.

如果双重的努力——一方面在阅读中忘情，另一方面拒斥阅读中的猜疑——没有做到，那就不具备资格去体会阅读的更进一层的感受，不具备条件去懂得那超越了降伏于文字煽情魅力这个阶段之后才能体会到的隐忧。同样的道理，听音乐的时候如果你的注意力都放在了辨别曲谱里的专业细节或者思考已听过的音符的得失上面，那你根本无法正常地欣赏音乐。所以说要想直接地阅读文学，你必须变成一个儿童才行。

【原文】If this double effort, a positive one and a negative one, is not successful, it is not even possible to know what might be dangerous about submission to the magic power of the words on the page. In a similar way, you can hardly hear a piece of music as music if all your attention is taken up in identifying technical details of the score or in thinking about echoes of earlier music. You must become as a little child if you are to read literature rightly.

为此，一定的阅读速度是必要的。如果你在捉摸字句上耽搁太多时间，字句也就失去了为你开通那未知世界的效力。音乐亦然。如果你把莫扎特的钢琴奏鸣曲或巴赫的哥德堡变奏曲弹奏得太缓慢，它们听起来就完全不是音乐了。所以说适当的速度是必要的。同样的道理也适用于阅读——对虚拟现实的再次创造。必须保持快速的节奏，让眼睛在纸面上如舞步般飞跃。

【原文】A certain speed in reading is necessary to accomplish this actualization, just as is the case with

好吧，到目前为止，米勒爷爷都在鼓励我们把"原生态"的"买账"式、"陷入"式阅读，发挥到极致，并大力夸奖这样做的好处——是细读

music. If you linger too long over the words, they lose their power as windows on thehitherto unknown. If you play a Mozart piano sonata or one of Bach's Goldberg Variations too slowly it does not sound like music. A proper tempo is required. The same thing is true for reading considered as the generation of a virtual reality. One must read rapidly, allegro, in a dance of the eyes across the page.

3 好的阅读是慢读（GoodReading is Slow Reading）

然而，好的阅读也是要求放慢速度的阅读，而不是快节奏的舞步。好的阅读者从不放过文本里的任何东西，就像詹姆斯谈到好作家与生活的关系时说："努力去做一个不放过任何东西的人。"这里面的意味与所谓一味地放逐猜疑——甚至到记不得疑义曾经被一厢情愿地搁置的程度——正好相反。这意味着弗里德里希·尼采所提倡的那种慢读。如此的读者在每一个紧要的字眼和短语处停顿，小心翼翼，前瞻后望，就好比是散步而不是跳舞。他决意不放过文本里的任何东西。"当我把自己想象成一个完美的阅读者时，"尼采说，"我往往想象的是一只既勇猛又充满好奇心的怪兽，同时也身段柔软，狡猾、谨慎，是一个天生的冒险家、发现者。"放慢的阅读，或曰批评式的阅读，意味着在文义转折的每一个关口存疑，对作品的每一个细节发问，试图找出作品魅力的锻造工艺为何物。这意味着不是那么急于加入到作品所打开的新世界里面去，而是要留意这个新世界是通过什么方法被打开的。打个比方，上述两种阅读方式的区别，一种就如同被《绿野仙踪》（The Wizard of Oz）里魔法师炫目的戏法迷住，而与之相反的另一种则如同绕到台面的后部，注视那位寒酸的表演家如何通过拉动杠杆来操作他的那一套装置来创造出人

的基础。耶！快读无罪！但是紧接着下面，米勒爷爷就要说一个"然而"，从而提出更高的要求。真正的重头戏，在后边……

让我们留意米勒爷爷从这一段开始发出的循循善诱。具体怎样，待我们一段段看过来……他说引用的尼采所说的那只"既勇猛又充满好奇心的怪兽"，我一直觉得是一只猫科动物，具备猫科动物所特有的好奇心（"好奇害死猫"嘛），同时也"柔软、狡猾、谨慎"，以及"勇敢"。至少，这才是米勒爷爷心目中理想读者的阅读状态，当然也是在说他

93

这位阅读老手自己啦。同时，在尼采和米勒爷爷的上述修辞里面，都没有青睐犬科动物的意思，虽然"狗是人类的朋友"，无条件无保留地忠诚、热心、善于倾听。但我想，尼采和米勒爷爷都不赞同我们这些读者丧失阅读的独立性和距离感，去担当作者的忠实"走狗"吧。

为的幻境。

【原文】Good reading, however, also demands slow reading, not just the dancing allegro. A good reader is someone on whom nothing in a text is lost, as James said a good writer is in relation to life: "Try to be one of those on whom nothing is lost." That means just the opposite of a willing suspension of disbelief that no longer even remembers the disbelief that was willingly suspended. It means the reading lento that Friedrich Nietzsche advocates. Such a reader pauses over every key word or phrase, looking circumspectly before and after, walking rather than dancing, anxious not to let the text put anything over on him or her. "When I picture to myself a perfect reader," says Nietzsche, "I always picture a monster of courage and curiosity, also something supple, cunning, cautious, a born adventurer and discoverer." Slow reading, critical reading, means being suspicious at every turn, interrogating every detail of the work, try to figure out by just what means the magic is wrought. This means attending not to the new world that is opened up by the work, but to the means by which that opening is brought about. The difference between the two ways of reading might be compared to the difference between being taken in by the dazzling show of the wizard in *The Wizard of Oz*, and, on the contrary, seeing the shabby showman behind the façade, pulling levers and operating the machinery, creating a factitious illusion.

这样一种所谓的"反煽情"（祛除魅力），在我们驳杂

的阅读传统中主要是通过两种形式得以进行的；在今天这二者仍是主导的方法。其一可以称为"修辞性"阅读，意思是说对营造出魅力的语词结构予以密切关注：探查隐喻性手法、视角转换和反讽是如何运用的。反讽手法至关重要。比方说，反讽存在于叙事者的实际所知与叙事者煞有介事告诉我们的故事人物之所知、所想、所感之间的差异中。"修辞性"阅读者对"文本细读"的方法运用娴熟。

【原文】This demystification has taken two forms throughout our tangled tradition. These two forms are still dominant today. One is what might be called "rhetorical reading." Such reading means a close attention to the linguistic devices by which the magic is wrought: observations of how figurative language is used, of shifts in point of view, of that all-importantirony. Irony is present, for example, in discrepancies between what the narrator knows and what the narrator solemnly reports the characters as knowing, thinking, and feeling. A rhetorical reader is adept in all the habits of "close reading."

> "反煽情"（祛除魅力）式阅读，并不意味着在阅读中变得冷漠、无动于衷，而是指在情感投入的同时，保持思维上的反思和距离感。这是为了把作者煽情的手段看透，清楚地看清这些煽情手段是如何在我这个读者身上起作用的。——这，才是米勒爷爷所说的"反煽情"（祛魅）。所以要进行"修辞性"（针对语言符号的修辞方式）的阅读，

细读"隐喻性手法、视角转换和反讽"。反讽——是的，作者出于种种原因，（比如绕过"审核"、避免被请去"喝茶"，或者为了挖苦、批判、揭露得更为入木三分），而让笔下的故事讲述者（叙事者）故作天真、冷漠、"鸡血"等，从而有意在读者的反应中造成"反差"（差异），反而强化了作者本来的态度和效果。这，就是反讽——在中国的互联网上，被网民们直觉地称为"高端黑"。

> 这第二种"反煽情"（祛魅），是建立在第一种的符号修辞细读基础之上的。所谓

批评式阅读的另一种形式是对文学作品所灌输的观念——诸如阶级、种族、性别等——予以质问。人们通常认为这些观念传达给我们有关思想、评判和行为的客观真实；实际上它们是意识形态的产物，是戴上了真实性指涉的面具的语词虚设。这种"反煽情"的工作在当今被唤做

"文化研究"和"后殖民"研究，都是在当今的社会现实下，来判别形形色色的"三观"的文化折射——它们的苦口婆心、甜言蜜语、花言巧语。

"文化研究"，有时也称为"后殖民研究"。

【原文】The other form of critical reading is interrogation of the way a literary work inculcates beliefs about class, race, or gender relations. These are seen as modes of vision, judgment, and action presented as objectively true but actually ideological. They are linguistic fictions masking as referential verities. This mode of demystification goes these days by the name of "cultural studies" or, sometimes, of "postcolonial studies."

剥夺了"很傻很天真"状态本身?

需要提及的是，文学作品往往本身就具有强烈的批评功能。他们时而对主导意识形态发起挑战，时而又将之强化。（……）在西方印刷文化里，文化批评继续其对文学本身的批判倾向，并且越来越彰显这种批判。尽管如此，这两种批判方式——修辞性阅读和文化批评——也带来了一种副作用：剥夺了特定的一些读者快速阅读文学作品时所享有的自足性。

【原文】Literary works, it should be remembered, have always had a powerful critical function. They challenge hegemonic ideologies, as well as reinforcing them. (⋯) Cultural criticism continues and makes more obvious a critical penchant of literature itself within Western print culture. Nevertheless, both these forms of critique - rhetorical reading and cultural criticism - have as one of their effects depriving literary works, for given readers, of the sovereign power they have when they are read allegro.

4 阅读之困难（The Aporia of Reading）

对米勒爷爷自家
的修辞，也需
要注意哟。——
他本人就是个很
懂"煽情"的写
作老手呀。这一
"怎么可以"的设
问，显然最后会
被大加强调为是
"可以有"的，并
且设身处地地告
诉我们是有很大
"红利"的。——
否则，米勒爷爷
就不会故意制造
情绪、欲扬先抑、
进行铺垫了。

在上面两节里我所提倡的两种阅读方式——天真模式和反煽情（祛除魅力）模式——是互相抵触的；每一种的施行都阻碍了另一种的进展。于是就有了阅读的困境。把这两种阅读模式合并应用在同一次阅读中是困难的，也许是不可能的；这是因为其中的每一个都抑制并禁止了另一个。试想：你能一边让自己对一部文学作品死心塌地，听任该作品打动你，同时你又远离作品，用猜疑的心态审视它，并把它大卸八块以观察它的内部运转？一个人怎么可以在阅读中同时遵循快和慢两种节奏，如同在舞蹈中同时踩着快与慢两种节拍？ / The two ways of reading I am advocating, the innocent way and the demystified way, go counter to one another. Each prevents the other from working – hence the aporia of reading. Combining these two modes of reading in one act of reading is difficult, perhaps impossible, since each inhibits and forbids the other. How can you give yourself wholeheartedly to a literary work, let the work do its work, and at the same time distance yourself from it, regard it with suspicion, and take it apart to see what makes it tick? How can one read allegro and at the same time lento, combining the two tempos in an impossible dance of reading that is fast and slow at once?

为什么——不管出于何种原因——会有人情愿剥除文学那为我们打开其他可能性世界和无数虚拟现实情景的神奇力量？这听起来实在是一件煞风景的恶心的毁灭性措施。您正在读的这本书——很不幸——就是这场毁灭之举的一个例证。本书即使在为文学的煽情魔力击节赞誉的时

候，也要通过对文学机理的公开剖析来把此魔力予以搁置。

【原文】Why, in any case, would anyone want to deprive literature of its amazing power to open alternative worlds, innumerable virtual realities? It seems like a nasty and destructive thing to do. This book you are now reading, alas, is an exemplification of this destructiveness. Even in its celebration of literature's magic, it suspends that magic by bringing it into the open.

通过前面的"困惑"、欲扬先抑，学霸爷爷这时将洞见和盘托出，显得好有力度呀。这一段将"两个动机"的"其一"挑明了：这是本着追求真理（Veritas）动机的正经事业呀——学霸爷爷本人也现身说法——在本科阶段，从追求物理学的真理，转战到追求人类语言符号运用的真理。

本书反煽情的努力后面有两个动机。其一是出于我对文学研究方法的理解。文学研究主要是通过大学校园的教研机制得以运作，还有一小部分是运作在大众的文学类阅读中。两者都为我们的文化里面那种为知识而知识的信条服务。西方意义上的大学致力于找出关于每一事情和现象的真理、真相，就如同哈佛大学的拉丁文箴言"Veritas"。这种对真理、真相的追求也表现在文学研究领域里。对我本人而言，选择了文学研究为职业是我对曾经所选择的科学职业的移植。我是在大学本科学习期间从物理学转到文学来的。我当时的动机（现在依然）是出于貌似科学探究式的对文学作品的强烈独特性之好奇。具体说，文学作品各不相同，而且其中的语言运用都与日常的语言使用差别甚大。——于是我问我自己：是什么样的原因，可以导致诗人丁尼生，一个我们通常认为的神志健全者，在语言运用上能如此怪异？他为什么要那样做？其语言在当时有什么效果？现在又如何？我曾经渴望，现在依然渴望着解释文学里的如是疑点，就如同物理学家渴望着能够解释从黑洞或者类星体里发出的奇特"讯号"一般。我依然尝试着，并且依然困惑着。

【原文】Two motives may be identified for this effort of demystification. One is the way literary study, for the most part institutionalized in schools and universities, to a lesser degree in journalism, is part of the general penchant of our culture toward getting knowledge for its own sake. Western universities are dedicated to finding out the truth about everything, as in the motto of Harvard University: "Veritas." This includes the truth about literature. In my own case, a vocation for literary study was a displacement of a vocation for science. I shifted from physics to literature in the middle of my undergraduate study. My motive was a quasi-scientific curiosity about what seemed to me at that point (and still does) the radical strangeness of literary works, their difference from one another and from ordinary everyday uses of language. What in the world, I asked myself, could have led Tennyson, presumably a sane man, to use language in such an exceedingly peculiar way? Why did he do that? What conceivable use did such language use have when it was written, or could it have today? I wanted, and still want, to account for literature in the same way as physicists want to account for anomalous "signals" coming from around a black hole or from a quasar. I am still trying, and still puzzled.

另一个动机是"驱毒避邪"。这还要依你的态度来判断该动机是高贵抑或猥琐。人们有一种健全的疑虑——人们警惕文学作品可能灌输给我们对种族、性别、阶级之危险或不公正的偏见。文化研究和修辞性阅读,特别是后者

的"解构"模式，提供了健全的防范。不过，当你通过修辞性阅读或曰"慢读"发现了文学中魅力成其为魅力的机制的时候，魅力也就对你失效了。这看起来倒是像是对言语哄骗的解除。比如说在对弥尔顿的《失乐园》进行女性主义的解读后，弥尔顿的性别歧视观念（"他与上帝同在，她通过他与上帝同在"）就被揭示出来了。该诗篇本身——不无遗憾地——也由此而无法美轮美奂地展示那个被美丽而性感的异性伉俪所栖居的伊甸园："于是手拉着手他们离开此地，这最美好的一对／一切爱欲拥抱的起源"。……

【原文】The other motive is apotropaic. This is a noble or ignoble motive, depending on how you look at it. People have a healthy fear of the power literary works have to instill what may be dangerous or unjust assumptions about race, gender, or class. Both cultural studies and rhetorical reading, the latter especially in its "deconstructive" mode, have this hygienic or defensive purpose. By the time a rhetorical reading, or a "slow reading," has shown the mechanism by which literary magic works, that magic no longer works. It is seen as a kind of hocus-pocus. By the time a feminist reading of *Paradise Lost* has been performed, Milton's sexist assumptions ("Hee for God only, shee for God in him") have been shown for what they are. The poem, however, has also lost its marvelous ability to present to the reader an imaginary Eden inhabited by two beautiful and eroticized people: "So hand in hand they passed, the lovliest pair/That ever since in loves embraces met." …

弥尔顿笔下的撒旦可以被看作煽情反对者、审慎阅

米勒所引用的尼采(所谓“真理”,“是一支由比喻、借喻、和拟人化修辞所组成的流动大军”。)还不够过瘾,还值得多引几句如下:一支由比喻、借喻、和拟人化修辞所组成的流动大军:简而言之,是经由修辞和艺术手法所强化处理、变形和修饰的人类关系总和。它们经过长时间的使用,俨然成为环环相扣的神圣王国。真理是让人忘记它们是虚幻的虚幻。

【原文】

" A mobile army of metaphors, metonymies, anthropomorph-isms: in short a sum of human relations which became poetically and rhetorically intensified,

读者、对煽情风格不买账的批评家等的共有原型。弗里德里希·尼采是现代批评家的第一人。尼采所受的教育使他充当了古代修辞学教授。但是他写的《论道德的谱系》一书——以及若干其他著述——却是在文化研究这个现代名词出现以前的文化研究。在《在道德的扩展意义上谈真理与谎言》一文中,尼采给真理作了一个经典的定性。他说“真理”或“真实”并不是对事物现象的原本形态所做的判断或再现,而是语言的意象营造产品;简而言之,这与虚构性的文学作品并无本质不同。所谓“真理”,尼采说,“是一支由比喻、借喻、和拟人化修辞所组成的流动大军”。读者会注意到尼采把文化形态——包括文学——看作战斗性的和具有攻击性的,是必须要由批评家手中同样具备战斗性的批评武器来抵御的“流动大军”。尼采运用了他自己创造的拟人化修辞手法,把人们所称谓的真理比拟为流动大军;读者也会意识到尼采这是采用现身说法来告诉我们真理是语言意象所营造的产物。他这是在用编织真理的话语做为撒手锏来反击所谓真理概念自身。

【原文】Milton's Satan might be called the prototypical demystifier, or suspicious reader, the critic as skeptic or disbeliever. Or the prototype of the modern critical reader might be Friedrich Nietzsche. Nietzsche was trained as a professor of ancient rhetoric. His The Genealogy of Morals, along with much other writing by him, is a work of cultural criticism before the fact. In a famous statement in "On Truth and Lie in an Extra-Moral Sense," Nietzsche defines truth, "veritas," not as a statement or representation of things as they are, but as a tropological fabrication, in short, as literature. "Truth," says Nietzsche, "is a mobile army of metaphors, metonymies, and anthropomorphisms." The reader will note that

metamorphosed, adorned, and after long usage seem to a nation fixed, canonic and binding; truths are illusions of which one has forgotten

Nietzsche sees cultural forms, including literature, as warlike, aggressive, a "mobile army" that must be resisted by equally warlike weapons wielded by the critic. The reader will also note that Nietzsche gives an example of this by using an anthropomorphism of his own in calling truth a mobile army. He turns truth's own weapon against itself.

that they are illusions." (出自 "On Truth and Falsity in Their Ultramoral Sense" (1873), in The Complete Works of Nietzsche, 2:180) 我们应当注意：尼采在他的表述的特定语境下，并不是说真理不存在或者是虚假的。尼采不是在思辨真理本身的存在与否，而是要强调：对真理的表述，就是语言符号的编织，如同前面给出过的"夜行火车的车窗"的比方，往往让人误认为符号性的真理表述，就是真理的存在本身。所以，"人类在意义诠释中面临的最大障碍，往往是在于'真理'与'真理陈述'的混淆。"（杨慧林，《意义：当代神学的公共性问题》，北京大学出版社，2013，146页）"真理陈述"，无非就是符号的表演，这里面有很深的门道，需要作者的编排，也寻找读者或受众的"就范"。你看尼采的这一段话，难道不是极具修辞技巧的符号表演么？前面提到了，萨特说：自我的存在，就像冰箱里的灯，灯一直装在那里，冰箱关起来工作时，不需要亮灯，只有当我们从外面打开冰箱查看时，才需要有灯照亮冰箱内部。——如果不用这么形象的比喻，试问萨特能如此简明地让我们体会到"自我的存在"么？海德格尔也得借什么梵高画的木鞋啦，什么荷尔德林的诗啦，来精彩地诉说真理与文艺的关系。

学霸米勒爷爷在这里，如同惯常的"美剧"那样，给我们留下了一个开放的选择性结尾——你是想继续沉溺于《楚门的世界》里，拒绝反思"完美"的符号建构呢？还是愿意飞越之，从外面来

毋庸置疑，上述两种形式的批判性阅读——修辞性阅读和文化研究——可以说是置文学于死地。反煽情的批判性阅读正以其变本加厉的形态方兴未艾，此时正好也是文学对我们进行文化灌输的主导权正在逐渐减弱之时。这其实也并非偶然。毕竟我们不再那么渴望或者说甘愿被文学所忽悠。

【原文】No doubt about it, these two forms of critical reading, rhetorical reading and cultural studies, have contributed to the death of literature. It is no accident that critical reading as demystification arose

in exacerbated forms at just the time literature's sovereign power for cultural indoctrination was beginning to fade. We no longer so much want, or are willing, to be bamboozled by literature.

米勒爷爷的文章就引用到这儿了。

话说我来引用学霸米勒爷爷，本身当然也是我所运用的修辞——用米勒爷爷的权威和妙笔、高论，来支持我的观点。

我的观点是：不拥有强大的符号解读能力，就无法拥有陈寅恪所说的"独立之人格，自由之思想"。"我读书少，你可别骗我……"——存在感凌乱至此，是否心有戚戚焉？其实跟读书多少没有关系。有了文本解读的能力，就谁也骗不了你了。"工欲善其事，必先利其器。"所以需要"close reading"——文本细读。

还要为米勒爷爷的论述风格、论述方法，解释和总结一下。

米勒爷爷在这一部分关于文学阅读现象的具体行文上，不去走理论知识介绍的抽象路子，没有给你讲从"阅读现象学"到"接受美学"到"读者反应批评"的一系列理论家的观点、体系。要想脑补上述知识点，并不难。找本儿理论书去看看就是了。

米勒爷爷，走的是不折不扣的"群众路线"。他没有掉书袋，而是在我们普通人阅读经验的基础之上，只用了相当于辩证法模式的"正、反、合"三步，就让我们领略并理解了阅读"可以有"的境界：

一、正（肯定"很傻很天真"式阅读），二、反（反题，另外标举"反煽情"式阅读，提倡冷静地分析文本里面的修辞，和意识形态），三、

合（前面的一正一反，在科学求真的态度和语言符号运用的本质属性上，获得理论和经验层面的统一）。

格外强调一下——他所说的"反煽情"（祛除魅力）式的细读方法，并不是说我们在阅读时就要如同木头人一般，排斥自己在阅读体验中所自然而然可能煽起来的"情"——如果是这样，阅读就失去了阅读最原初的意义，不成其为阅读了。要点是：我们需要把那些发生在自己身上的主观阅读体验和效果，也当作"客体"即反思对象，来对待。打个比方，就如同"神农氏勇尝百草"——若不是客观地分析发生在自己身上的药效（阅读效果），神农氏如何能客观地研判百草（文本里面的修辞，和意识形态构造）呢？

你看，米勒爷爷的谆谆教诲和现身说法，是不是很靠谱？是不是能够在阅读和解读中，既享受了娱乐，保持了乐趣，又获得了清醒的局外意识、阅读的"新技能 get √"和方法，乐趣没有减少，反而增加了？——显然，人不会干没有乐趣的事儿。自然，米勒爷爷在其漫长的文学阅读、研究生涯中所持有的乐趣，不会是"原生态"的那种"很傻很天真"的乐趣了。而是——还是再一次让我们看看，他自己是如何表述从学物理学转行到学文学的乐趣所在：

> 西方意义上的大学致力于找出关于每一事情和现象的真理、真相，就如同哈佛大学的拉丁文箴言"Veritas"。这种对真理、真相的追求也表现在文学研究领域里。对我本人而言，选择了文学研究为职业是我对曾经所选择的科学职业的移植。我是在大学本科学习期间从物理学转到文学来的。我当时的动机（现在依然）是出于貌似科学探究式的对文学作品的强烈独特性之好奇。具体说，文学

作品各不相同，而且其中的语言运用都与日常的语言使用差别甚大。——于是我问我自己：是什么样的原因，可以导致诗人丁尼生，一个我们通常认为的神志健全者，在语言运用上能如此怪异？他为什么要那样做？其语言在当时有什么效果？现在又如何？我曾经渴望，现在依然渴望着解释文学里的如是疑点，就如同物理学家渴望着能够解释从黑洞或者类星体里发出的奇特"讯号"一般。我依然尝试着，并且依然困惑着。

你看，米勒是出于"好奇"的乐趣——貌似科学探究式的对文学作品的强烈独特性之好奇——才去实践并提倡文本细读的。其收获是关于文学的"veritas"——发现文学现象里面的"真相"。

若文本细读的方法在手，我们普通人一样可以如同米勒爷爷一样，自行去享受于此。

米勒爷爷刚才已经把文本细读的方法和盘托出了。

还等什么？扬帆走起吧。

2.3 细读示范：王小波的几个自然段

是的，如题——这一部分，只通过细读几个自然段，就能够有效地示范什么是文本细读。

"当真？"——你可能不太放心。

"一定！"——这就是我的重申。我所说的"有效地示范"，就是说要展示得淋漓尽致，让你从头看到尾，毫无遮拦地体验一番文本细读为何物，并且把你给调动起来，让你自己也跃跃欲试，想自行尝试文本

细读，自行过一把瘾。

不需要我再次啰嗦发布动员令了。——前面刚刚讨论过米勒爷爷所引用的尼采之"完美的阅读者"，会"在每一个紧要的字眼和短语处停顿，小心翼翼，前瞻后望"，如同一只"勇猛又充满好奇心的怪兽"，同时又"身段柔软，狡猾、谨慎"，重要的是"决意不放过文本里的任何东西"。

——心动不如行动。那就放马过来吧。

既然是我倡导，那我就先放马过来。篇幅宝贵，闲话少说，下面就来提供待细读的文本——王小波中篇小说《革命时期的爱情》的开头：

《革命时期的爱情》
王小波

序

这是一本关于性爱的书。性爱受到了自身力量的推动，但自发地做一件事在有的时候是不许可的，这就使事情变得非常的复杂。举例言之，颐和园在我家北面，假如没有北这个方向的话，我就只好向南走，越过南极和北极，行程四万余公里到达那里。我要说的是：人们的确可以牵强附会地解释一切，包括性爱在内。

故而性爱也可以有最不可信的理由。

——作者 93/7/16

有关这本书：

王二一九九三年夏天四十二岁，在一个研究所里做研究工作。在作者的作品里，他有很多同名兄弟。作者本人年轻时也常被人叫作"王二"，所以他也是作者的同名兄弟。和其他王二不同的是，他从来没有插过队，是个身材矮小，身体结实，毛发很重的人。

第一章

1

王二年轻时在北京一家豆腐厂里当过工人。那地方是个大杂院，人家说过去是某省的会馆。这就是说，当北京城是一座灰砖围起的城池时，有一批某个省的官商人等凑了一些钱，盖了这个院子，给进京考试的举人们住。这件事太久远了。它是一座细砖细瓦的灰色院子，非常的老旧了；原来大概有过高高的门楼，门前有过下马石拴马桩一类的东西，后来没有了，只有一座水泥门桩的铁栅栏门，门里面有条短短的马路，供运豆腐的汽车出入。马路边上有一溜铁皮搭的车棚子，工人们上班时把自行车放在里面。棚子的尽头有个红砖砌的小房子，不论春夏秋冬里面气味恶劣，不论黑夜白天里面点着长明灯，那里是个厕所。有一段时间有人在里面的墙上画裸体画，人家说是王二画的。

"就面对这么点儿文字，你当真能成功地示范文本细读？"——你又忍不住怀疑了。

——此时我觉得不需要回答了。即将展现的这个细读示范本身，就会是有说服力的回答。

我做的解读，有一万字。你要有耐心。

（1）

先来示范如何才算不轻易放过"革命时期的爱情"这个题目。

看到"革命时期的爱情"这一词组，相信会有一些读者很自然地联想到诺贝尔文学奖得主加西亚·马尔克斯的著名的《霍乱时期的爱情》。——这样很好！不要因为听说过"过度阐释"这个词，就给吓得战战兢兢。一辈子都在听人家讲啥叫阐释，啥叫过度阐释，而自己从未近距离体验过——这是人应该过的日子么？放胆地去体验一下阐释的滋味吧——至于"过度阐释"到底有没有这个"东东"，这一讲在后面会专门讨论。

那么我自然而然就想道："霍乱时期的爱情"，与"革命时期的爱情"——是否产生了一种平行的关联？对后者的解读、定位，需不需要对前者也稍微关照一下？

何妨一试？

需要先快速判定一下《霍乱时期的爱情》的文化历史语境，和叙事形式。

面对一个复杂的叙事，考验自己阅读体验的最具挑战性也最有用的问题是：用一句话说说，它都讲了啥？

用一句话说说《霍乱时期的爱情》都说了啥？——好吧……那还真是……霍乱时期的……爱情。

"霍乱时期"，在这部小说的字面意义上，是指故事时空里面几十年不断出现的霍乱瘟疫。从隐喻或"寓言"的角度去看，"霍乱时期"的意象，则形同拉丁美洲二十世纪前期现代化转型广阔画卷所呈现出的"病态"吧。故事的主要线条是关于跨越了半个多世纪（霍乱时期？）的两个人的爱情。男主角年轻时是电报员，看上了那时的女主，一个少

女。但女主的父亲却希望自己的女儿能嫁一个"高富帅"。这个父亲为了拆散二人，带着女儿出门远行，掐断音信，然后将女儿嫁给了一个有地位有实力的医生。在这之后，男主用了长达半个多世纪的时间，成功地"逆袭"为航运公司高管。这时，女主的医生丈夫死去。男主和女主重逢，点燃旧情。风烛残年的他们，在霍乱肆虐的大河上航行。——这大河，是否也隐喻了拉美社会现代化转型的历史时间流？大致如此。我是在我的本科时代，二十多年前作为"少男"时，草草看过这本书，里面有太多的复杂性、隐喻、矛盾、悖论，和激情、阴暗心理，看不懂，到现在也没有重新"细读"一下。

小说里的"爱情"，也超乎了一般的"普通青年"和"文艺青年"，以及仰慕文艺教养的中产阶级道德纯洁分子的想象的底线。记得有一个情节是，年迈的男主对女主说："我为你保留了童真。"实际上，他在半个世纪里，在好几十个记录本里，"一丝不苟"地统计了他的几百件风流韵事。但同时，他对女主的真爱，也确实从未停歇过。好在我多年来体验过不少文学作品和文学史、理论、批评，知道在这样世界级的小说里，"爱情"所要负载和折射出来的东西，类似于精神分析学说里所说的力比多心理能量的普遍和特定的升华，和一般韩剧、"笙箫默"等所要煽情敷衍的，不会是在一个"次元"里面。

要对这样一部重要的世界级著作，若要发表进一步的评论，则需要认真地再看一遍。这是我二十多年来不曾做过的，所以也就说到这儿为止了。好在我要细读示范的，不是《霍乱时期的爱情》，是《革命时期的爱情》。谈论前者，仅限于其与后者的语境关联意义，而不是在于

前者的意义本身。

好，我刚才说了，《霍乱时期的爱情》成书在先，《革命时期的爱情》在后，前者成为后者的语境关联和叙事关联，体验后者的主题和叙事手法时，我会自然而然地参照前者来琢磨之。

但是，我现在又要补充说：假想有人采访作者王小波关于两者的"语境关联和叙事关联"之事，他未必能说得像我刚才说的那样头头是道，甚至还会出现这样的可能——王小波高兴地对我说："对呀！你不说，我都没有意识到我写作的时候真的脑子里有这事儿，现在终于知道了，谢谢！"……

我知道我一说完这话，就有可能招致误解——"你这是什么意思？是说王小波头脑还没有琢磨书的你更清醒？那你怎么写不出《革命时期的爱情》呢？"我可不敢，也没想有那样的意思，那样是误解我了。我想说的是，我们是在解读王小波写出来的文本，而不是在听王小波本人的讲座——这是两码事。我们并不能默认王小波本人就是解读王小波文本的权威。作者的功能是写作品，而不是"垄断"文本意义的发言人。没有人能垄断文本的意义。作家本人不能。批评家也不能。文本的意义，是在每一次的阅读中，在读者的体验中产生。

我的意思是说，读者为大。

现在是我这个王小波的读者，放马过来进行我的阅读的细读示范。当我正在把这些写下来时，我又变成了作者。而正在阅读我的文字的你，现在则是读者，通过审视我这个读者/作者对王小波进行细读分析的文本，来对王小波文本进行直接和间接的阅读。

因为现在你坐在读者的位置上，就如同坐在陪审员的位置上，拥有进行自主判断的权力。大家都看过律政类的美国电影和美剧吧？——在法庭上，陪审席由随机抽取的十二个公民组成，面对辩方和控方律师的互咬，来投票决定犯人是否有罪。然后，法官才依据陪审席的裁决，来宣布当庭释放或来量刑。你们读者进行判断，如果觉得我对王小波的细读分析是靠谱的，并且这样的读者，在时空里分布得越多（在一个时代里大家集体脑残的情况也有哇，所以这样说），就越能说明我的细读示范，是有效的。

好，下面继续考我吧。——请用一句话，就一句话，来说说中篇小说《革命时期的爱情》是在说啥？

——好吧……它说的是：革命时期的……爱情……。具体就是在二十世纪七十年代初，文革停滞期的北京，被判定为落后青年的街道豆腐厂男工人王二，先被厂革委会主任，中年妇女老鲁追打和控告为在厕所画淫秽裸体画，然后又被新任的年轻女团委书记Ｘ海鹰（原文如此）给关在她的（对，她的）宿舍里"帮教"，交代王二以往私生活的既有问题，直至他被她强奸的故事。是的，没有搞错。"他"被"她"强奸了。以上用第三人称讲述的王二的故事，只是整个小说的一半——是每一章里单数节里的部分。每章里同时交错的双数节部分，则是王二用第一人称"我"，从一九九三年的今天，来回顾童年、少年、武斗，和在豆腐厂的这段往事，以及之后出国留学等的诸多经历。

抱歉，我没有做到用一句话搞定。但能做到这样，已经相当不容易了。不信，请去互联网上去搜王小波《革命时期的爱情》。也许是因

为这小说的结构很复杂，所以你连个现成的"剧透"都搜不来。在内容简介里，都是在抄王小波自己的"序"和"有关这本书"——前面我已经引用了。在偌大的互联网上，从京东等书商的网上简介，到豆瓣读书里面的条目，到各种百科，都是在抄王小波以上两段的全部或一部分。

好啦，有了我用一句话……不，三句话，做出来的简介，我就能大致把握住该小说的叙事框架，并能够与《霍乱时期的爱情》的框架进行语境和叙事上的参照、关联。语境和叙事轮廓大致说清之后，我自己觉得就能比较自如地狠狠示范对段落的细读了。

"且慢！"——我听见了一声质疑："你一直在兜圈子，都四千字了，还没有看到细读具体段落的示范。你安的什么心？你到底会不会文本细读？"

面对这样的质疑，我需要在正式展开具体段落细读前，兜最后一个圈子，解释一下"阐释的循环"问题。

另外弱弱地辩白一句：前面从题目那几个字，就能展开的语境与叙事形式的关联性分析，打开话语格局，这已经是文本细读的招数之一部分了，好不好……

"阐释的循环"问题，最初是在十九世纪由德国的圣经阐释学者提出来的，后又成为二十世纪一些现象学、解释学（解释学、阐释学、诠释学，都是一个意思啦）大牛人的问题意识。它的意思是说，要想搞定一个局部意义，前提是需要对整体意义有靠谱的把握。（说得很对很好理解，不是吗？）但这只是通向有效阐释的一半。另外一半则是，要想搞定整体的意义，前提是需要对局部有靠谱的把握。这样的话，无论

是想理解全部还是局部，都需要以理解对应的另一方为前提。理解或诠释的全过程，便是一场没有先后明确顺序的"乌龙"，一场不断从局部通达全体，并从全体通达局部的"乱入"循环。——基本就是这样。若你想看看更掉书袋的学理详解，就去找些理论书翻翻吧。我觉得在这里，说到这样就已经足够使了。

这就是说，为了好好细读《革命时期的爱情》开头的几百字，就需要以理解该小说的整体意义为前提呀……当然，反过来说，为了理解小说的整体，就需要以对局部的解读为前提……好吧，看来不管是先说整体，还是先说局部，都是"乱入"，也只能是乱入。那么为了行文脉络的清晰，我也只能把发生在自己解读过程里面无限循环乱入的"阐释的循环"，简化为回合分明的事后总结了。在这个意义上，我所整理之后写下来的细读示范，只具备"结果"意义上的真实，而不具备"过程"意义上的真实。

（2）

好了，经过这一番排摆，现在可以让逐段细读的示范部分登场了。

开始看"序"里面的第一句话："这是一本关于性爱的书。"

——你是否有足够敏锐的眼力，发现这句话有什么特别需要解读的地方？——我个人觉得，劈头上来的这头一句，就与题目有强烈的"违和"感。

——题目是关于啥？是"爱情"——"革命时期的爱情"。那么王小波在题目之后的第一句话里面，告诉我们这本书是关于啥？——"这是一本关于性爱的书"。说好的爱情，怎么变成性爱了呢？王小波想暗

示什么？革命时期的爱情到底会是怎样的复杂隐喻？……这一句开头句，就在我脑子里打开了一连串的问号。

王小波是一流作家。一流作家是不会在自己的文字里出现废话的。尤其是一本小说的开头，更不是随便乱写，而是有意为之。所以，这部小说的开头句"这是一本关于性爱的书"所带来的违和感，值得细察，不应轻轻放过。

那就用米勒爷爷所说的那种细读方法，一点一点、一句一句地"撸"下去。

设想如果有一本包着书皮不知书名的书，戳到你眼前，翻开第一句看到的就是："这是一本关于性爱的书。"则你基本上会判定这是一本黄书，预料到后面会大规模地展现不忍直视的"十八禁"露骨描写。

然而在下一句里，王小波的文风又变："性爱受到了自身力量的推动，但自发地做一件事在有的时候是不许可的，这就使事情变得非常的复杂。"——这真心不是一般黄书的风味呀。这就与头一句之间，产生了一种少见的"张力"。"张力"（tension），是一个来自英美新批评学派的常用术语。用今天更形象的大白话来说，就是"混搭"，或"违和"。像这样极具哲理思辨意味的复杂长句，不仅在黄书里面，而且在一般的中国小说里面，都不太会出现。孤立地看这句话，就仿佛是从某一篇煞有介事的哲学社会科学论文里强行抠出来的，与前面那短促而突兀的第一句，构成了严重的混搭。当然，这样"不靠谱"的混搭效果，是王小波有意为之，用长短句交错、话语风格"违和"的语言运用所特意表演出来的。这样的语句，映入了训练有素的阅读者的眼帘，便生成了有趣

的，用貌似赘余和不恰切的委婉语所造成的"反讽"体验，模拟出一种因禁忌重重而吞吞吐吐的词不达意。

——"自发地做一件事情在有的时候是不许可的"——自发地做啥事儿？在什么样的时候得不到许可？为什么？——"这就使事情变得非常的复杂"——啥样的事情？有多复杂？

在"欠扁"的晦涩之中，看到第三句开头的"举例言之"，给我带来了通过看例子来生动形象地搞懂的希望。但您看看这个例子是啥："举例言之，颐和园在我家北面，假如没有北这个方向的话，我就只好向南走，越过南极和北极，行程四万余公里到达那里。"

——"What!"王小波你到底是想解释清楚，还是揣着明白当糊涂哇？这样的"举例言之"，是在折磨读者么？为什么要这样不近情理地晦涩？

莫非，他是以这种方式来暗示出不允许说出的意思？

请你把这三句串联起来看，再加上题目，再去想想。其实还有一个重要的因素，王小波在这几句话里始终没有说出来。这个没有说出来的词，是"政治"。大家的中学语文课本里，是否还有曹禺的剧本《日出》里的片段？大家是否还对那个支配一切，却从来不直接出面的"金八爷"有些印象？王小波没有直接说出来的"政治"，真的很像金八爷。

于是你可以想一想，政治这个东西，在与"霍乱时期的爱情"对应的"革命时期的爱情"里，对私人生活的心理能量，起到怎样的作用？政治的激情，是否与某些心理／生理机制具有相同的潜在结构？——请好好想想小说开篇的三句"越说越糊涂"的话。然后再看下一句："我

要说的是：人们的确可以牵强附会地解释一切，包括性爱在内。"以及下一段的唯一一句话："故而性爱也可以有最不可信的理由。"

请原谅我这里的不得不"含混"，就如同你要原谅王小波的不得不"含混"一样。王小波这篇一百六十字的小序，在讲义里就只能细读示范到这儿了。在课堂上我还可以多说一些。

小序的后面，是"有关这本书"。

"王二一九九三年夏天四十二岁，在一个研究所里做研究工作。"——敏感的读者应该想到，主人公王二的"现在时"是在一九九三年的改革开放语境中，他是中年人，知识分子，他生于一九五一年。在上述这些暗示里面，王小波已经提供了进入小说、进入人物的社会、情感、世界观等多方面的参照。

"在作者的作品里，他有很多同名兄弟。作者本人年轻时也常被人叫作'王二'，所以他也是作者的同名兄弟。"——暗示男主"王二"是作者笔下"王二"（见诸《黄金时代》等许多作品）里的一个，并暗示该男主与作者本人的"相似"，但并不等同。

"和其他王二不同的是，他从来没有插过队，是个身材矮小，身体结实，毛发很重的人。"——有的王二是身材很高大的，比如在《我的阴阳两界》里因为精神原因而阳痿的王二，就是个仪表堂堂身高一米八的……阳痿汉子。让他身高一米八，就是为了让其阳痿的毛病显得更显眼吧。《革命时期的爱情》里的王二"没有插过队"，说明这小说里面的文革生活不是在农村而是城市，"身材矮小，身体结实，毛发很重"，则与中年女性革委会主任老鲁的硕大身材，和团委书记、青年女性Ｘ海

打开文学的方式

116

鹰的飒爽英姿产生对比，给人一种在"颜值"和气质上都比较猥琐、甚至有一种低于人类的类人猿的感觉。当然，这是王小波故意营造的。

下面看小说第一章的第一个自然段。——这次文本细读示范的最后一个段落，但却是重头戏：

> 王二年轻时在北京一家豆腐厂里当过工人。那地方是个大杂院，人家说过去是某省的会馆。这就是说，当北京城是一座灰砖围起的城池时，有一批某个省的官商人等凑了一些钱，盖了这个院子，给进京考试的举人们住。这件事太久远了。它是一座细砖细瓦的灰色院子，非常的老旧了；原来大概有过高高的门楼，门前有过下马石拴马桩一类的东西，后来没有了，只有一座水泥门桩的铁栅栏门，门里面有条短短的马路，供运豆腐的汽车出入。马路边上有一溜铁皮搭的车棚子，工人们上班时把自行车放在里面。棚子的尽头有个红砖砌的小房子，不论春夏秋冬里面气味恶劣，不论黑夜白天里面点着长明灯，那里是个厕所。有一段时间有人在里面的墙上画裸体画，人家说是王二画的。

小说的开头段落当然是很重要的。王小波在这个开头段落，有效地传达给了我什么呢？

——请注意，我在进行文本细读示范的时候，爱用"我"字，而比较忌讳"我们"。"我"的权威性比较弱，但比较实在，不对你具有压迫感。相反，课本里常见的"我们"，是一种话语压迫的用法——作为读者和学生的"你"，如果不和"我们"保持一致，就必然是异类了。

对我来说，王小波在这一段里，用空间的叠加方法，来表述历史的变迁。所谓空间的叠加，就好像是把在同一个空间在不同时间发生的情况，来拍成一张张照片，然后重叠起来给你看。

这里叠加出来的是什么？是欲望的本质。我们的文化，是用来命名、言说和表演我们的欲望的，在这一点上，古今并无不同。欲望在空间里的具体表现形式，则随着社会政治的改变，而可能呈现出表面上已经毫无共同之处了，似乎古代的才子佳人故事，和"革命时期"的"爱情故事"，没有什么内在关联了。但是，王小波却在暗示这样的关联是可以找到的。当然，这也可能是他的"潜意识"，而不是自觉的论点。我不是、也不想当王小波肚子里的蛔虫。作者灵魂深处的东西，其实是抓不到的。能抓到的，只有语言文字和别的符号。所以，对于文字符号——你们要好好珍惜地细读呀。我比较确定的是，在这样区区一个段落里，王小波真的就放进了很大的容量，等待读者来开启。——待会儿等我一句句具体分析完，你就会比较认可了。

"王二年轻时在北京一家豆腐厂里当过工人。"——第一句就貌似不太"正经"。如果你继续往下读这部小说，会发现王小波对"豆腐厂"的描述，充满了性暗示的揶揄。——热的豆浆，汇集到一个高耸的工作塔里，从塔尖流出，再顺着许多悬空的管道，逐渐流下、冷却，流到车间去凝固成豆腐。在高塔和管道上爬来爬去的，都是王二和工友"毡巴"等男青工。

对于历史词汇"青工"，八零后、九零后读者未必完全懂得。这词在我小时候的八十年代初，还曾经是个活跃词。目测它出现于七十年代，红卫兵上山下乡之后，文革从高潮步入低潮的时段，指称那些侥幸躲过上山下乡的"知青"命运，留在城里和厂矿当上工人的青年，词意里面包含着说这些人"不安分"、"让人不放心"，或者用今天的话来说"不

靠谱"的味道。七十年代末期，改革开放开始之后，人口高峰加上"知青"返城，造就了"待业青年"现象；大量的工人子女，"顶替"父母进入工厂工作，也壮大了青工的队伍。陈佩斯出道时和他爸爸陈强，以及当时的刘晓庆、方舒一起主演的电影《瞧这一家子》，就是关于改革开放初期青工生活的"日常"。

……我真的不知道，真实的豆腐厂，是不是真的是如同王小波笔下的这样，是一番生猛、性感、令人"不忍直视"的景象。我比较有把握的是，把一段故事设定在如此的"豆腐厂"里，必然是一则关于"欲望"的故事。——如果你仍然觉得我太"敏感"，那我只好请出另一位敏感的人了。他就是王小波本人。他在第一章的第三节的开头直接说了："其实根本用不着弗洛伊德，大家都知道那个塔像什么"……

"那地方是个大杂院，人家说过去是某省的会馆。"——不同历史时间里的同一空间，开始在这句话里叠加了：新中国成立后的大杂院，叠加前清某省的会馆。

"这就是说，当北京城是一座灰砖围起的城池时，有一批某个省的官商人等凑了一些钱，盖了这个院子，给进京考试的举人们住。"——王小波的这一句，对我来说很重要。我这样说，是因为我已经经过了多次的从局部到整体，再从整体到局部的"乱入"式阅读，经过了解读的"阐释学循环"过程，自以为解读得比较靠谱了。王小波用这一句话，在充分展开其整部小说的情节之前，就暗示出了情节模式的反讽式古今关联。小说家王小波所创造（或"发现"？）的这种关联，是古人和许多今人都未曾想到的。对这种关联的提示，有可能让读者对古代中国和现

代中国的理解，带来新的发现——关于欲望与政治的方程式，以及中国的常量和来自现代西方的参数。——当然，这是需要经过整体阅读后，才能通达的"后话"了。但毕竟，对整体的有效解读，是需建立在对一句句原文的局部细读基础上的。

当然，王小波不是社会学家，是写小说的。他老婆李银河博士才是社会学家。那么从语言符号修辞的角度，而不是社会学"田野考察"的角度，我能从上面那句原文里面，具体读出什么？

——我读出了王小波对古典戏文旧小说里面"金屋藏娇"叙事的母题、情境、趣味等，进行了"戏拟"，或"反讽"，并体会到王小波为何要运用这样的修辞策略。

中文词语"戏拟"或"反讽"，对应的都是英文词"parody"——一种"X格"很高的修辞策略。"反讽"之"讽"，着眼点不在于对具体现象直截了当的讽刺挖苦，在语言上甚至可以全无"槽点"，而是着眼于整体上的"高级黑"，或者叫"解构"、反转——也就是"反讽"之"反"。同理，"戏拟"的着眼点不在于专心去"拟"，而是要去"戏"出不一样的味道，从而对既有的某情节框架，连带对其内设的母题、情境、趣味，甚至意识形态、"三观"等，实现解构、反转。

那么，《革命时期的爱情》是如何反讽了金屋藏娇式的"始乱终弃"（"始乱之、终弃之"——意思是说"勾女把妹"，先让人家迷乱，最后又把人家抛弃……）古典套路？

我先说一个简短的解释。首先，反讽在空间的叠加上展开。这就是我前面说的，历史长河中古今空间在同一位置上的叠加，即集体所有

制豆腐厂和某省会馆的叠加。其次，性别权利上的互换式反讽：是女性的团委书记Ｘ海鹰在其宿舍里藏男性的"娇"——落后青年王二。

再稍微往复杂里去说。

——大家回顾一下看过的旧小说、戏文，什么三言二拍、西厢之类。如果提及一个书生进省或者进京赶考，住在古庙或会馆里，则"sooner or later"，会发生怎样的故事？我可以很肯定地告诉你，后续注定会发生的，一定不会是关于他如何学习、如何锻炼身体，或者如何投资创业之类，而是——"婚前性行为"（！）。……残念！——我这么说，似乎把古典意境和情趣都糟蹋殆尽了，但其实是话糙理不糙。总之是书生遇到了美艳的风尘女子或者世家小姐，双方一见钟情，私定终身并……用今天的话来说，"滚床单"了。在明清一些比较罕见的"同性恋"小说中，也不排除男男相爱的情形。事后，这个书生则一定会中状元榜眼探花之类，封了大官。在旧小说戏曲里……作为男主角的书生，总是一定会考上，还真没见过没考上的，莫非"潜力股"的标签已经贴在额头上了？最后的大结局，又分两种。一种是正式喜结良缘，另一种则是由于种种障碍，而始乱之终弃之。古典才子佳人的爱情故事套路，（排除像《桃花扇》那样，家国君父已经不保的乱世情形）大抵如此，尽管变异的情况也总会有。

那么，《革命时期的爱情》的"反讽"、"戏拟"，在其第一章第一节第一段里能够看出来么？——可以，但需要结合整体"阐释学的循环"，通盘考虑。于是就会觉得，Ｘ海鹰作为年轻的女团委书记，拥有仕途上的潜力，就相当于"革命时期"一位"进京考试的举人"。在豆腐厂所

在的曾经的会馆的深宅大院里，金屋藏娇的欲望剧，将以改头换面的方式得到重演。具体而言，落后男青工王二成了女团委书记Ｘ海鹰所专人负责的"帮教（帮助教育）对象"，每天从早到晚要自行去Ｘ海鹰的单人宿舍里枯坐，形同"藏娇"。（小说里面也特意说了，这里作为会馆的后院，被槐树的绿荫环绕，相传在历史上，有一个被赶考书生所抛弃的女人，就是在此上吊自杀的。）而男主角王二下一步的命运，就直接取决于Ｘ海鹰的"拯救"——取决于Ｘ海鹰对于帮教的效果是否感到满意。Ｘ海鹰在外面忙工作的时候，王二就坐在Ｘ海鹰卧室的椅子上，苦苦反思并用纸笔来交代自己过去生活里的错误，特别是要交代在武斗期间，作为一名"小正太"，与一位"姓颜色的女大学生"的萌动情事。还有的时候，王二要在这里向Ｘ海鹰面对面地坦白"活思想"。——他那心存恐惧的神情，和对个人私生活的吞吞吐吐的披露，实际上成为Ｘ海鹰每日私下的主要娱乐，也成为帮教活动迟迟得不到结束的真正原因。最后，令人"不忍直视"的强奸行为发生了——但真相并不是落后坏分子王二残忍地强奸了女团委书记Ｘ海鹰，而是后者强奸了前者……在Ｘ海鹰强奸王二的过程中，Ｘ海鹰都把自己想象为越共女战士或其他的革命殉道者，把王二想象成为极其令人厌恶的敌人，嘴里还一直喊着："来吧！坏蛋！我不怕你！"……

　　以上的分析，牵涉到了太多的"阐释学循环"——需要从小说的整体，来阐释小说的开头。反之亦然。这里暂且打住，看王小波写的这一自然段里面接下来的两句：

　　"这件事太久远了。它是一座细砖细瓦的灰色院子，非常的老旧了；

原来大概有过高高的门楼，门前有过下马石拴马桩一类的东西，后来没有了，只有一座水泥门桩的铁栅栏门，门里面有条短短的马路，供运豆腐的汽车出入。马路边上有一溜铁皮搭的车棚子，工人们上班时把自行车放在里面。"

前面两句，点出了历史的变迁对同一空间——这座非常老旧的"细砖细瓦的灰色院子"——的改动。这些改动，不可谓不沧海桑田——旧式门楼对工厂来说不再具备价值，已经不复存在，交通的变迁，导致了路面和路边设施的改变。但当我读完《革命时期的爱情》，回过头来再看这一段，反倒觉得在这个空间的主体部分，有些东西根本就没变。在那座细砖细瓦的灰色院子本身里面，豆腐厂里面"革命时期的爱情"与老宅里面的古典欲望其实多有重叠。——我前面已经说了不少了。突然想到了王德威。他老人家比较善于讲述不同"传统"的"并置"、"对接"。我的这段细读札记，如果由他老人家来发挥，不知道又要精彩多少。

读到这里，读者也许会预料或者允许作者面对历史的沧桑而长吁短叹一番。不料王小波后面接下来的一句，以迅雷不及掩耳之势，突兀地走向"下流"，结束了全段，并义无反顾地奠定了整个情节的"下流"基调：

"棚子的尽头有个红砖砌的小房子，不论春夏秋冬里面气味恶劣，不论黑夜白天里面点着长明灯，那里是个厕所。"

——针对这句话，我不禁有两个问题要问。一、一流作家如王小波，写作其第一章第一节第一段的时候，一定是深思熟虑，每个字眼都用得十分用心的，为何在第一段里就要出现"厕所"？二、针对"长明灯"

一词——在修辞、意象、寓意上，为什么是让人意想不到的"长明灯"，而不是别的词语？

现在我自己来回答自己刚才提出的问题。

一、在文革的所谓"革命时期"，人文主义意义上的个体尊严、价值、存在（"我思故我在"）、自由、隐私等等设定，都已经被政治挤压得几乎殆尽。在群体的革命政治职位的个体追求——精神的、物质的——都不复存在。彼时的个体存在，已经被挤压进最后的堡垒——个体的不可替代的生物性。也就是说，在王小波笔下，彼时的厕所成了个体存在的最后庇护所，就如同在雨果的笔下，巴黎圣母院是不见容于世人的畸形敲钟人的庇护所一样。只有在厕所里，那些"革命时期"的个体，才得以恢复最低限度的自由待遇——自由地拉屎撒尿，而不用同时背语录或喊口号，批斗或被批。小说里也确实写道，豆腐厂的革委会主任中年妇女老鲁在追打王二的时候，往往一直追打到男厕所的门口才悻悻地停住脚步。——所以，王小波笔下的厕所很重要，可以被解读为是人之为人的最低限度的庇护所。

二、关于让人意想不到的"长明灯"一词。——刚才说了，厕所在第一章第一节第一段的出现，不是哗众取宠，而是暗示这里俨然已经是人之为人的最低限度的自由空间。如此一来，实则有一种悲壮的最后一座神殿的意味了。"长明灯"一词通常出现的话语场合，一般也总是与神庙、教堂等宗教场所相关。宗教空间里面的长明灯，守望的是人的精神、信仰、灵魂这些"高端"的追求，王二所在工厂公共厕所的长明灯，守望的仅仅是最低端的生物性自由的最后"飞地"。这个词用得难

打开文学的方式

道还不足够"反讽"么？同时，这词用在这里的亮点，不仅是在寓意上面，而且还确实精辟地传达了彼时北京胡同里面公共厕所的照明"神韵"——至少到八十年代中期我家搬出北京胡同大杂院儿的时候，公厕照明还是简陋到连开关（那年代仅仅是垂下来一条灯绳）也没有的地步。那昏暗的灯泡，在白天也在昏暗的男女厕所中间的顶棚那里发出昏暗的微光，仅够点亮灯丝。

好，下面来分析这第一章第一节第一自然段的最后一句，也算是这次细读示范的收尾：

"有一段时间有人在里面的墙上画裸体画，人家说是王二画的。"

上一句刚描述完厕所，这一句俨然更"等而下之"了。前面说了，厕所已经成了残存的人性的最后庇护所。那么在政治高压下，人性里面都残存了些啥？这句告诉我们，只剩下了最生物性的，成年人性里面最原初、最基本层面的性欲——以裸体画的形式，出现在"革命时期"人性隐私的最后的飞地——公厕里面。如果此欲望都被政治所压制，所谓科学、艺术等高层追求，必然更无从谈起。在这样的高压之下，人性最底层的但终归是作为人性自身一抹微光的性欲，是人性复苏的火种，俨然已如同那"长明灯"一般，在革命时期的公厕里岌岌可危。为什么说是岌岌可危呢？因为就连"裸体画事件"，也政治化了。"人家说是王二画的"——王二本来就被判定是"坏蛋"，遭到革委会主任、中年妇女老鲁的追打，现在则面临被公安局收监的厄运。"裸体画事件"，可以说成为主干情节线条的引擎，引发了X海鹰从老鲁手里抢到"拯救"王二进行帮教的由头，一步步发展为反讽版的"金屋藏娇"……

在细读示范的一开头，我提出了题目"革命时期的爱情"与劈头第一句话"这是一本关于性爱的书"之间强烈的违和感，因为在"爱情"的通用语义里，还包含了许多的用"性爱"无法涵盖的东西。分析到了这里，则可以说，"革命时期的爱情"，约等于"关于性爱"。注意：是"关于性爱"，而不是"性爱"，因为根据小说的"序"，虽然"性爱受到了自身力量的推动"，但"自发地做一件事情，有时候是不被许可的……"这个"关于"，在小说里是政治式的，以政治的形式出现在了情节里。

在前面引用过的"有关这本书"里，第一句话就是"王二一九九三年夏天四十二岁，在一个研究所里做研究工作"。而实际上，王小波也确实是在邓小平"南巡"之后的差不多的年份里——已经允许写"性爱的"书的时代，写了这本"关于性爱的书"。更重要的是，通过"反讽"和"戏拟"，这也成了一本"关于"别的一些还不"允许"写的东西的书。

好了，我对于王小波小说原文一百六十字所做的超过一万字的细读示范，就到这里了。我在前面早早地就说过，解读和文本细读所得，是"私有财产"。但这并不妨碍我把这一万字的私有财产拿出来"晒"。话说回来，就算我晒完了，就算你或许分享了里面一点点让你喜欢的地方，它仍然是我的私有财产，就像你自己在解读中获得的个人收获永远是你自己的私有财产一样。

我知道，当你看完我这种比较极端的细读示范后，会产生一些疑问。我这里顾不上回答，但绝不是"累觉不爱"。我都逐一早有预测，并会在后面更为合适的节奏点，一一作答。

2.4 课间甜点：例文两篇

我知道，上上节和上节，都是一万多字，"荡气回肠"。大家读了上上节里面米勒爷爷标举文本细读的现身说法，和上一节里面，我解读王小波区区一百六十字的极端的细读示范，大家的脑子里早已问题成堆，对文本细读的方法和红利，抱有既羡慕又怀疑的态度，需要"解惑"。

好，先课件休息一下，吃两块"甜点"——通过提供两篇例文，进一步展示文本细读为何物。

课间甜点之后，再进行荡气回肠的答疑部分。

（1）

先看第一篇，罗伯特·奥尔特（Robert Alter）的《在阅读中体会狄更斯的风格》。奥尔特是美国文科学界泰斗之一，从二十世纪六十年代起就在加州大学伯克利分校任比较文学教授。（好吧，这是我硕士博士阶段的母校。——我对母校是很有感情的。这两年，母校在 US NEWS 的排名都是世界第三——忍不住也想说说我校的校训是："Fiat Lux/ Let There Be Light/ 要有光"，出自《旧约全书·创世纪》——我觉得这个校训太好了，也值得进行丰富的细读阐释。）从这篇泰斗的文章里，我们可以看到美国文学研究的一个看家本领，就是深入文本，这样他说出来的话才不是虚空的。

我感觉，英美文学研究和阅读界的底蕴，仍然不是从二十世纪六十年代以来占领了美国大学的欧洲理论。欧洲理论确实在美国学界起到了"锦上添花"的作用，或者说在蛋糕的上面附上一层奶油。但奶油下面

的干货，或者说混杂起来的"提拉米苏"，仍然离不开文本细读。

据我理解，这种细读，绝不仅仅是对"文本"的细读，而是从文本里面的符号能指出发，通达文本之外的符号所指，包括社会、历史、意识形态、物质文化。奥尔特本人的这篇就是这样。我觉得，在英美人基于经验主义式思维的文本细读传统中，所谓"新批评"那种"文本之内"的细读，其实只能算是特定时期的一股势力而已，反而不具备代表性。奥尔特这篇这样的，则更具代表性。

细想一下：文学研究若离开对文本的细读、解读，还剩下的不就是考据，和理论思辨了么？考据和理论，其实离文学经验本身，毕竟还隔了一层。

再说一下写作这篇的奥尔特。他本人根本就不是搞英国小说的，而是毕生致力于希伯来文圣经文本的研究。也就是说，在他的专业之外，他偶然写了这样一篇分析狄更斯的风格的文章，相当通俗，也没有啥抽象术语，但引人入胜、深入浅出，与这本讲义里面，在不同章节里面已经说的很多的话，有异曲同工之妙。

我膜拜的不是别的，是这位圣经学者的看家本领——文本细读的强悍功力。如同他在文末的结语："面对那些被创造性地排列出如此精微序列的言语，如果我们认真倾听，它们就能够回馈给我们流溢着洞察性认识的美好时刻。"

关于译文。这源起于在中国人民大学课堂上一些同学共同翻译的"百衲"版，原本是我在课堂上留的一个课外作业——通过阅读和翻译奥尔特的这篇文章，来更加了解文本细读是怎么回事儿。结果有一些同

学怀着浓厚的兴趣和热情进行了翻译。现在我参照他们各家的翻译，自己做出一个最终版。

我也把英文原文附上，以飨感兴趣的读者。

《在阅读中体会狄更斯的风格》

作者罗伯特·奥尔特，发表于 *Philosophy and Literature* 20.1 (1996) 130–137。（原文里只有四个注释，也从略。）

风格的问题，对于阅读体验来说至关重要。如果连这一点都总需要解释一番，那可真算是关于文学研究，以及关于我们的文化与语言之间关系的衰退状况的一个悲哀症候了。随着文学语言被多样化地指认为或者是意识形态的面具，或者是"文化诗学"的一种表述，或者是一种在性质上跟菜单和街头涂鸦没有区别的交流的媒介，于是，在很多情况下，在文学的学术研究中，似乎已然失去了"风格有其独特魅力"这一基本感受了。那独特魅力常常像是一种独具效能的工具，能带给你洞察力，甚至是眼光。我在性情上是个理性主义者，并不想显得故弄玄虚，但作为一个读者，我发现了一个经验性的事实：一个了不起的作家能够通过各种惊人的方式进入那位于言语和社会的、历史的、心理的或道德的现实之间的神秘联系。索尔·贝娄恰如其分地阐述了风格可以带给读者的离奇的洞察力与深刻的满足：

【原文】It is a sad symptom of the devolution of literary studies and of our culture's relation to language that it should at all be necessary to explain that style is crucial to the experience of reading. As the language of literature has been variously designated a mask for ideology, an expression of the "poetics of culture," or a medium of communication not different in kind from menus and graffiti, the academic study of literature in

many cases seems to have lost the essential sense that style has its unique enchantments, and that those enchantments can often be a privileged vehicle of insight, even of vision. As someone who is temperamentally a rationalist, I do not want to sound mystical, but I find it an empirical fact as a reader that great writers are able in a variety of surprising ways to tap into occult connections between words and social, historical, psychological, or moral realities. Saul Bellow has aptly stated this commingling of uncanny insight and deep satisfaction that style can give its readers:

当我们听到这样的话，诸如"一切都不过是玩具"、"请你暂且牺牲天国之幸福"、"一大群捣蛋鬼"、"青青牧草"、"止水"，乃至是一个词"重燃"，这样一个小小的线索，就足以让我们激活那些情感充沛、领悟涌溢的时刻。这些文字发掘出那被埋藏的本质。

【原文】A small clue will suffice to remind us that when we hear certain words——"all is but toys","absent thee from felicity","a wilderness of monkeys","green pastures","still waters", or even the single word "relume"——they revive for us moments of emotional completeness and overflowing comprehension, they unearth buried essences.

一部小说，就是通过言语所再造的整个世界。风格之于小说，犹如我们所呼吸到的空气之于我们所居住的世界。（我将从狄更斯的作品中摘引恰当的例证，来展示这一原则。）风格也是被再现的事与人之关系的韵律，是展示场景的景深。当我们在读狄更斯或其他任何小说家作品中的风格时，我们当然也同时在读各种其他的东西——情节、人物性格、道德难题、历史困境等等。但唯有当我们注意到风格上的启发性运作时，我们才能看清上述所有东西的全部复杂性。

【原文】A novel is a whole world reconstituted through

words. Style in a novel is that world's very air which we breath (I shall presently cite a rather literal illustration of this principle in Dickens), the rhythm of relation [End Page 130] of the represented objects and personages, the depth of field in which they are seen. When we read style in Dickens, or in any other novelist, we of course are reading all sorts of other things at the same time--plot, character, moral dilemma, historical predicament, and so forth--but we can see all these in their full complexity only if we attend to the illuminating play of style.

　　狄更斯的主要小说作品虽然都很长，但值得带着享受的心境慢慢地去读，值得不时停下来重读某个心仪的段落，因为他是整个英国文学中最独出心裁、最鲜明的风格家之一。风格，正如我们所知的，有很多方面。狄更斯常常喜欢用的强有力的节奏，巧妙的字头押韵，铿锵重复的首语，不同话语格调的着意互动，这些都值得注意。但是，他首先是莎士比亚之后的英语隐喻性运用的大师。我想强调的是，作为读者的我如何聚焦于狄更斯的隐喻性修辞语言，以及他小说中的世界如何由此而向我展现。

　　【原文】Despite the great length of his major novels, Dickens deserves to be read slowly, with delectation, with occasional pauses to reread a choice passage, because he is one of the most inventive and vigorous stylists in the whole range of English literature. Style, as we know, has many facets, and Dickens's powerful rhythms, his supple patterns of alliteration, the hammer-blows of the anaphoric insistence he often favors, the cunning interplay of different linguistic registers he sometimes introduces, are all worthy of attention. But he is above all the great master of figurative language in English after Shakespeare, and what I want to concentrate on here is how I focus as a reader on Dickens's use of figurative language, and what it reveals to me about the world of his novels.

狄更斯是作家中卓越的修辞能手。所以，在他的作品中，有大量的自觉的精湛技巧，生机勃勃的文字的戏谑的展现。这种戏谑，让读者过瘾，在历史语境中曾经抓住读者的兴趣，让他们在小说每月连载的出版形式中，一期接着一期地读下来。但随着狄更斯的掌控力和严肃性的加强，其戏谑性修辞，越来越成为贝娄所言的"发掘埋藏的本质"的一种手法。让我们扫一眼狄更斯在《董贝父子》（1848）——差不多是他职业生涯的中间点之作——的一个片段中的风格运用，然后再仔细思考一下在他完成的最后一部小说——《我们共同的朋友》（1861）中的两个片刻中行文的想象力。下面先是《董贝父子》的第十三章中，对那个令人生畏的资产者走进其公司办公室时的描写：

【原文】Dickens is one of those novelists who is preeminently a rhetorical performer, and so there is a good deal of self-conscious display of virtuosity, sheer exuberant verbal high jinks, in his writing. The high jinks are there for the reader to enjoy--in historical context, to keep the reader's interest from one monthly serial to the next--but as Dickens grows in mastery and gravity, they are more and more a means of what Bellow calls unearthing buried essences. Let me glance quickly at the operation of style in a passage from *Dombey and Son* (1848), an approximate midpoint in Dickens career, and then consider more closely the visionary power of his prose at two moments in his last completed novel, *Our Mutual Friend* (1861). Here is the description in chapter thirteen of the company office of *Dombey and Son* as its august proprietor enters:

　　会计室的那位智多星一下子变哑了，安静得就仿佛他身后挂着的那一排皮制救火桶一样。暗淡的日光，经由毛玻璃的窗户和天窗过滤进来，在玻璃框框上留下一块黑色，并照出账册、票据，以及低头弯腰坐在它们前面的人们的身影。他们被笼罩在勤勉而幽暗的气氛中。从外表看来，他们被从外界完全抽离，仿佛是聚集在海

底似的。在朦胧的远处，有一间发霉的小金库，那里总是点着一盏遮暗了的灯，可以代表海妖的洞穴。这妖怪正用血红的眼睛盯着大海深处的秘密。

【原文】The wit of the Counting-House became in a moment as mute as the row of leathern fire-buckets hanging up behind him. Such vapid and flat daylight as filtered through the ground-glass windows and skylights, leaving a black sediment upon the panes, showed the books and papers, and the figures bending over them, enveloped in a studious gloom, and as much abstracted in appearance, from the world without, as if they were assembled at the bottom of the sea; while a mouldy little strong room in the obscure perspective, where a shaded lamp was always burning, might have represented the cavern of some ocean monster, looking on with a red eye at these mysteries of the deep.

在狄更斯式的招牌字眼"仿佛"所形成的上下文之间，有一种精致的张力。作为正在阅读一部大致被称为现实主义的虚构文学作品的读者，我喜欢在阅读过程中进行形象化的想象（或许并非所有读者都这样）。那墙上的皮制救火桶（灭火器在十九世纪的老祖宗如此鲜明地固定在与它同时代的公共建筑的墙上），那用于描绘熏黑模糊的毛玻璃的词藻"暗淡"、"过滤"、"留下一块黑色"的给力的精确（我们待会儿还会看更到晚期的狄更斯对维多利亚时代伦敦地区性的空气污染所进行的文笔处理），这些都抓住了我的眼球。我还要提一下，在阅读优秀的散文性作品时，精确的用词本身就既使人欢愉，又富于启示。

【原文】There is a fine dialectic tension between everything that follows those two eminently Dickensian words, "as if," and what precedes them. As a reader of what is approximately called realist fiction, I like to visualize in the process of reading (this may not be true in the same degree for all readers), and so here

my eye is caught by the leathern fire-buckets on the wall (the 19th-century ancestor of the fire extinguishers prominently affixed to the walls of contemporary public buildings), and the lovely precision with which Dickens characterizes light coming through a ground-glass soot-bleared windowpane: "vapid and flat,""filtered,""leaving a black sediment." (We shall see presently what the later Dickens does with the endemic air pollution of Victorian London.) Lexical precision itself, let me note, is both a pleasure and a revelation in the reading of good prose.

作为一个"视觉性"的读者，我突然想到，现实主义小说中的这类描写常常出现在这之前的绘画中。在绘画中对光线的来源与质地的细致厘定，是场景描摹的基础。（就这一点而言，福楼拜是典范。）在这里，被灰尘和半透明的磨砂玻璃所双重浊化的昏暗日光，与深嵌在保险库中的遮暗的灯光前后共同作用。从外面透入的勤恳幽暗的气氛使得这个房间内的事物像是"被抽离"到这个世界之外，这恰到好处地伴随着该拉丁文衍生词（abstracted）里面的"撤出"之意，仿佛成了躺在海底的东西。通过这种意象性的推测，在狄更斯这种招牌式的非情节化展开之中，我们从现实场景里的维多利亚时代的会计，转向属于童话故事与神奇历险的国度：那盏灯如同海底妖魔燃烧着的血红眼睛，它显然在守卫深藏的宝藏。叠加在现实个体上的幻想显然是属于描述性文笔所有可能达到的一种高水准趣味。但在更通常的情况下，狄更斯丰饶的隐喻性想象力既引导着他，也引导着我们，去认识到比狄更斯自己认为自己知道的还要多的东西。《董贝父子》中那所公司的财富来源于海外贸易；那个具有浪漫气质的主要人物——年轻的沃尔特·盖伊被公司派遣坐船去执行任务，他在很长一段时间里都似乎已经被大海吞没了。在这之后，容纳公司保险柜的那个房间，被奇妙地描绘成被海妖所占据的海底洞穴。这是洞穿了董贝公司的本质的一个绝佳意象——如果你愿意的话，这个意象可以意味着对于这个覆盖着海水的地球

球体的商业掠夺。在小说所再现的世界中，寓意性的语言确实发掘出了被埋藏的本质。

【原文】As a visual reader, it strikes me that description in the realist novel often draws on the precedent of painting, in which the careful definition of the source and quality of light is essential for the rendering of the scene. (Flaubert is exemplary in this regard.) Here, the bleak daylight, doubly obscured by dirt and the imperfect translucence of ground glass, works in tandem with the shaded lamp recessed within the strong room. The "studious gloom" filtering in from outside makes the contents of the room seem "abstracted"——in the nice Latinate sense of "withdrawn from"——the world without, like objects at the bottom of the sea. With this imagistic supposition, in an excursive movement that is virtually a trademark of Dickens, we pass from the realistic scene of the Victorian counting-house to a realm of fairy tale and fabulous adventure: the lamp as the burning red eye of a subterranean monster who is evidently guarding treasures of the deep. The fantasy image superimposed on the realistic one is obviously part of the high fun of the description, but it is usually the case that the fertility of Dickens's metaphorical imagination leads him, and us, to know more than he may consciously realize he knows. The wealth of the firm of *Dombey and Son* derives from overseas trade; the romantic protagonist, young Walter Gay, is sent off by ship on a mission by the firm and for a long time appears to have been swallowed up by the sea. The fantastic representation, then, of the room that contains the firm's safe as an ocean cavern inhabited by a monster is a luminous image of what the Dombey firm is all about——an image, if you will, of the mercantile exploitation of the aqueous globe. The figurative language has indeed unearthed a buried essence in

the represented world of the novel.

晚年的狄更斯更致力于对都市全景的描绘。在这种描绘中，他借助形象化的语言这一工具来为其同时代都市现实中的道德或精神意义来赋形。这些场景的奇妙之处就在于，其对于维多利亚时代的伦敦现实的几乎是如照相术般的忠实再现，竟没有被它里面同时所"充斥"的象征修辞而颠覆。相反，这些修辞化手段反而为主题的阐释赋予了一种深度——有时这种深度是惊人的。我即将给出的两个在《我们共同的朋友》的例子中的第一个（第二部：第十五章）是相对简单的一个。它展示出并巧妙地实现了一个单一的目的。它是对于城市的想象的成功展示，由此使得《我们共同的朋友》具备震撼人心的力度和阅读快感。

【原文】The late Dickens is more given to panoramic cityscapes in which figurative language becomes the vehicle for envisaging the moral or spiritual meaning of contemporary urban reality. The wonder of these scenes is that an almost photographic fidelity to the realia of Victorian London is not subverted by the riot of metaphoric invention but rather given depth-- sometimes, alarming depth--of thematic definition. The first of my two examples (Book Two: Chapter Fifteen) is the simpler, exhibiting a singleminded purpose, artfully implemented, that explains much of its power as an imagining of the city and the pleasure it conveys as a strong piece of writing.

一个灰色、尘土弥漫和了无生气的傍晚。伦敦城的这副样子让人觉得没有希望。大门上锁的库房和办公室显得死气沉沉，而英国人对色彩的惧怕又给到处带来一种举哀服丧的气氛。在千家万户的房舍围绕之中，是一个个教堂的塔楼和尖顶，和似乎要塌下来的苍天一样暗淡无光。这种景象并不能够给普遍的阴郁气氛带来什么宽慰。教堂墙壁上的一座日晷，蒙着一个毫无用处的黑色罩子，那样子就好像它曾经创办过大事业，如今却已经破产，永远无法还清

债款了。郁郁寡欢的流浪儿和流离失所的看门人、清洁工把同样是郁郁寡欢和流离失所的废纸和垃圾扫进路旁的沟渠里，而另一些更加郁郁寡欢和流离失所的人又把它们翻来翻去，仔细搜寻着，他们佝偻着身子，勉强支撑着自己，想找出点能够卖钱的东西。从都市中涌出来的那些人，就像是从监狱里放出来的犯人。惨淡的新门监狱似乎可以拿来给伟大的市长大人作为城堡，就跟他自己那庄严的官邸一样地合拍。

【原文】A grey dusty withered evening in London city has not a hopeful aspect. The closed warehouses and offices have an air of death about them, and the national dread of colour has an air of mourning. The towers and steeples of the many house-encompassed churches, dark and dingy as the sky that seems descending on them, are no relief to the general gloom; a sun-dial on a church-wall has the look, in its useless black shade of having failed in its business enterprise and stopped payment for ever; melancholy waifs and strays of housekeepers and porters sweep melancholy waifs and strays of papers and pins into the kennels, and other more melancholy waifs and strays explore them, searching and stooping and poling for anything to sell. The set of humanity outward from the City is as a set of prisoners departing from jail, and dismal Newgate seems quite as fit a stronghold for the mighty Lord Mayor as his own state-dwelling.

这样的段落，在狄更斯的作品中是值得反复阅读的。通过反复阅读——最佳的、大声地念出来——会让人具备更丰富的洞察力，发现所有的语言要素是如何有机地凝结在对于一个城市完整景象的描绘上。傍晚的天空布满阴云；这种"昏暗"的迹象暗示灰尘和污染（实际上，在过于拥挤的伦敦存在着一个严重的问题，那就是不论何时，成百上千、成千上万的烟煤都在燃烧着）。当狄更斯并不采用实际的指代时，他通常就会在描绘中罗列一整套语义几近

重叠的特征属性，以此来加强其主题观点的一致性。"灰色的、尘土弥漫的、了无生气的"这一排列顺序，与后文"举哀服丧的气氛"和"黑色罩子"产生语义上的呼应，并在视觉上强化了"暗淡无光"，与此同时，字头押韵法的采用所产生的语音方面的效果：dusty-death-dark-dingy-descending-departing-dismal，这些都迅速地指向"死亡"。

【原文】This is the sort of passage in Dickens that rewards repeated readings, for on rereading--optimally, rereading out loud--one comes to a fuller perception of how all the verbal elements cohere in an integrated vision of the city. The evening sky is covered with clouds; the indication that they are "dingy" suggests dirt and pollution (in fact, a grave problem in an overcrowded London where at any given moment hundreds of thousands of soft-coal fires were burning). When Dickens does not use actual anaphora, he nevertheless usually enforces a unity of thematic perspective by lining up a whole set of overlapping, nearly synonymous attributes in his descriptions. The sequence "grey dusty withered" leads quickly to "death," semantically echoed in "air of mourning" and "black shade," visually reinforced by "dark and dingy," with the integrated effect of the whole underlined phonetically by the alliteration: dusty-death-dark-dingy-descending-departing-dismal.

在这里，四个不同的精心构建的隐喻，做到了有效地结合在一起：首先是死亡，其次是破产，再次是如迷失者和流浪儿般的被扫走的垃圾，最后是监禁。通过反复阅读，我看到这四个隐喻都完胜地与该小说的主旨共振着。郁郁寡欢的流浪儿和清洁工把同样是郁郁寡欢的废纸和垃圾扫走，而这些废纸和垃圾又将被相应的人再次挑拣出来，这种循环与重复造成了这部小说里面的循环往复的感觉，即一切经济活动都是从垃圾中提取出财富的无尽链条。（那些无家可归的人在垃圾堆中"勉强支撑着自己"的描写，使我们直

接回到了这部小说开头的场景——为了在泰晤士河中寻找尸体和尸体所能携带的任何钱物，盖佛·赫克沙姆勉强支撑着身子眺望河面。）马克思主义者们在这里可能会欣慰地发现"异化劳动"的影子，福柯主义者们可能会发现"被监禁的自我"。然而明确的是，狄更斯对于处在工业革命峰顶的资本主义社会所作出的想象，并不能涵盖到劳动者在生产关系中所经受到的异化和扭曲的方方面面。他所作出的想象，相应的只是一个无穷无尽的、肮脏的纸屑追逐流程，在其间不义之财从污秽中被提取出来。

【原文】There are four different elaborated metaphors here that manage to hang together effectively: first death, then bankruptcy, then the swept away refuse as strays and waifs, then imprisonment. What rereading leads me to see is how remarkably all four resonate with the larger vision of the novel. The repetition of melancholy waifs and strays sweeping out melancholy waifs and strays of refuse to be picked through by human counterparts takes up the novel's recurrent sense of all economic activity as an unending chain of scavenging, wealth extracted from garbage. (The fact that the street-people are "poling" through the refuse takes us directly back to the opening scene of the novel, in which Gaffer Hexam poles the Thames in search of human bodies and whatever wealth they may carry.) Marxists may happily find here an image of alienated labor, Foucauldians, an image of the carceral self; what is clear is that Dickens's vision of capitalist society at the height of the Industrial Revolution is unable to accommodate the idea of productive labor in all the new distortions of human relations, imagining instead only an endless dirty paper-chase, filthy lucre extracted from filth.

当我在揣度这些隐喻的运用时，破产的日晷这一奇特而又富有机智诙谐的描写，作为空间和意象上的表征，浮现为这段文字的

中心点。它当然不能用来计时，因为那时的天空被乌云笼罩。那关于"破产"的隐喻，触发了又一种转喻，因为这个日晷位于伦敦金融区的中心。把日晷设置在教堂的墙壁上，在现实中是合理的，可能是在暗示在这样一个死灭的都市金融世界中，宗教变得徒劳和无关紧要。后期狄更斯的典型特征，正是让荒诞离奇的构想通向冷酷的远见，让隐喻的运用达到意想不到的深度。对于一个"永远无法还清债款"的日晷来说，它被遗弃了，现今毫无价值，用来标志那个与自然界绝望地切断联系的世界的时间。在那里，太阳仿佛再也不会发光了。在我第三或第四遍的阅读时，我注意到这段文字是通过一种强化的方式所推进的，并最终在破产的日晷的意象这里达到顶点。整段文字是从十分收敛的陈述开始的："一个灰色、尘土弥漫和了无生气的傍晚。伦敦城的这副样子让人觉得没有希望。"接着陈述建筑物"显得死气沉沉"。困在黑色罩子中的日晷的意象，吐露出连太阳自身也死了的可能性。再看《我们共同的朋友》再往后两章的一个场景。作为一个读者，当我遇到了两章后的又一个关于都市景象的描绘时，我的脑海里便再次浮现出刚刚引用过的这一段引文里那有如世界末日般的忧心。请看两章之后的又一段：

【原文】As I ponder the deployment of metaphors, what emerges as the center of the passage, both spatially and figuratively, is the fantastically witty representation of the bankrupt sundial. It cannot indicate time, of course, because the sky is covered with dingy clouds; the metaphor of bankruptcy has a metonymic trigger because the sundial stands in the middle of the financial district, the City of London. Its location on a church-wall, realistically plausible, may suggest the futility or irrelevance of religion in this dead urban world of finance. The characteristic trait of the later Dickens is that the fantastication leads to grim visionary perception, metaphor carrying him to unanticipated depths. For a sundial that has "stopped payment forever" is a forlorn, now useless, index of time in a world hopelessly cut off from nature, where it seems

as though the sun will never shine again. The passage, I notice on a third or fourth reading, proceeds through intensification, culminating in the image of the bankrupt sundial. It begins with the studied formality of an understatement: "A grey dusty withered evening . . . has not a hopeful aspect." Then the buildings have "an air of death." The sundial trapped in black shade intimates the possibility of the death of the sun itself. As a reader, I keep the apocalyptic broodings fostered by this imagery very much in mind when I encounter this related cityscape, just two chapters on:

这一天伦敦有雾，这雾浓重而阴沉。若将伦敦设想为活物，则其眼睛是刺痛的，肺部是发炎的——它眨着眼睛，喘息着，憋得透不过气来。若设想伦敦为死物，则它是一个乌黑的幽灵，被有意地分为可见部分和不可见部分，结果是整个儿地既看得见也看不见。家家店铺里的煤气灯闪闪摇曳，一副憔悴和受诅咒的样子，仿佛知道他们自己是一群夜游之物，光天化日下的事情与他们不相干。而太阳本身，当它在盘旋着的雾气涡流之中暗淡地显露片刻时，那样子仿佛它已经熄灭，正在彻底崩溃，变得毫无生气和阴冷。甚至在伦敦四周的乡村里也是一个大雾天，不过那儿的雾是灰色的。而在伦敦，在城市边沿一带的地方，雾是深黄色的，越靠里颜色越偏棕，直到商业区的中心地带——这儿叫作圣玛丽·爱克斯——雾是如铁锈般的黑色。如果从北边山脊上的任何一点朝下看，便可以看见，那些高耸的建筑物都不时地在挣扎着要把它们的头伸到这一片迷雾的海洋之上，特别是圣保罗教堂那巨大的圆顶，似乎挣扎得尤其顽固。然而在它们的脚下，这幅景象是看不见的，在那儿，这整座大都市只是一团充满着低沉车轮声的雾气，包裹着一场规模庞大的感染。

【原文】It was a foggy day in London, and the fog was heavy and dark. Animate London, with smarting eyes and irritated lungs, was blinking, wheezing, and choking; inanimate

London was a sooty spectre, divided in purpose between being visible and invisible, and so being wholly neither. Gas-lights flared in the shops with a haggard and unblest air, as knowing themselves to be night-creatures that had no business under the sun; while the sun itself, when it was for a few moments dimly indicated through circling eddies of fog, showed as if it had gone out, and were collapsing flat and cold. Even in the surrounding country it was a foggy day, but there the fog was grey, whereas in London it was, at about the boundary line, dark yellow, and a little within it brown, and then browner, and then browner, until at the heart of the City——which call Saint Mary Axe——it was rusty-black. From any point of the high ridge of land northward, it might have been discerned that the loftiest buildings made an occasional struggle to get their heads above the foggy sea, and especially that the great dome of Saint Paul's seemed to die hard; but that was not perceivable at their feet, where the whole metropolis was a heap of vapour charged with the muffled sound of wheels and enfolding a gigantic catarrh.

狄更斯的散文是由基本上相当于音乐意义上的主题动机所组织起来的。因此第一个句子给出了关于雾的主题，告诉给我们这将是一个惯常的关于雾气的场景："这一天伦敦有雾，这雾浓重而阴沉。"另外，这还是狄更斯基于对现实图景的精确观察而得出的隐喻式幻象。虽然在当时，"工业烟雾"（smog）这个词还没有在英语里被发明出来，不过我们很清楚狄更斯说的就是这个，当我们看到，叙述者的全景叙述角度从没被污染的乡村雾气开始，通过同心环形向里面移动到城市边缘的淡黄色尘雾，再到大都市中心有毒的棕黑和红黑的烟雾，这有点像现代洛杉矶的糟糕的一天。就像晚期狄更斯经常做的那样，从现实所观察出的细节，被隐喻式的描述，转变成幻象般的场景。我作为读者，通过细察这些隐喻的延展韵味

深，能够帮我去看这个段落和这个小说到底想说什么。

【原文】Dickens's prose is thematically organized in a virtually musical sense, and so the first sentence enunciates the fog-theme, tells us this is going to be a set-piece on fog: "It was a foggy day in London, and the fog was heavy and dark." Again there is a precisely observed realistic matrix for Dickens's metaphoric fantastication. Although the word "smog" had not yet been invented, that is clearly what Dickens is describing, as the narrator's panoramic view moves inward through concentric circles from the still unpolluted fog in the countryside to the yellow-tinged fog near the city limits to the poisonous brown and reddish black smog of the metropolitan center that looks like modern Los Angeles on a very bad day. As so often in late Dickens, these niceties of realistic observation are transformed into phantasmagoric vision by the play of metaphor, and for me as a reader, pondering the ramifications of metaphor helps me see what the passage and the novel are all about.

在前述引文中，居于场景描述的核心的，是基督教启示录般的异象——太阳被雾气紧紧包围得"仿佛它已经熄灭，正在彻底崩溃，变得毫无生气和阴冷。"这唤起了一种关于太阳正在熄灭的冷峻，这比这之前两章出现的那个"破产"的"日晕"的紧张戏谑图景还要更震撼我心。紧跟着"仿佛"的，是令人寒心的感觉——光明在世界上逐渐逝去。这个关于太阳衰逝的意念，是由三种相互关联的隐喻所合力传达的：窒息、湮没，和鬼魂——前两者是生理上的，第三种则提供了对前两者的民俗学意义上的界定，因为鬼魂是一种介于活人和死人中间的存在，而窒息和湮没也同样是一种介于生和死之间的状态。在这一点上，重复阅读有助于让人感受到狄更斯在用词上的词源学意义上的力度。将城市设想成为"活物"，意味着城市拥有一个灵魂，一个精神。若设想为"死物"，则是缺失生机的。狄更斯在这两种表面相反的类别上制造出模棱两可的联系

和一致性。浓雾弥漫的伦敦，像一个不曾有明确的头脑的鬼魂，不管你能不能看清楚它。而且煤油灯点燃在白天"憔悴的"的空气中，叠加了"受诅咒的"和"暗夜生灵"的意味，激活了民间词源上的"憔悴的"（haggard）和"女巫"（hag）上的联系。

【原文】As in the previous passage, an apocalyptic image lies at the heart of the description--the sun swathed in fog that "showed as if it had gone out, and were collapsing flat and cold." This strikes me as a grimmer evocation of the extinguishing of the sun than the nervous jocularity of the bankrupt-sundial image: what follows the "as if" is a chilling sense of light dying in the universe. The idea of the collapsed sun is coordinated with three interrelated metaphors, two of which have a physiological basis: choking, drowning, and ghosts. The last of these three provides folkloric definition for the first two since a ghost is an intermediate being between the living and the dead, and choking or drowning is a transitional state between life and death. In this connection, rereading helps one feel the etymological weight with which Dickens often uses words. To be "animate" is to possess an anima, a spirit, while the inanimate is devoid of spirit; and Dickens works the ambiguities of connection and correspondence between these two ostensibly opposed categories. Fog-enshrouded London, like a ghost, cannot make up its mind whether to be visible or not; and the "haggard" air of the gas-lamps lit by day, coupled as it is with "unblest" and "night-creatures," activates the folk-etymological connection between "haggard" and "hag."

狄更斯成熟期的隐喻式意象是具备强大的综合性的。我每每觉得，这是出于狄更斯的直觉而非有意。从浓雾湮没城市的场景中，即可看出这种隐喻式意象的强大力量。（高耸的圣保罗大教堂是最后一个被湮没的。）该意象，当然也一直烘托着小说中一出出

的溺水而亡场景，从泰晤士河上最初的阴暗场景开始，直到快到结尾处 Rogue Riderhood 和 Bradley Headstone 的双双溺亡。同理，因为缺乏新鲜空气而窒息，可以算做是一种内在的湮没。狄更斯对于浓重的工业烟雾为害眼睛、喉咙和肺部的表述再现，为他的总体上的湮没主题提供了生理学上的直截感性。如果如同我曾经说的那样，风格就是在小说所建构的世界中，我们所呼吸的空气，则狄更斯式一系列的交叠用词，使得这样的呼吸显得颇为费劲："若将伦敦设想为活物，则其眼睛是刺痛的，肺部是发炎的——它眨着眼睛，喘息着，憋得透不过气来。"狄更斯持续了这些呼吸困难的设定，继续勾勒出幽暗的煤气灯，倒塌的太阳，工业烟雾污染的色调递进，和被湮没的城市。这些意象再度浮现到这段结尾的精彩的总括性隐喻："这整座大都市只是一团充满着低沉车轮声的雾气，包裹着一场规模庞大的感染。"这段留到最后的"感染"一词，这个最终的启示性喻表，展示了隐喻式想象所能具备的几乎是强制一般的力量。在"感染"一词里面，组合了疾病、呼吸困难、涕泪俱下、浑身散架等诸多彼此相关的症状。在狄更斯的眼中，这样的综合症状，就是工业时代所造就的伦敦。

【原文】The metaphoric imagination of the mature Dickens is powerfully integrative--often, I suspect, intuitively rather than intentionally--and one sees that power working here in the image of the city drowning in fog (lofty Saint Paul's the last to go), which of course carries forward the images of death by drowning that run through the novel from the first sombre scene on the Thames till the watery death of Rogue Riderhood and Bradley Headstone near the end. Asphyxiation, in turn, is a kind of inner drowning, and Dickens's representation of what thick smog really does to eyes and throat and lungs gives his overarching motif of drowning a physiological immediacy. If style, as I have proposed, is the air we breathe in the constructed world of the novel, the Dickensian procedure of using chains of overlapping terms makes the breathing here

labored: "Animate London, with smarting eyes and irritated lungs, was blinking, wheezing, and choking." Dickens continues to assume these respiratory difficulties as he goes on to evoke the spectral gas-lamps, the collapsed sun, the chromatic gradations of smog, and the drowning city, and they resurface in the brilliant summarizing metaphor with which the passage concludes: "the whole metropolis was a heap of vapour charged with the muffled sound of wheels and enfolding a gigantic catarrh." That final revelatory image, saved for the last word of the paragraph, illustrates the almost coercive force of metaphoric imagination, combining in a single term disease, difficulty of breathing, rheumy fluids, bleariness, messiness-- all that the industrial age has made of London in Dickens's eyes.

我很知道一个事实，就是我作为一个读者，展示出的解读结果比解读过程要多。我是有意这么做的，因为我并不相信，解读的过程，需要参照步骤清单，或者固定的技巧。如果说阅读行为如同其他一些行为一样，体现为一种技艺的话，那么这种技艺是基于体验、耐性、灵活性，还有即兴的感受。这必须要凭借读者的个体心智，才能得以实践起来。并不是每一个读者都欣赏我所欣赏的东西，或者被感动我的同一件事情所感动，或者注意到了相同的细节。我自己的感受是，一个作者的独特魅力，总会通过特定的风格特征而展示出来。对于我来说，狄更斯风格的决定性特征，就是隐喻。通过慢读、重读、读出声音，我开始看到其修辞性语言通向了何处，看到它如何返回自身，看到它如同地毯上的花纹，如何在小说的整体布局中生效，提供出有关于这个世界的繁复喻像。对世界的喻像这一说法，应该得到强调。我所从事的解读，终归不能算是形式主义的，因为我在解读之前已经认定，作者的内心，驱使他要去尝试着表征出历史的真实。作者对于语言形式上各种资源的运用，都是服务于此。我想我喜欢读小说，是因为我喜欢故事，也因为我对世界感兴趣，同时还因为我对咬文嚼字上瘾。不过这在我看来，这种

上瘾是有收益的——面对那些被创造性地排列出如此精微序列的言语，如果我们认真倾听，它们就能够回馈给我们流溢着洞察性认识的美好时刻。

【原文】I am conscious of the fact that I have presented less my procedures as a reader than their consequences. I have done this deliberately because I do not believe in checklists or set techniques for reading. If reading is, among other things, a craft, it is a craft that depends on experience, patience, flexibility, and improvisation, and that must be practiced according to the sensibility of the individual reader. Not every reader will admire or be moved by the same things that move me, or attend to the same details. My own experience is that a writer's special power is often manifested in a particular stylistic feature, and for me that feature in Dickens is metaphor. By reading slowly, rereading, reading out loud, I begin to see where the figurative language leads, how it doubles back on itself, how it extends the figure in the carpet of the novel as a whole, generating a dense vision of the world. The idea of a vision of the world should be underscored. The reading I have undertaken is not finally formalist because it presupposes that writers' deployment of formal resources leads to a probing representation of the historical reality that presses in on them. I suppose I read novels because I love stories and because I am interested in the world but also because I am a word-junkie, but it seems to me a salutary addiction because words ordered on this level of originality, if we listen to them carefully, can in fact reward us with moments of overflowing comprehension.

University of California, Berkeley

下一篇例文，是我自己写的一篇非学术体的通俗文章。但这并不是放在泰斗罗伯特·奥尔特例文之后的狗尾续貂，而是真心展示在国内语境下对本土文本的细读，可以是什么样子。

我既然在这本书里面讲解读问题，展示文本细读的好处，本人也应该是"检验合格"的吧？否则我也不配肩负写此书的使命了。写这样一本关于解读、细读的书，其实也是为了满足我内在的需要，因为这关系到"我是谁"的问题。——我是谁？首先，我是一个酷爱"打开文学"的人，一个"解读"这门手艺的从事者，你可以叫我"王师傅"。其次，才是回国求职后的"文艺学"教师和研究者的身份。

也就是说，就算我把回国以后加入的"文艺学"这一行都忘光了，（比如说，假想我岁数很大很大了以后，开始遗忘事情，先从后半生忘起，）我也很难忘掉文本细读，因为那是我在加州大学伯克利分校东亚语言与文化系，在硕士博士学习中，学习到手的刻骨铭心的看家本领。

我的博士论文的题目叫作"*Give Me a Day, and I Will Give You the World*"：*Chinese Fiction Periodicals in Global Context,1900-1910*（《"您给我一天，我给您一个世界"：全球语境下的中国小说期刊（1900-1910）》）。"您给我一天，我给您一个世界"是当年（二零零五年）贾樟柯导演的电影《世界》里面那个"微缩世界景观"的霓虹灯广告，也可以当作一个意味深长的修辞来解读。它的含义是用最短、最快、最廉价的历史进程来换取梦寐以求的现代性世界空间。贾樟柯这个寓意，不仅表述了当代中国的潜意识，也道出了一百年

来中华民族的生存主题——"世界"。我在博士阶段，在国外致力于研究晚清时期的小说及期刊，其实就是从一九零零年这个早期阶段来看看关于现代中国的故事，是如何一步步开始讲起来的。于是就有许多的文本需要"打开"并通向古今中外的更多文本，有许多的喻表需要解读。于是也就苦苦学习了各种理论，为的是能得心应手地使用这些理论框架，去打开文本。

长话短说……或者暂且不说了吧。（此处省略两万字。）

在即将直播文章之前，我也强调一下：文本细读是个解读的手段，并不是目的。就如同一把宝刀本身不是目的，是要握在武士的手里，服务于武士他自身的目的一样。在这个意义上，理论框架、考据、历史研究等等方法，往往也都是不可或缺的。千万不要把文本细读与其他的好东西对立起来。——一个武士可以拥有好几把宝刀。

道理的另一个方面是：不仅是武士选用宝刀，而且宝刀也造就武士。在练习刀法的过程中，学徒才会成长起来，将功力和素养，一一领略、内化。同理，文本细读的训练，造就解读者。

在这个意义上，文本细读的功力，或者说刀法的训练，就不仅是工具，而且自有其灵魂。

伟大的武士，是刀与人的合体，一种默契。

再利用与再创造——细读晚清小说《新石头记》的第一回
王敦，2009年11月《文景》

　　《聊斋志异》里有个故事（《鸽异》）讲某公子用观赏鸽孝敬长辈，几天后公子问："鸽子怎么样？"长辈说："还挺肥。"公子大惊，忍不住说起鸽子的妙处。长辈说："吃起来倒没觉得不一样。"读到此处已令人莞尔。然而蒲松龄意犹未尽，又说灵隐寺某和尚精心为贵客烹茶，换来的却是漠然。和尚急了，干脆问："茶如何？"贵客回礼："还挺烫。"以上面故事为引子是为了指出，类似的错位也发生在文学批评中，比如阿英先生对晚清吴趼人所写小说《新石头记》（1905）的否定。

　　《新石头记》写了贾宝玉在晚清再度入世并游历"文明境界"的经过。他又踏入了社会，参观江南制造局，学习英文、研读西学，经历了庚子国变和高官陷害，对现实再次幻灭，却偶然进入了一个昌明的"文明境界"，体验陆军和水师的精良，感受人造四季。"文明境界"在政治上也发展出了"文明专制"，晚清的种种痼疾似乎在这一"文明境界"中涤荡一清。阿英先生以其学养和背景，有足够的理由厌恶这类小说。首先，他对旧小说续写（他称之为"拟旧小说"）是很反感的："窥其内容，实无一足观者。"（《晚清小说史》，上海：商务印书馆1937年版，页270；见第十三章"晚清小说之末流"）他指控《新石头记》"何必定要利用旧书名旧人物呢？从地坎里掘出死人，来说明新思想与新智识，不但失掉事实的严肃性，也会使读者感到无聊，这效果又在什么地方？"（页270）……"明知如此，却偏偏要做，这可以说是在文学生命上的一种自杀行为。"（页270）

　　下面先将阿英先生的批评放在一边，进入细读——细细地赏鸽、品茶，看看《新石头记》是不是真的如同"从地坎里掘出死人"，是不是"文学生命上的一种自杀行为"。

　　先从小说题目读起，可以读出两个偏正结构："新的石头记"

打开文学的方式

或"新石头的记"。对前者可以追问："新"《石头记》和旧《石头记》有何不同？对后者可以追问：新的"石头"和旧的"石头"有何不同？要想全面解答，应该以读完整部小说为前提。限于篇幅，就运用奥尔巴赫在《摹仿论》中的方法——通过对有限篇幅的阅读——来求解。下面是第一回中大约二百字的一个叙事段落：

……

从此又不知过了几世，历了几劫，总是心如槁木死灰，视千百年如一日。这一天，贾宝玉忽然想起，当日女娲氏炼出五色石来，本是备作补天之用，那三万六千五百块都用了，单单遗下我未用。后来虽然通了灵，却只和那些女孩子鬼混了几年，未曾酬我这补天之愿，怎能够完了这个志向，我就化灰化烟，也是无怨的了。如此凡心一动，不觉心血来潮，慢慢的就热念如焚起来，把那前因后果都忘了……（第一回"逢旧仆往事怪迷离，睹新闻关心惊岁月"）

设想若"脂砚斋"再世，一定会批这"忽然"两字来得突兀，因为不管第三人称叙事者还是宝玉的内心独白，都没有对这个突然性提供解释。在这个叙事单元里，与"突然想起"对应的紧要之处是"忘"——"把那前因后果都忘了"。还有，"前因后果"也是个关键之处，因为新的《石头记》或"新石头的记"必然要与旧"记"、旧"石头"有千丝万缕的"前因后果"。这一点，作者吴趼人不会不知，所以这"忘"字其实是敷衍。遗忘总是有选择性的。其实到底遗忘了什么，继承了什么，确实不应该由小说家自己坦白，而应当通过细读去追问。新与旧的关系就徘徊在"想"和"忘"之间的"前因后果"里。

由"忽然"而"想起"的结果是"热"——"热念如焚"。"脂砚斋"也该不会放过这个再次出现的"热"字。在《红楼梦》原本里，薛宝钗有"从胎里带来的一股热毒"。不言而喻，薛宝钗的内热即她深藏的欲望。此时宝玉热念如焚，也是欲望在作怪。宝玉的"玉"与同音之"欲"的联想，已经首先被王国维在其《红楼梦评论》（1904）中提出了："所谓玉者，不过生活之欲之代表而已矣。"不管这一关联是否出自曹雪芹本意，"玉"、"欲"两者的复杂关系在

这位宝公子身上体现得很戏剧性。"欲"不是个人所能控制得了的。貌似完人之宝钗，尚也不能根除其"内热"，遑论衔"玉"而生的宝玉了。衔"玉"而生的宝玉又是顽石，虽具天资，却无所用于君父。

以上对"热"、"玉/欲"、"玉/石"等的梳理，不是出于什么"索隐"癖好，而是因为这些"复杂词"（complex words）很关键。燕卜荪（William Empson，1906-1984）所谓的"复杂词"是指在文学作品里某些词语里面包含着复杂甚至矛盾的含义，是参透作品的要紧之处。像"热"、"玉/欲"、"玉/石"这样的"复杂词"是吴趼人塑造新宝玉，新石头时候不可能"忘"的意象关键；阿英先生一句"文学生命上的一种自杀行为"委实不足以穷尽文本里面的微妙。保罗·德·曼（Paul de Man，1919-1983）也曾提出"中心意象"（central figure）是衍生意义与叙事的十字路口。高超的文学叙事如《红楼梦》离不开这样的关口。只有利用起来这些关口，《新石头记》才能获得广阔的再叙事空间，而不像阿英先生所说，"拟旧"便导致文学的"自杀"。

分析了上述"复杂词"，就可以回到前面那个二百字中去深究"发热"的原因了。宝钗要从根子上去热，就要实现她的欲望，而不是去吃"冷香丸"。《新石头记》里宝玉要想从根子上去热，还是要去补天，而不是再去"和那些女孩子鬼混"。从这个角度上理解，无涉闺闱情趣的《新石头记》根本不是一部狗尾续貂的"拟旧"。相反，它回溯到《石头记》的第一回从头再来，其实是"创新"。也可以说，《新石头记》的创作动机是建立在"纠正"旧《石头记》偏离补天主旨的基础上。这一点，晚清人看得很真切，比如有时人评道：

……旧石头使阅者泪承睫。新石头使阅者喜上眉。旧石头浪子欢迎。新石头国民崇拜。旧石头如昙花也。故富贵繁华一现即杳。新石头如泰岳也。故经营作用亘古长存。……（《月月小说》1907-1.6，229-230.）

该评论署名"报癖"。不管此位"报癖"是不是吴趼人的"托儿"，他的话完全不同于日后阿英先生"地坎里掘出死人"的贬损，

更不认为它"会使读者感到无聊"。其实王国维的现代红学开创之作《红楼梦评论》只比吴趼人的《新石头记》早了一年。所以说，晚清的"新"和"旧"是相辅相成的。就算吴趼人用《新石头记》来"自杀"，也是自杀在新红学诞生的那一刻。那么晚清人为什么会在内忧外患的境况下"忽然"又让《石头记》"热"起来？借用阿英先生的设问："这效果又在什么地方？"

这就应该对"天"这个词作一番分析了。在旧《石头记》里，女娲所补之天暗示传统政治与道德秩序。既然天已经被补，此石之出现便纯属多余，其不务正业实属必然。然而作为一个"中心意象"，这个天一直隐含着"解构"的可能。二百年之后到了晚清，解构的时机到了。天已经不是皇天后土的天，而是《天演论》所说"物竞天择，适者生存"的天，不要说君父，就连家国都将不保。宝玉在此时幡然振作于经济实业，也便可以解释为新历史条件下的补天术了。把"天"的含义搞通后，宝玉的"发热"也就可以理解成又一个"炼"石的过程；前番是被动地由女娲所炼，这回是自我加温。如果把前面分析的一连串"复杂词"或曰"中心意象"，比如"热"、"欲"、"石"、"天"一一审视，就会发现它们均已经解构了旧《石头记》里的意识形态，足可以撑起一个新的故事了。

第一回还有大约两千字。宝玉已经决意还俗，离了青埂峰。在一个破庙避雨时他碰到一个熟睡之人竟是旧仆焙茗。焙茗对自己为何睡在这里，睡了多长时间也不甚明白。该庙中本有个道人在煮粥，这时也已闪开了。这段情节里面的意象：粥、破庙、道人，推想起来，似乎与旧《石头记》的第二回"贾夫人仙逝扬州城　冷子兴演说荣国府"里的一个叙事单元又扣上了。其中，革员贾雨村做了林如海家西塾，偶至郊外，见到一座破庙"智通寺"，内有一个老和尚在煮粥，又聋又昏，答非所问。此粥、此庙、此僧，又与更早些的《枕中记》、《邯郸记》等建立了关联，其原型又可以追溯到唐传奇《黄粱梦》。把这些"前因后果"串起来，寓意就出来了：宝玉个人乃至近现代中国人的"摩登"之旅最终可能是"黄粱梦"一场也未可知；就如同贾雨村的青云直上，到头来还是一场空。这一警示，似乎把近现代和当代的好几代中国人的发展史观都给"解

构"在这个黄粱梦里了。晚清小说的历史穿透力不可小瞧。

第一回的结尾是这样的：

宝玉来到里间，只见窗下放着一个书桌，桌上横七竖八摆了几本书，就坐在旁边，顺手取过一本书来，要想坐着看书解闷。翻开来一看，是一本《封神榜》。放过不看，又取过一本，却是《绿野仙踪》，这些书都没有看头。又见那边用字纸包着几本书，取过打开一看，却是些经卷。觉得包书的字纸，甚是古怪，摊开一看，上面横列着"新闻"两个字。闻字旁边破了一个窟窿，似乎还有一个字，却不知他应该是个什么字了。底下却是些小字，细细看去，是一篇论说。看到后面，又列着许多新闻时事，不觉暗暗纳闷。拿了这张纸，翻来覆去的看了又看，也有可解的，也有不可解的，再翻回来，猛看见第一行上，是：大清光绪二十六年 X 月 X 日，即西历一千九百零一年 X 月 X 日，礼拜日。不觉吃了一大惊。要知惊的是什么？且听下回分解。

这一段，与旧《石头记》贾雨村离开智通寺后的事情仍然有关联。贾雨村跺入村肆，碰到骨董商人冷子兴，便问："近日都中可有新闻没有？"由此便引出了"冷子兴演说荣国府"，对处心积虑的贾雨村来说，不啻是极有价值的新闻。在《新石头记》所反映的时代里，获取新闻的途径不必靠冷子兴，可以通过阅读新式报纸获取。这对重生的宝玉来说不啻是很新鲜的信息源。他的态度也象征性地代表了晚清新小说家的求新姿态。作为晚清一部"新小说"里的主角，他觉得《封神榜》、《绿野仙踪》等旧小说和佛经"都没有看头"。与此相对照，宝玉感兴趣的是包装纸——他所没见过的新式报纸。显然，新式报纸无论从形式还是到内容来看，都是与旧日的邸报、阁抄大不一样的媒体。

如此重振补天之志，热念如焚的宝玉，如饥似渴地阅读新报纸；其雄心不亚于当年的贾雨村。这仅仅是《新石头记》的开头而已。这些个举动难道还不够"新"么？这些个举动，必须由贾宝玉——从"地坎"里掘出的"死人"——来做，才愈发显得新。孔子说，温故而知新。诺斯罗普·弗莱（Northrop Frye, 1912 - 1991）也从不同的文化传统里说出了类似的话。晚清人对未来的

叙述必然是对中国传统故事的再利用与再创造。如果起吴趼人于地下，听到说他写《新石头记》是"文学生命上的一种自杀行为"，那份失落，恐怕比那献鸽子的公子更甚。直截了当说，文学永远都是在干着"从地坎里掘出死人"的勾当，因为文学必须以此来滋养其千年不坏之身。设想如果文学与旧传统真的决裂了——开始"大变活人"——笔者认为那才一定是"文学生命上的一种自杀行为"。公平地说，《新石头记》的新，必须要有旧《石头记》做底子：没有旧，新就无从谈起。其实，文学批评不也是"从地坎里掘出死人"的勾当么？新的批评也要不断地以过去的批评为敌、为师、为友，以此来滋养文学批评的千年不坏之身。

　　有趣的是，王德威对新与旧的解释，与阿英正好相反。阿英以五四新文学为新，晚清的"拟旧"为旧；而王德威则认为晚清《新石头记》这样的小说饱含着为被后来五四所"压抑"下去的"现代性"，大谈其新，认为比五四横插一杠子的"感时忧国"传统更"新"。如此逐鹿于现代文学之野的攻防，如果不通过对文本的细读来稳扎稳打，那真成了"乱哄哄你方唱罢我登场，反认他乡是故乡。"

2.5　让"你想多了"和"过度阐释"都滚开

　　"你想多了"和"过度阐释"这两个词组，在日常生活里是无辜的，不需要它们滚开。

　　但现在，在这里，则需要它们滚开。

　　这是因为，一旦你聚精会神、摩拳擦掌想做点儿文本细读时，就总会有人拿这两个词组来吓唬你。其结果，根本不是"你想多了"，而是你不敢去想了，根本不是"过度阐释"，而是不敢阐释了。（特别是在

我国"应试教育"的多年阴影之下，事关"想啥"、"怎样去想"的事儿，本来就意味着潜在的"引蛇出洞"的危险。在没有得到足够的权威性暗示之前，最好不如多一事不如少一事，对不？——这种不敢去多想，算不算中国式的"想多了"？）

设想一下：如果罗伯特·奥尔特阅读狄更斯的《董贝父子》《我们共同的朋友》的时候，顾忌于这两个词组，那就写不出我们在前面所分享的《在阅读中体会狄更斯的风格》了。

再看看国外理论家"大牛"圈子里面的事儿。德里达和拉康如果不是往多了去想，怎么能分别阐发出对爱伦·坡的小说《失窃的信》的迥异的但同样著名的解读？罗兰·巴特对于广告、埃菲尔铁塔、脱衣舞等的解读，福柯对于监狱、刑罚、性别和性生活的社会史阐释，必须是先"过度"到"虐心"的地步，然后才振聋发聩，洞穿了前人的盲区。

这个时候，如果你警告德里达、拉康、巴特、福柯不要"想多了"，不要"过度阐释"，他们一定会在心里暗骂道："滚粗！"（当然用的是法语。）

对于我们一般人来说，虽然我们一无罗伯特·奥尔特的造诣，二无德里达、拉康、巴特、福柯的深邃，但我们仍然要多多地去想，积极地去阐释，因为这本来应该是人的重要存在方式，是作为动词的存在感，出于符号化生存的内在需要。

我们生活在一个充斥着符号表征的文化世界里。人们的一切交流、记录、获取和告知，都建立在庞大复杂、千变万化的符号之网上。不同的符号表征，裹挟着它们被人类赋予的成千上万种意义，和彼此之间千

丝万缕的联系，在我们每个人的头脑里，在这个社会里翻云覆雨，最终构成了我们的情感、思想，以及我们所看到的这个世界的面貌。语言符号，并不十分可靠。它就像是人类自己制造的无解的精巧玩具，模仿着人们观察世界的方式，但与人们想触及的真实没有任何天然的联系，而且处在没有尽头的变动之中，即尼采所比方的"一支由比喻、借喻、和拟人化修辞所组成的流动大军"。这是一场浩大的，基于巫术时代"接触律"和"相似律"思维的作茧自缚，如同那些通过造神来膜拜人本身的举动一样，人们以探索真理的名义探究并构建自己，然而却一刻也不能停止，因为人对于"本源"与"真实"的探求是永无止境的。

而文学，是这个世界所创造出的，最强大、最富于变化、最具侵犯性的"流动大军"了。它们在熟悉"兵法地形"的作家文人的"指挥"之下，巧妙地长驱直入，轻易地占领我们的思想，并在其中安营扎寨、繁盛生长。这就是为什么遭遇文学的时候，我们需要有作为武器的解读手段，也即前面所引用的米勒爷爷的话："尼采把文化形态——包括文学——看作是战斗性的和具有攻击性的，是必须要由批评家手中同样具备战斗性的批评武器来抵御的。"

在这种情况下，首先需要考虑的，肯定不是"你想多了"或"过度阐释"的问题。

再者，在学会文本细读的本领之前，也完全不必操心这样的事儿。在逻辑上，也要先精通多想和充分阐释的本领之后，才有可能去思考"过度阐释"是否是一个真的命题。否则，就好比温饱尚未解决，就发愁今后血脂高起来了怎么办，或者连个女朋友还没有，就已经看破红尘

了一样。

其实，与其纠结在阐释是否"过度"上面，还不如不去管它，只管一个阐释是否"有效"。

下面我就来即兴阐释一下电脑界的五个商标：Windows、Intel、Apple、Surface、Word。有效不有效，你自己来判断。

1，Windows

意义绝不仅仅就是个窗户（视窗）而已。

那个当年给微软的操作系统命名为"Windows"的家伙，如果不是太有才，就一定是"想多了"，一直想出了这样一个虽然没有"土豪"式的张扬，但真的是"光华内敛"的牌子。它扎根于西方文化的"本土"，扎到了西方人自己都往往意识不到的文化潜意识里面，不成为"神话"才怪。

他脑子里很可能想到了，或者在潜意识里想到了《圣经》开篇《创世纪》的第一章开头部分。我这里并置一下中文通用译本和英文的 NIV（New International Version）版本：（1:1）起初，神创造天地。/ In the beginning God created the heavens and the earth.（1:2）地是空虚混沌，渊面黑暗，神的灵运行在水面上。/ Now the earth was formless and empty, darkness was over the surface of the deep, and the Spirit of God was hovering over the waters.（1:3）神说，要有光，就有了光。/ And God said, "Let there be light," and there was light.（1:4）神看光是好的，就把光暗分开了。/ God saw that the light was good, and he separated the light from the darkness.

（1:5）神称光为昼，称暗为夜，有晚上，有早晨，这是头一日。/ God called the light "day," and the darkness he called "night." And there was evening, and there was morning—the first day.

引用到这里，就足够使了。你想，窗户是干啥用的？——我的头脑里快速闪回了我从一九九二年到现在，用过的和见到的从 win3.1、win95 一直到现在的 win10 的桌面缺省壁纸系列，都是在强调推开一扇扇窗，带来了一片片新天地，和光明！简而言之，就是"要有光，就有了光"……总之在这个意义上，微软公司简直形同"再造天"。在其为这个世界打开新的天窗之前，世界形同一直处在黑暗混沌之中……

2，Intel

以前一直只知道"英特尔"很牛，从来没有仔细想过是来自哪个单词。最近才突然想到，来自于"Intelligence"。这时再想想商标上写的"Intel inside"——这个牌子不成为"神话"才怪。

3，Apple

这苹果，还是咬了一口的——在蛇（撒旦）的诱惑下，被人类始祖咬过的——分明就是诱惑本身呀。诱惑导致人类受到上帝诅咒，从伊甸园"堕落"到凡间的开始，但从文艺复兴以来的文艺想象中，又是人之为人、展示人之主体性的开端。这又与旧金山－硅谷一带的嬉皮士一代的反传统文化趣味一脉相承。——这个牌子不成为"神话"才怪。

4，Surface

这是微软公司近年推出的，融合平板电脑与笔记本电脑两种东西的合体产品，可触屏，又可灵巧键入，重量不到一公斤。——也就是说，

从做软件而发家的微软公司，这次是进军硬件业，开发出了这款极其轻和薄的硬件产品。

当然，"Surface"一词，很好地说出了该产品的轻与薄，如同一层"表面"。但我觉得还不仅于此。这个给新硬件产品命名为"Surface"的家伙，如同那个当年给微软的操作系统命名为"Windows"的家伙一样，如果不是太有才，就一定是"想多了"，一直想出了这样一个虽然没有"土豪"式的张扬，但真的是"光华内敛"的牌子。它扎根于西方文化的"本土"，扎到了西方人自己都往往意识不到的文化潜意识里面。——是的，说的还是《圣经》，还是其开篇的"创世纪"，而且仍然是美国人爱用的 NIV 版本，因为早先的詹姆斯王钦定版（KJV）里面的这段，没有出现"Surface"一词。

再看一下中文通用译本和英文的 NIV 版本：(1:1) 起初，神创造天地。/ In the beginning God created the heavens and the earth. (1:2) 地是空虚混沌，渊面黑暗，神的灵运行在水面上。/ Now the earth was formless and empty, darkness was over the surface of the deep, and the Spirit of God was hovering over the waters. (1:3) 神说，要有光，就有了光。/ And God said, "Let there be light," and there was light. (1:4) 神看光是好的，就把光暗分开了。/ God saw that the light was good, and he separated the light from the darkness. (1:5) 神称光为昼，称暗为夜，有晚上，有早晨，这是头一日。/ God called the light "day," and the darkness he called "night." And there was evening, and there was morning—the first

day.

看到"Darkness was over the surface of the deep"了吗？中文通译做"渊面黑暗"，直译则为"深渊的表面被黑暗覆盖"。"渊"字本义，在中文里就是深水——"deep water"。该句里的 Surface，指的是深渊的表面了。然后看后面，神的灵，运行到了黑暗之水的 surface 之上了，并发出了第一个命令："要有光。"在这个命令的感召下，事情就这样成了。（"就有了光。"）

前面说了，在隐喻层面，微软的 Windows 就如同是在推开天窗带来光明，简而言之，就是"要有光，就有了光"。现在，微软的操作系统的软件之"光"，点亮了其硬件产品 Surface，如同上帝的光，照耀在"the surface of the deep"……

这样的牌子，不成为神话才怪。……至少我就买了一个 Surface Pro 3，觉得真不赖，已经淘汰笔记本电脑，成为我现在正在键入这部分文章以及所有上网、写作工作的主要装备了。每次开机，看到 Surface 一字在黑暗的液晶屏幕上亮起来时，都会陷入对耶和华在创世第一日，在渊面之上将光与暗分开的遐想……

5，Word

我一直在说，解读之事，无标准答案，细读的收获，是私有财产。某甲作出的解读，可能某乙看了会觉得过敏、想多了，而某丙则觉得特别过瘾、准确、有效。孰对孰错？当然没有定论，也不应该有定论。——否则，对莎士比亚的戏剧进行阐释的"莎学"，和对《红楼梦》进行阐释的"红学"，早就该自挂东南枝了——因为历朝历代有太多互相不买

账的专家，作出了完全不同但同样精彩的阐释，对不对？

还是回来阐释"Word"吧。最近二十年来，大学师生、厂矿单位、公司机关，每日的论文、文件、文宣，基本都离不开使用微软公司的 Word 文字处理软件来写作。如果你已经对我前番对 Windows、Intel、Apple、Surface 的阐释觉得不爽了，也许会觉得我这个人已经过敏到连最最普通的 Word 软件也不放过的地步。

——好吧。不要说我过敏了。我亮出最后一张强悍的王牌，让你见识一下 Word 的不一般。这张王牌就是《新约全书·约翰福音》的开篇："In the beginning was the Word, and the Word was with God, and the Word was God." 中文通常翻译做："太初有道，道与神同在，道就是神。"……这样的品牌，不成为"神话"才怪。

说完了如上这些"神一样的品牌"，忍不住还想借着剩余的光辉，来再次说说我的母校，我的硕博阶段的母校，加州大学伯克利分校的校训："Fiat Lux/ Let There Be Light/（要有光）"——也是出自《创世纪》的开头部分。我就不详细展开阐释了。

有这样精彩校训的学校，不是名校才怪！ ^^

2.6　第二讲课后答疑

如下是在课上和课后浮现的，关于文本细读的各种疑问。它们产生于"解读课"先后开设的中山大学和中国人民大学。现撮录为一节。

提问：您一直在强调解读、细读、阐释，讲得如火如荼。但美国的一位大牛人，苏珊·桑塔格，有一本批评文集却叫《反对阐释》（Against Interpretation），里面有一篇同名文章，也很火。您怎么看？

回答：——话说"Interpretation"一词，也可译为"解读"，那不就成了"反对解读"。这难道是在向我们这"解读"课叫板么？"……当然，这篇曾经在美国文人圈子里面很有反响的文章，是出现在一九六四年的，比我们这门课早多了，所以不是来专程"叫板"的。

细看桑塔格的这篇文章，其实与我们课上的提法并不矛盾，只是发言的角度不同，概念的侧重不同。于是就又能够找到与我们相通的地方了。桑塔格说："在某些文化语境中，阐释是一种解放的行为。它是改写和重估死去的过去的一种手段，是从死去的过去的逃脱的一种手段。在另一些文化语境中，它是反动的、荒谬的、懦怯的和僵化的。"桑塔格反对的"阐释"，是后一种。而前一种，是我们课上所同样追求的。

桑塔格真正"反对"的，不是"阐释"活动本身，而是那些令她不爽的一些阐释行为。总之，当时的桑塔格，作为一名"愤怒的年轻人"，肯定是不太爽于当时大西洋两岸（即英美两国）的文艺批评界和学术圈的。她的"反对阐释"，本质上是"反对别人的阐释"，不反对自己的阐释，更不反对自己对别人的阐释。毕竟，她本人还是很能阐释的，对不对？《反对阐释》整本文集，不都是她一个人在阐释这个阐释那个么？

所以我们还是以这位已经去世的老奶奶为榜样，先自己精通阐释，然后再反对别人的"坏"阐释也不迟。

提问：您带领我们学这个解读的本领，但问题是，如果我们忙活了半天，解读出来的却不是原作者的原意，那还有个啥意义呢？

回答：你这个问题问得太有代表性了，这个疑惑也是再正常、平常不过。但还是特别要请你和公选的一些同学，把这个心理包袱放下来，因为这疑虑是没有必要的。你看那文学院的家伙们，他们知道（二十世纪四五十年代在英美首先兴起的）"新批评"理论里面早就有针对这个问题的答案，所以他们的嘴角露出了神秘的微笑。……其实他们也别笑。他们在理论上见多识广一些，但也并不意味着"脑洞"就真的填上了。

我先来介绍"意图谬误"和"感受谬误"这两个概念。它们是由所谓的"新批评"学派所贡献的。然后我再来指出你的这个疑问，对新批评学派来说，就是"意图谬误"的体现。

"意图谬误"，见于 Wimsatt, William K. and Monroe C. Beardsley. "The Intentional Fallacy. "*Sewanee Review*, vol. 54, no. 3 (1946): 468-488：

Criticism which takes account of authorial intention in a work is commiting a fallacy--the intentional fallacy. ... The intentional fallacy "is a confusion between the poem and its origins . . . it begins by trying to derive the standard of criticism from the psychological causes of the poem and ends in biography and relativism."/……意图谬误在于将诗和诗的产生过程相混淆……始于想从诗歌的心理上的起因里推究出评判的标准，终结于传记式评判和相对性思维。

在二十世纪中期英美"新批评"比较狭隘的话语体系中，所谓"诗"，可以约等于"文学"。（新批评学派里面的几位宗师比较擅长分析诗歌。）用我们的大白话来讲，"意图谬误"就是说，太把作者所解释的"原意"当回事儿，把作者的原意，当成了文学作品的意义。于是就把阐释的权柄，让给了想象中的作者，拼命想知道他是怎样想的，结果都去看作家传记，反而疏远了作家写出来的作品本身了。在"新批评"巅峰期的清规戒律看来，作品就是作品。作者的话，以及想象中的作者的话，不应与作品里面的话语，相混淆。各种可能的含义，都储存在作品（文本）中，需要通过我们的解读，来释放出来。总之，你提出的这个问题，本身就是犯了人家所说的"意图谬误"。

再看另一个"谬误"，就是你所并没有犯的"感受谬误"，见于 Wimsatt, W.K & Monroe Beardsley, "The affective fallacy", *Sewanee Review*, vol. 57, no. 1, (1949): 31–55 :

The affective fallacy "is a confusion between the poem and its results (what it is and what it does). It begins by trying to derive the standard of criticism from the psychological effects of the poem and ends in impressionism and relativism." / 感受谬误则在于将诗和诗的结果相混淆。始于想从诗歌的心理上的结果来推究出评判的标准，终结于印象式评判和相对性思维。

用大白话来讲，这个"感受谬误"，就是用自己的主观好恶，来代替对作品本身的客观分析、阐释。例如，看小说，被煽情煽得死去活来，"陷进去"了，从而无法比较有智商地去打开这个作品，只知道被感动

了，而说不出为什么感动，如何被感动。这，显然也是有违于我们这门课的解读原则的。这时的问题，是陷入了意淫和自恋，并没有从解读中得到以他者为镜的收益，满眼看到的仍然全是自己那感人的被感动的样子，百看不厌。

两种"谬误"的结果，都是忽略了解读对象——作品本身，跳跃到对作者或读者自己的主观感受上去了。

我承认，新批评巅峰时期的这两条清规戒律，对于"作者"、"读者"和"世界"这三个维度，确实过于狭隘和简单化了。但也确实强有力地打开了对文本本身进行解读的理论支撑。比如说对于破除"作者至上"的迷信，还真是"话糙理不糙"，一针见血。

提问：您说了，细读并无客观的正确答案，其结果是"私有财产"。但同时，您还讲了，细读它同时还具有"公共价值"，可以通过人类共同的焦虑之梦与愿望之梦来说明这种公共价值确实是存在的。那么，作为私有财产的细读，如何才可以具有公共价值呢？

回答：在所谓"专业分工"日趋猥琐的今天，我首先要说，"解读"活动的"公共价值"，可以是在文学研究的专业之外。然后我要说，在比较"给力"的环境下，每一个个体的"私下"解读的"私有财产"，虽然各不相同，但这样一种生机勃勃的"私有财产"的丰富多样性的实现，其实就是我所说的"公共价值"的实现。

卑之无甚高论——没有私有，就没有真正的公共。公共是建立在私有的基础上的，而不是取消私有。"巴别塔之后"，人类开始互相之间

"谈不拢"。这一难题的解决之道，不在于统一思想，用一种声音取代所有声音，或者甄别谁有资格说话，而应该是各种声音的共存。在这样的多元的公共性之下，人类才会不断发出更高明的各种声音，大家在整体上都会收益，以各自的方式，变得越来越聪明、靠谱。

提问：感觉您单枪匹马打开了一个从文学切入文学理论的路径！有没有？

回答：单枪匹马打开一个从文学切入文学理论的路径！？听起来很有老西部片《原野奇侠》的感觉？谢谢！好吧，禁止进一步想象（过度阐释）了……我带来的这个课，已经伴随我六年了。这个课，还真的是从文学经验来切入文学理论，而不是文学理论的霸王硬上弓。而且，仍然让理论在课堂上服务于文学经验。这种"服务"，才是我最看重的。但不是所有人都理解这份热情，反而会认为是浪费精力和才华。

提问：如果文化真的是人类符号表意之网，在高度"文化化"的现代社会，对于满载着"符号"的各式"文本"的解读能力，几乎就等于认识世界的能力。如果更加宽泛地理解"解读"，将其理解为对广义的文化现象的解析，这种解读更多的时候并不仅仅意味着去发现"文本"中符号的"所指"，更是能以"文本"作为支点而撬动某种庞然大物。上课至今，通过上课听讲、课上交流以及浏览豆瓣上的留言与回复，我发觉老师确实是在非常明确地教授解读的方法本身，正如在第二弹"细读"中所言，细读的结果是某种"私人财产"，并不存在什么"标准答

案"，老师在评价学生的解读以及表述自己的解读成果时都显得相当节制与谨慎（很多时候是避免去谈）。我想这为了让大家把注意力更集中于解读的实践过程，而尽量减少任何可能与"参考答案"相关的信息（老师对两段"阿根廷别为我哭泣"视频的细读，以及对《革命时期的爱情》的第一章第一段的细读都给我留下极其深刻的印象）。为了"授之以渔"，就要避免学生在学习中"得鱼忘筌"。在我看来，这是一门不拘于特定结论、不拘于特定理论的方法课，具有相当的开放性，同时也是直奔目标、相当务实的。然而，我一直有这样的一个疑惑——第一弹中所介绍的与"符号"相关的话语，似乎是构成了之后知识与实践不断积累的基点。从"符号"的角度建立对文化、文本的理解，是否就不存在缝隙呢？除了从符号的角度来理解，是否还有其他的角度呢？

回答：谢谢！在你的"然而"一词出现之前的部分，其实不是提问，是对这课的评判。我觉得你说得很透。下面就回答你"然而"之后的提问。是的，肯定有别的角度，比如"现象学"的角度，"超验"（超越日常经验和逻辑验证的，比如说宗教）的角度、文学人类学的角度等。当然，话又说回来，其实就连精神分析，和一部分的现象学、人类学，也符号化了。对那些其他角度，我本人的了解，更显单薄一些，不足以在课堂上讨论、传授。但，对于你来说，我的疆界，不是你的疆界。欢迎去探索！

第三讲　聚焦于解读叙事

—— "我们为什么非要故事不可？"

3.1　"我们为什么非要故事不可？"

在我继续写下去，在你继续读下去之前，这本书在这里，在第三讲的开头，暂停片刻，回顾前面已经都有了啥。

先有导言部分，说明如何才算是这本书里所说的"打开"文学，以及怎样才叫"解读"。简单讲，就是把闭着嘴的被动阅读，变成能读出作品里面的"how"（怎样好）和"why"（为什么好）的主动解读。至于

"What"——是"什么"感动了你，不论是博尔赫斯还是渡边淳一，张承志还是郭德纲，都是你的私人事务，是我们每个人的私人事务，不归这本书去干涉。这本书不管你是为"什么"而感动，只管帮你"打开"这份感动，说出"怎样感动"和"为什么感动"。

那我们从什么东西上入手，去"打开"、"解读"呢？紧接着的第一讲，明确了解读的对象，就是符号。第一讲从介绍文化的"符号"性入手，把构成文学书写的语言文字，和构成视觉、听觉等的表意符号（线条、图形、音符等）的编织，统称为人类"文化"这一符号表意之网。"解读"，就是基于对这一"符号之网"中任何文学、文化产品的破解。

要实现对"符号之网"中文学、文化产品的破解，还需要一件解读的利器——"文本细读"，或曰"close reading"。于是就有了第二讲，从头到尾都在言传（为何做）和示范（如何做）此物（文本细读），特别是通过对希利斯·米勒一段深入浅出的话的解读，展示出文本细读的方法，以及这样做的好处和复杂性。

前面的内容，已经回顾完。这本书从现在第三讲开始，进而讲述，如何来打开一些具体的文学样式，比如说如何来打开"叙事"（故事的讲述），特别是与青年读者自身成长相关的"成长叙事"。然后，这本书会来讨论，为了能打开文学，除了具备文本细读的方法之外，还应该想到啥，比如说"互文性"，和物质文化因素。最后，再在盘点全书内容的基础上，推出解读一事的更深层意义。当然这都是后话了。

这第三讲，承接上一讲里面米勒爷爷所说的文本细读，索性把文学样式里面最无法回避的一个大块头——叙事（故事讲述）——挑出来

单练。讲故事，就是用语言来模拟和制造事件的方式。就是说，用语言来说出一件事儿，这事儿也不一定是真发生过的。

叙事活动，是我们获得人生经验的必备途径。我们需要通过文学性虚构，来品尝可能的自我，并且在实际世界中进行推演和角色扮演，审视目前的生活，设想尚不存在的生活之可能。（没吃过猪肉，还没见过猪跑么？没谈过恋爱，就更要看小说，看韩剧。科幻小说里面发生的事情，虽然在今天还是科幻，但未必不会在今后的社会里发生，对不对？）

下面就仍然以米勒爷爷的一篇文章来作为主打，来开启新的一讲。文章里面虽然全是宝贝，但读过两三页之后，仍然会让一般读者大脑缺氧。这时，我的【批注】，会帮助你来理解。

米勒爷爷的这篇文章就叫作"叙事"，（J. Hillis Miller, "Narrative"），是著名的《文学研究批评术语》（Critical Terms for Literary Study）一书里面的"叙事"词条。（Frank Lentricchia and Thomas McLaughlin eds, Chicago: The University of Chicago Press, 2nd edition, 1995).

我节选的部分，是掐去了比较理论化的开头，保留了后面比较通俗易懂的部分。这部分先是设问并解答了三个重要的问题：一、"Why do we need stories at all?"——"我们为什么非要故事不可？"二、"Why do we need the 'same' story over and over?"——"我们为什么对'同样'的故事要个不停？"三、"Why do we always need more stories?"——"我们为什么总是要更多的故事？"说实在的，我们这些普通人，与米勒爷爷这样的大牛人的差距，首先还不是

在于解答不了问题，而是在于提不出有意义的大问题来。我们为什么没有"问题意识"呢？就是因为在日常生活中对身边出现的事物熟视无睹，而不去动脑筋发问"为什么"，就如同祖祖辈辈的人类都对苹果从树上掉下来这事儿熟视无睹，直到有个叫牛顿的人开始发问。……解答第一个问题，米勒调用了心理分析和认知科学的话语。解答第二个问题，米勒调用了结构主义叙事学/符号学的话语。解答第三个问题，米勒调用了解构主义式文本分析的方法。——解构之成其为解构，在实践上，不通过文本细读，是无法打开语言的细微缝隙的。在解答这第三个问题上，米勒爷爷再一次发扬了其"理论和实践相结合"的文本细读优秀传统。他先是通过解读古希腊悲剧《俄狄浦斯王》，来让我们领略叙事行为是人探索"我是谁"的内在需要，永不停息。然后，米勒爷爷又细读两首出自名家之手的极其短小的微型诗，把它们当作极短的故事来看，给我们"解剖麻雀"，看到叙事是怎样运转起来的。

《文学批评术语》该书所有的术语词条，都出自名家之手。这书的第一版，在二十世纪九十年代年代就被张京媛等翻译为中文。（香港的牛津大学出版社，1994年，繁体字版。）但我备课时，是从这篇的英文看起的，随手也就节选并自己译了一遍。这里也相应地附上英文原文，以飨感兴趣的读者。

"我们为什么非要故事不可？"

（摘自 J. Hillis Miller，"Narrative"）

......

我们为什么非要故事不可？为什么儿童听起故事来会那么贪婪？为什么我们甚至在长大以后我们对故事的需求也不会终止，而是继续要读小说和神秘故事，看电影和电视连续剧？如果你细想一下，会觉得阅读或观看虚构的故事是一件奇怪的举动。在阅读的时候，小说的读者让自己从紧密环绕他的世界真实生活责任的中超脱出来。借助纸上的那些黑色印记或者屏幕上的图像，读者或观赏者进入到一个想象的世界中栖居；那个世界与现实世界的关联或多或少有些模棱。人们可能觉得，随着人类文明的发展，现实法居于了主导地位，故事的讲述似乎应该过时了。事情并非如此。这就像彼得·布洛克斯（Peter Brooks）所指出的，如果说人是会使用工具的动物（homo faber），这种动物也早就是使用象征符号的动物（homo significans），是能够辨识意义的动物。并且，这种动物具有虚构能力——辨识意义的重要形态。"虚构"（fiction）一词源自拉丁文 fingere，意思为"建造"（"to make"）和"编造"（"to make up"）。彼得·布洛克斯认为"文学虚构"含有上述"建造"和"编造"的双重性。虚构－认可机制是人类的一个基本活动，囊括了博弈、角色扮演、白日梦和其他林林总总的表现形式，其中也包括文学。

【原文】Why do we need stories at all? Why do children listen so avidly to stories? Why do we never outgrow the need for stories and go on reading novels, mystery stories, seeing movies, or watching soap operas on television even as adults? Reading or watching fictive stories is, when one thinks of it, a strange activity. The reader of a novel detaches himself or herself

from the immediately surrounding world of real-life obligations. With the help of those blackmarks on the page or images on the screen the reader or spectator comes to dwell in an imaginary world whose links to the real world are more or less indirect. One might have thought that by now the reality principle, growing more dominant as civilization grows, would have made storytelling obsolete. Nothing of the sort has happened. As Peter Brooks has observed, if man is the tool-using animal, homo faber, he is also inveterately the symbol-using animal, homo significans, the sense-making animal—and, as an essential part of the latter, the fiction-making animal. The word "fiction" comes from the Latin fingere, "to make" and "to make up". A fiction, as Brooks says, is made up in the double sense of being both fabricated and feigned. This make-believe is a fundamental human activity. It includes game playing, role-playing, daydreaming, and many other such activities, as well as literature proper.

"为什么我们需要虚构作品并且痴迷于此?"——在这段的开头,米勒爷爷引用亚里士多德,是从个体发生(ontogeny)的角度来说的。个体发生的所需阶段及其要素,

为什么我们需要虚构作品并且痴迷于此? 亚里士多德在他的《诗学》的开头给出了双重的解释。他认为,我们人类出于两个原因而喜欢艺术模仿(他用的古希腊语 mimesis 一词差不多就相当于我所说的"虚构")。其一,艺术模仿是有韵律有规律的——人类在有韵律的形式中会获得自然而然的愉悦。其二,人类的学习是通过模仿进行的,人在学习过程中亦会获得乐趣。那么,我们从文学虚构中学到了什么? 我们学到了事物的本来面目。我们需要通过文学性虚构来品尝可能的自我并且将我们的状况在实际世界中进行推演和角色扮演。想想在虚构文学里有多少

是关于成长的故事就知道了——比如说童话故事。在成长故事里更包括像《远大前程》或《哈克贝利·费恩》这样伟大的小说。如果用更现代的话语方式来表达亚里士多德的意思，那我们可以说通过虚构作品我们得以塑造并且重塑我们的生活经验。我们赋予从生活中得来的经验以形式、意义，和一个线性发展的结构——其中包含着形态严整的开端、中间部分、结局，和中心主题。人类讲述故事的能力是男人女人——共同围绕着他们的生活——构筑一个有意义和秩序之世界的方法。我们通过虚构文学来盘查人类生存的意义，或许也能够创造出新的意义。

【原文】Why do we need fictions and enjoy them so much? Aristotle's answer at the beginning of the *Poetics* was a double one. We enjoy imitation, mimesis (his word for roughly what I have been calling "fiction ") for two reasons. For one thing, imitations are rhythmic, orderly, and it is natural to human beings to take pleasure in rhythmic forms. In addition, man learns by imitation, and it is natural to man to take pleasure in learning. What do we learn from fictions? We learn the nature of things as they are. We need fictions in order to experiment with possible selves and to learn to take our places in the real world, to play our parts there. Think how many works of fiction are stories of initiation, of growing up—fairy tales, for example, but also great novels like *Great Expectations* or *Huckleberry Finn*. A more modern formulation of what Aristode asserts might be to say that in fictions we order or reorder the givens of experience. We give experience a form and a meaning, a linear order with a shapely beginning, middle, end, and central theme. The human capacity to tell stories is one way men

and women collectively build a significant and orderly world around themselves. With fictions we investigate, perhaps invent, the meaning of human life.

那么你会问：到底是"创造"还是"揭示"呢？我们在二者之间的不同选择意味着诸多差异。如果说是"揭示"，那就预设了我们的世界已经有这种或那种预先存在的安排，于是虚构的作用就是以这种或那种方式来精确地模仿、翻版，或者再现那样一种秩序。依此说来，对一个虚构作品的终极评判就是它是否对应上了事物本来的样子。从另一方面说，如果我们承认是"创造"，就预设了这个世界本来并没有自身的秩序安排，那么虚构的社会和心理功能就是言语－行为理论（speech-act）派的理论家所说的"表演性"的。如此说来，故事就是用语言来制造事件的方式；它能使事情在真实的世界发生。比如说，它能够为我们建议自我的存在形态或者行为方式，使我们在真实的世界中去模仿它们。顺着这个思路也可以这样说，我们读过恋爱小说后，才会在生活中堕入爱河时意识到如此。从这个着眼点来看，虚构文学可以说具有无比的重要性。它不是文化的精确反射产品，而是不事张扬从而愈发具有效力的文化之警察。小说使我们不去越界，并且使我们更像我们的邻居。如果在主导媒体里——从开始的口头讲述变成了印刷读物，然后又从印刷读物变成影视——这一点成立的话，那么不同叙事类型的流行程度在时间里的消长，会对文化形态的塑造具有不可估算的重要作用。

【原文】Well, which is it, create or reveal? It makes a lot of difference which we choose. To say "reveal" presupposes that the world has one kind or another of preexisting order and that the business of fictions is in one way or another to imitate, copy, or represent

accurately that order. In this case, the ultimate test of a good fiction is whether or not it corresponds to the way things are. To say "create," on the other hand, presupposes that the world may not be ordered in itself or, at any rate, that the social and psychological function of fictions is what speech-act theorists call "performative." A story is a way of doing things with words. It makes something happen in the real world: for example, it can propose modes of selfhood or ways of behaving that are then imitated in the real world. It has been said, along these lines, that we would not know we were in love if we had not read novels. Seen from this point of view, fictions maybe said to have a tremendous importance not as the accurate reflectors of a culture but as the makers of that culture and as the unostentatious, but therefore all the more effective, policemen of that culture. Fictions keep us in line and tend to make us more like our neighbors. If this is true, then changes in the rise and fall in popularity of different genres over time or changes in the dominant medium—first from oral storytelling to print, then from printed books to cinema and television—will have an incalculable importance for the shape of that culture.

米勒爷爷的这些话，确实是深入浅出，就是说，读起来很直白，其实走得很深，值得反复琢磨。我当教书匠这么

然而，叙事还有一种功能，这与我上面刚说的"警察"功能相反。叙事是一个相对安全或曰无害的空间；在这里，人们可以批评在一个文化里占主导地位的那些观念。在小说里，那些其他的观念可以给我们提供娱乐，可以被尝试。这不像在现实世界里的情形——在现实世界里如此的尝试可能会导致糟糕的后果。在想象的王国里，人

多年了，每一次备课到这里，仍然常读常新。"深入浅出"地说话，是最见功力的。米勒爷爷总是说得恰到好处，不枯燥，让你继续去领会吧。

这段最后说到的司各特爵士，可以说是"历史小说"写作的滥觞。——什么苏格兰人的古代英雄事迹，英法百年战争，都被司各特爵士的灵感加以酝酿，发现这些原来可以写成煽情的小说，供十九世纪中产阶级去消费。你可以把这想象成是十九世纪的历史"大片"和历史"美剧"。而十九世纪中叶生活在美国南部的奴隶主阶级，在对这些叙事的阅读中，产生了自己是古老的消失

们却可以很容易地假定道：因为事情只不过发生在虚构文学的假想世界里"什么都没有真的发生"。比如，如果某小说调教我们去相信"堕入爱河"，它同时也对我们的这种相信进行祛魅。进而，也许在最后，该小说展示给我们：尽管祛魅是其考量之一，爱情的壮烈则超乎于此。莎士比亚的喜剧《皆大欢喜》（As You Like It）是这方面一个辉煌的例子。其实许多伟大的小说，比如乔治·美瑞迪斯的（George Meredith）《利己主义者》（The Egoist），就采用了同样的形式。所以我们有理由相信，叙事一方面能够强化主导文化，同时也可以对其质问；两者是同时存在的。在小说里我们可以间接地肯定我们对主导文化的质问：在安全的小说领域里，对我们文化里占统治地位的观念和意识，我们可以表达对其脆弱性和弱点的担忧，而不用担负风险。其实，那些服务于压抑性政权的官员，他们更可能精明地懂得小说里的政治能量，因为在长时间的生涯中他们审查、删改并禁止具有威胁性的小说面世。如果说司各特的小说在美国激化了南北战争，把那些被浪漫古风所痴迷的南方种植园主带向了毁灭，这也不完全是无稽之谈。

【原文】There is, however, another cultural function of narratives, one going counter to the "policing" function I have just noted. Narratives are a relatively safe or innocuous place in which the reigning assumptions of a given culture can be criticized. In a novel, alternative assumptions can be entertained or experimented with—not as in the real world, where such experimentations might have dangerous consequences, but in the imaginary world where, it is easy to assume, "nothing really happens" because it happens only in the feigned world of fiction. If novels coach us to believe that there is such a thing as "being in love," they also at the same time subject that idea to effective demystification, while perhaps at the end showing the triumph of love beyond

or in spite of its demystification. Shakespeare's *As You Like It* is a splendid example of this, but many great novels, for example George Meredith's *The Egoist*, take the same form. There is reason to believe, then, that narratives reinforce the dominant culture and put it in question, both at the same time. The putting in question may be obliquely affirmative: we can ward off dangers to the reigning assumptions or ideologies of our culture by expressing our fears about their fragility or vulnerability in a safe realm of fiction. The officials of repressive regimes who have over the years censored or suppressed threatening novels may, however, have a shrewder sense of the political force a novel can have. It is not entirely an absurdity to say that the novels of Sir Walter Scott caused the Civil War in the United States and sent all those romantically infatuated plantation owners to their doom.

3.2 "我们为什么对'同样'的故事要个不停？"

接着看米勒爷爷的第二个设问和解答：

"我们为什么对'同样'的故事要个不停？"

摘自 J. Hillis Miller, "Narrative"

第二个问题：我们为什么对"同样"的故事要个不停？这一问题的答案，更多地同叙事的那种肯定式的文化塑造功能相联系，而与叙事的另外的批评功能或颠覆功能则较少联系。如果我们需要故事来赋予世界以意义，那么，该意义的呈现形态，就是该意义的最基本的载体。当孩子坚持要大人一字不易地给他们讲述他们早已熟悉的故事

奇。等到后来自己有孩子了，发现自己孩子也是这样。经米勒爷爷一解释，才懂得，原来孩子们看来是在通过刻苦的"自学"，来体会"赋予世界以意义"的形式呀！回想起来，我小时候也是要大人讲同样的故事，自己也把一些书看了无数遍。还有，我所说的文本细读，不仅是面对文学性文本的，也可以是面对米勒爷爷这样的"理论"或"批评"性文本。你看这一段的最后两句"Or perhaps the repetition of a rhythmic pattern

时，他们是很懂这一点的。如果我们需要故事来理解我们的经历的含义，我们就一再地需要同样的故事来追加那种理解。也许，这种重复性，在反复地遇到那赋予故事以活力的形式时，不断地得到了确认。又也许，对于有韵律的结构型的重温，不管这个结构型具体如何，内在地就是令人愉悦的。在同一结构型中的反复重温，本身就令人愉悦。当它们被重温时，为人们提供了愉悦。

【原文】Second question: Why do we need the "same" story over and over? The answers to this question are more related to the affirmative, culture-making function of narrative than to its critical or subversive function. If we need narratives in order to give sense to our world, the shape of that sense is a fundamental carrier of the sense. Children know this when they insist on having familiar stories recited to them in exactly the same forms, not a word changed. If we need stories to make sense of our experience, we need the same stories over and over to reinforce that sense making. Such repetition perhaps reassures by the reencounter with the form that the narrative gives to life. Or perhaps the repetition of a rhythmic pattern is intrinsically pleasurable, whatever that pattern is. The repetitions within the pattern are pleasurable in themselves, and they give pleasure when they are repeated.

is intrinsically pleasur-able,whatever that pattern is. The repetitions within the pattern are pleasurable in themselves, and they give pleasure when they are repeated."——如果你出声念一下，就会发现听见"repetition"（重复，或者重温）这种行为（或其动词 repeat）出现了三次，"pattern"（结构型）出现了三次，"pleasurable"（令人愉悦）出现了三次。我给试着翻译过来，就是"又也许，对于有韵律的结构型的重温，不管这个结构型具体如何，内在地就是令人愉悦的。在同一结构型中的反复重温，本身就令人愉悦。当它们被

重温时，为人们提供了愉悦。"这时要忘记理论论述，回到语言本身的经营里面，去思考米勒爷爷到底是在干啥。米勒爷爷的这两句话，在语言的听觉和视觉效果上，我觉得确实是让我颇为"愉悦"的，因为上述三个关键词在有韵律的"结构型"里面的反复"重温"，造成了强烈的表述效果，成功地在我的脑子里输入了"the repetition of the pattern is pleasurable"（对结构型的重温＝愉悦）的强烈印象。这样的强烈印象，绝不是干巴巴的概括之后所达成的枯燥公式"对结构型的重温＝愉悦"所能带来的，而是米勒爷爷通过语言效果的现身说法所营造出来的："Or perhaps the repetition of a rhythmic pattern is intrinsically pleasurable, whatever that pattern is. The repetitions within the pattern are pleasurable in themselves, and they give pleasure when they are repeated."我对这两句的细读，算是给大家的又一块小甜点：不要迷信理论，理论只是一个传说，而文本永恒。米勒爷爷这两句的意思，绝对是要仰仗他所营造的文本形式效果。而所谓"理论研究"，往往就是"买椟还珠"。

另外再请注意，这第二个问题里面，段落开始的"'同样'的故事"，里面的"同样"一词是打引号的。这意味着这"同样"也可以是"不完全一样"的。具体还可以怎样"不完全一样"？则请看下段。

想想为什么儿童痴迷于观赏同一集动画千百遍，而对你来说，"熊出没"的每一集都与别的集并无不同？——答案是，你已经懂得了米勒爷爷所说的，加了引号的"同样"的故事为何物。你需要的，是另一种"同样"的故事——对于套路的反转、嫁接、戏拟等等。

　　"同样"一词所加的引号，暗示了"同样的故事"的"同样"的另一种含义。如果说，我们像小孩一样，总是在索要用完全同样的方式所讲述出来的同样的故事，仿佛那是魔法，一字之易就会效力尽失的话，那我们还总是在索要在另一个意义上的，"同样的故事"。——我们需要重温许多的，在同样的套路之中又见到变化的大量故事。如果说儿童总是不停地要大人重复讲熟悉的儿歌和睡前故事，一个字也不能念错，那是因为这样他们就能很快地，甚至在五六岁以前，就能学会正常地讲故事的规则。他们学会了故事开头和结尾的套路："很久很久以前"和"他们从此过着幸福的生活"。他们学会了要遵守那些能让故事成为故事的规则。很多种类的叙事，都可以辨识为是由在约定俗成的套路上所衍生出来的。希腊悲剧、儿歌、童话、民谣、福尔摩斯探案故事，詹姆斯·邦德小说，五行体打油诗，甚至像"维多利亚式的小说"这样一个大类，或者在其中的安东尼．特罗洛普（Anthony Trollope）的四十四部小说，都是同一个叫作"叙事"的大家族中的可

"从对常规的偏离所产生的大部分意义，就来自于它们偏离了规则这一事实。"——我前面对王小波《革命时期的爱情》开头的细读，说该小说是对于"金屋藏娇"叙述框架的采用与反转云云，当然，这是如同米勒爷爷所说的，加了引号的"同样"的故事，离不开王小波对旧小说戏文里面"金屋藏娇"套路的偏离。——女主X海鹰作为年轻的女团委书记，拥有仕途上的潜力，就相当于"革命时期"一位"进京考试的举人"。在豆腐厂所在的曾经的会馆的深宅大院里，金屋藏娇的欲望剧，将以改头换面的方式得到重演。

识别的成员。这种"可重复性"，是许多叙事形式的内在特征。这也就是五行体打油诗的全部意义所由——所有针对同一模仿原本的打油诗，都分享了一种"家族类似"。对于神秘小说也可以这样来说。从对常规的偏离所产生的大部分意义，就来自于它们偏离了规则这一事实。用侦探小说举例言之，阿加莎·克里斯蒂（Agatha Christie）的《罗耶·阿克罗依德的凶杀案》（The Murder of RoagerAckroyd），就是这样。在这部侦探小说偏离规则之处在于，叙述者本人就是凶手。或者举一个维多利亚时期小说的例子，如美瑞迪斯的《理查德·费维热尔的磨难》（The Ordeal of Richard Feverel），出人意料地有一个不幸的结尾。

【原文】The quotation marks around the word "same" indicate another meaning for the sameness of the same story. If we, like children, want the same story over and over in exactly the same form, as though it were a magical charm that would lose its efficacy if a word were changed, we also need the same story over and over in another sense. We want repetition in the form of many stories that are recognizably variations on the same formula. If children want nursery rhymes and bedtime stories over and over in exact word-for-word order, they quickly learn even before the age of five or six the rules for proper storytelling.They learn the conventions of formulaic beginning and ending, "Once upon a time" and "They lived happily ever after." They learn the conformity to normof a story that "works." Many kinds of narrative are demonstrably variations on a conventional form or formula: Greek tragedies, nursery rhymes, fairytales, traditional ballads, Sherlock Holmes stories, James

具体而言，落后男青工王二成了女团委书记Ｘ海鹰所专人负责的"帮教（帮助教育）对象"，每天从早到晚要自行去Ｘ海鹰的单人宿舍里枯坐，形同"藏娇"。（小说里面也特意说了，这里作为会馆的后院，被槐树的绿荫环绕，相传在历史上，有一个被赶考书生所抛弃的女人，就是在此上吊自杀的。）而男主角王二下一步的命运，就直接取决于Ｘ海鹰的"拯救"。

Bond novels, limericks, even such large genres as "the Victorian novel" or, within that, the forty-four novels of Anthony Trollope, all recognizably members of the same family. This repeatability is an intrinsic feature of many narrative forms. It is the whole point of limericks that there be lots of them and that they all have a family resemblance. The same thing can be said of mystery stories. Variations from the norm draw much of their meaning from the fact that they are deviations from the rules. An example would be a detective story in which the narrator is the murderer, for example Agatha Christie's The *Murder of Roger Ackroyd*, or a Victorian novel, such as Meredith's *The Ordeal of Richard Feverel*, that unexpectedly has an unhappy ending.

叙事中这种（"异中存同"）的形式的普遍性，有两重含义。一方面，它意指我们需要故事是因为故事能为我们所用，而我们对其的需求也无厌。另一方面，它又暗示这种功能并不是主要地由角色、逼真的环境甚至"主题"或"要旨"、"道德寓意"来履行，而是由事件的序列结构及情节来履行。看来，亚里士多德在叙事中给予情节以首要地位是正确的。一个既定叙事的情节结构，似乎可以从一个故事转移到另一个可能具有与之迥异的角色和环境的故事中去。情节是可分、"可译"的。这样一种看法，是晚近的斯拉夫形式主义者、法国结构主义者、符号学家和"叙事学家"所做的大量叙事分析得以进行的主要基础。这些理论家已试图用这种或那种方法找出叙事形式的秘密，或者说它的"深层结构"。例如，斯拉夫形式主义的典范著作之一，普洛普的颇有影响的《民间故事形态学》

（Morphology of the Folk Tale）就试图证明，一百个俄国民间故事是同一结构形式的变体。功能性元素的数目是有限的。虽然并非所有的元素在每个故事中都出现，但这些元素的序列（诸如"阻挠"、"询问"、"离开"、"回来"等情节元素）总是类同的。叙事学家认为，叙事的规则类似一种如符码，或自带语法的语言一样的东西，或许就是更大规模上的句法。亚里士多德，在西方叙事理论的第一本伟大著作《诗学》中，已经是一个事实上的"结构主义者"。亚里士多德不仅肯定了情节的首要性，而且相信他能辨别出使一部悲剧成其为悲剧的基本结构特征。

【原文】The universality of this form of "the same in the different" in narrative has two implications. It implies that we want stories for something they can do forus, something we inexhaustibly need. It implies that this function is not performed primarily by the characters, the true-to-life setting, or even by the "theme" or "message," the "moral," but by the sequential structure of events, the plot. Aristotle, it seems, was right to give plot primacy in narrative. The plot structure of a given narrative seems to be transferable from one story to another with perhaps very different characters and setting. Plot is detachable, translatable. Much recent analysis of narrative—by the Slavic formalists, by French structuralists, by semioticians, and by "narratologists" generally—hasbeen based on this notion. Such theorists have sought in one way or another to find out the secrets of narrative form, its "deep structure." Vladimir Propp's influential *Morphology of the Folk Tale*, for example, one of the classics of Slavic formalism, attempts to demonstrate that one hundred Russian folk talesare all variants of the same structural form. The number

我注意到，米勒爷爷在进行理论性论述时，常常爱用短语"it seems that"——中文为"看来似乎"或"貌似"。这种口气，是比较低调甚至是刻意降低权威性的。虽然软弱，但是在得不出定论的前提下，显得很实在。这给我一种比较谨慎的、"商量着来"的感觉，不武断。相比于我国文艺理论读物里面爱用的强悍的"我们认为"，两种口吻，孰优孰劣，读者您去自行判断吧。

of functional elements is limited. Though not all of the elements are present in every story, the sequence of such functions (plot elements such as "interdiction," "interrogation," "departure," "return ") is always identical. Narratologists have thought ofthe laws of narrative as something like a code or a language with a grammar of its own, perhaps something on a larger scale like the grammar of a sentence. Aristotle, in the *Poetics*, the first great work of Western narrative theory, was already a structuralist beforethe fact, not only in according primacy to plot but in believing he could identify the essential structural features making a tragedy a tragedy and not some other thing.

这是对结构主义叙事学原理、价值和应用的十分"正点"的总结。

从结构主义或符号学的角度来看，叙事就是对已经发生的或被设定为已经发生的事情进行整理或重新整理、陈述或重新讲述的过程。进行这种讲述，需要遵从一些明确的规则。这些规则的作用，就类似于我们造句时所要根据的一些规则。这意味着，故事的讲述法则里面的秘密，经由经验和科学的探究，是可以弄清楚的。这就使叙事理论成为"人文科学"的一部分。所以，普洛普使用了一个既来自语言学又来自生物学的术语：形态学"。存在于既有的文化、文类，和具体时空里面的故事的讲法，总是服从那些虽未明文规定，但是却可以辨识的规律。于是，一个成功地讲述出来的故事，就可以与讲述得糟糕的故事区别开来，故事可以同非故事区别开来。

【原文】Seen from this structuralist or semiotic perspective, narrative would be a process of ordering or reordering, recounting, telling again what has alreadyhappened or is taken to have already happened.

This recounting takes place according to definite rules analogous to those rules by which we form sentences. This means that the secrets of storytelling are ascertainable by empirical or scientific investigation. This makes narrative theory part of "the human sciences." Hence, Propp's use of a term from biology as well as from linguistics: "morphology." The process of storytelling in a given culture orwithin a given genre at a particular place and time will be bound by certain unwritten but identifiable laws, so that a good story can be distinguished from abad story, a story from a non-story.

我们为什么对"同样"的故事要个不停？——米勒主要是从结构主义叙事学／符号学的角度来深入浅出地回答这个问题。应该说，结构主义叙事学，如同分析叙事内部齿轮运转的钟表匠，骨子里主要就是来解答这个问题的。第一个问题，我们为什么非要故事不可，追问的是人的内心，需要心

应当强调的是，根据一定的连接它们的常规轨道设计的事件结构绝非一派天真，因为它并不按事件的原样处理事物。叙事所做的重新整理也就可以有它的功能，就像我已提到的，对一种文化中关于人类存在，关于时间、命运、自我，关于我们的过去、现在和将来等等人类生活的最基本的假说进行肯定、巩固甚至创造的功能。我们之所以一再地需要"相同"的故事，是因为我们把它当作最为有力的方法之一，甚至就是最有力的方法，去宣扬我们文化里面的基本观念。/ This structuring of events according to a certain design of beginning, end, and conventional trajectory connecting them is, it should be stressed, by no means innocent. It does not take things as they come. Reordering by narrative may therefore have as its function, as I have suggested, the affirmation and reinforcement, even the creation, of the most basic assumptions of a culture about human existence, about time, destiny, selfhood, where we come from, what

理分析和认知科
学来回答，结构
主义是回答不了
的。回答第三个
问题，"我们为什
么总是要更多的
故事"，显然更不
能靠结构主义叙
事学了。人总是
需要更多的故事，
就是因为既有的
故事仍然不能让
我们满意，总是
在自我解构。

we ought to do while we are here, where we go—the
whole course of human life. We need the "same" stories
over and over, then, as one of the most powerful,
perhaps the most powerful, of ways to assert the basic
ideology of our culture

【批注：我们为什么对"同样"的故事要个不
停？——米勒主要是从结构主义叙事学／符号学的角度来
深入浅出地回答这个问题。应该说，结构主义叙事学，如
同分析叙事内部齿轮运转的钟表匠，骨子里主要就是来解
答这个问题的。第一个问题，我们为什么非要故事不可，
追问的是人的内心，需要心理分析和认知科学来回答，结
构主义是回答不了的。回答第三个问题，"我们为什么总
是要更多的故事"，显然更不能靠结构主义叙事学了。人
总是需要更多的故事，就是因为既有的故事仍然不能让我
们满意，总是在自我解构。】

3.3 "我们为什么总是要更多的故事？"

接着看米勒爷爷的第三个设问和解答：

"我们为什么总是要更多的故事？"

摘自 J. Hillis Miller，"Narrative".

米勒爷爷提出的
第三个即最后一
个叙事问题，是
"我们为什么总是
要更多的故事？"
米勒爷爷用了远
远多于解答前两

第三个问题：为什么我们总是要更多的故事？这是我
的问题中最难的一个。人们似乎觉得，一旦一个男人或女
人达到成年阶段，在伴随其成长的青少年时期的那些故事
的帮助下，他／她这时已经应该被文化所充分地同化了，
在社会中有了一个明确的自我和一个明确的角色，因此也
就不会再需要更多的故事了。但事实显然并非如此。下面，
我在这里不过是先来暗示一个可能的解释。但我在这之后，

个问题的篇幅，来解答这个问题，解答得也更为不确定，需要悟性才能理解。最后，在这一段里，给出了一个"可能的解释"——"我们总是要更多的故事，也许是因为在某种意义上，已有的故事从未让我们彻底满意。一个故事，无论构思得有多么完美，写得有多么淋漓尽致，无论多么令人感动，也不能完美地完成它们应尽的功能。根据某种不以人的意志为转移的定律，每一个故事，每一次重述或变异，总会留下某种不确定性，或包含某种散漫的尚未诉说得彻底完结的结局。……"——这一段所给出的解释或者说结论，显然还不是重头

还要对几个文本案例来进行讨论，相信会让这个问题变得更清晰。我们总是要更多的故事，也许是因为在某种意义上，已有的故事从未让我们彻底满意。一个故事，无论构思得有多么完美，写得有多么淋漓尽致，无论多么令人感动，也不能完美地完成它们应尽的功能。根据某种不以人的意志为转移的定律，每一个故事，每一次重述或变异，总会留下某种不确定性，或包含某种散漫的尚未诉说得彻底完结的结局。这一定律，与其说是心理学或社会学方面的，还不如说是语言学的。这种必要的不完美，意味着没有故事能完美地、一劳永逸地履行其对秩序的赋予和意义的确认的功能。于是，我们需要另一个故事，然后又一个，再一个。我们对故事的需求不会终结。我们从它们那里寻求满足的饥渴，从未得到缓和。

【原文】Third question: Why do we always need more stories? This is the most difficult of my questions. It would seem that once a man or woman has reached adulthood, with the help of all the narratives with which a growing youth is surrounded, he or she would then be fully assimilated into the culture, with a definite self and a definite role in society and therefore with no more need for stories. This is obviously not the case. I can only hint at a possible explanation for this. But my discussion afterward of several examples may make the issue clearer. It could be that we always need more stories because in someway they do notsatisfy. Stories, however perfectly conceived and powerfully written, however moving, do not accomplish successfully their allotted function. Each story and each repetition or variation of it leaves some uncertainty or contains some loose end unraveling its effect, according to an implacable law that is not so much psychological or social as linguistic. This necessary incompletion means that no story fulfills perfectly, once and

for all, its functions of ordering and confirming. And so we need another story, and then another, and yet another, without ever coming to the end of our need for stories or without ever assuaging the hunger they are meant to satisfy.

我可以先以一种叙事形式为例。这种叙事形式，几乎总是在场于任何一种文化的神话、传说和古代故事中，且把解释人类的起源，人类的从何而来，作为己任。人类学家称之为"究原性神话"（etiological myths）。吉卜林（Rudyard Kipling）的《丛林之书》（Jungle Book），其中有"大象如何获得它的鼻子"之类的故事，就是一部究原性传说的故事集。《诗学》中亚里士多德的完美悲剧的蓝本——索福克勒斯的《俄狄浦斯王》，已被现代结构主义的人类学家解释为这样类型的一个叙事。在叙事活动里，当找不到有效的逻辑形式来解释某事物时，就需要神话或者说是离奇的叙事形式来提供解释。这时，这种神话性的非逻辑前提，就会继续埋藏在故事里。人的起源问题，以及他如何将自己从兽类和非文明的自然界中分离出来，这是一个鸡生蛋、蛋生鸡式的问题。在讲述的时候，无论选择哪一个阶段为起点，总是预示着前面还会有更早的阶段。

【原文】One example of this might be that form of narration, almost always present among the myths, legends, and tales of any culture, that has as its purpose the explanation of mankind's origins, where man came from. Anthropologists call these "etiological myths." Rudyard Kipling's Jungle Book, with its stories of "How the Elephant Got His Trunk," and so on, is a collection of etiological legends. Sophocles' *Oedipus the King*, Aristotle's archetype of the perfecttragedy in

the *Poetics*, has been interpreted by modern structural anthropologists as a narrative of this sort. A myth, that is, a fabulous narrative, may be necessary when no logical form of explanation will work, but the illogical premises will remain embedded in the story. The origin of man, his separation of himself from the beasts and from uncivilized nature, is a kind of chicken/egg problem. Whatever is chosen as the moment of origination always presupposes some earlier moment when man first appeared.

《俄狄浦斯王》分析完了，我才发现米勒爷爷是想说：为了寻找自我，必须要把人生体验的蛛丝马迹编成可知可感的故事形式，而一旦我们开始需要故事，就不是一个，而是"串烧"——在不满足前面故事基础上的一个又一个。米勒爷爷这种解构主义式的行文方式，不断地对前面推出的论断式臆测，予以置疑和推翻。大家一定要有耐心呀。不是米勒爷爷生性含混，而是面对复杂问题时，含混才是不含混，不含混才是含混。……我把米勒爷爷这部分的大致话语轮廓给透视得清晰了些，你要耐心看下去。

《俄狄浦斯王》这个发挥了无与伦比的效力的故事，似乎"解决"了此显然不可解的难题。在这个叙事中，乱伦和反乱伦的禁忌被认为同时既是自然的，又是文化的。俄狄浦斯王既有罪，又无罪。难道他没有谋杀了他的父亲并同他的母亲睡觉了吗？有，但那时候他还不知道他们就是他的父母，所以他并不算有意识地犯下了弑父和乱伦的俄狄浦斯式罪行。像兽类一样，他是无辜的，因为他并不知道自己做了什么。在人类眼里，兽类无须为乱伦负责，因为它们不懂得人类反乱伦的禁令。乱伦只有在反乱伦的禁忌被触犯时才存在。

【原文】The story enacted with matchless power in *Oedipus the King* "solves" this apparently insoluble problem by presenting a narrative in which both incest and the taboo against incest are seen as simultaneously natural and cultural and in which Oedipus is both guilty and not guilty. Has he not murdered his father and

slept with his mother? And yet he did not then know they were his father and mother, and so he has not intentionally committed the Oedipal crimes of parricide and incest. Like a beast he is innocent, since he did not know what he was doing. A beast cannot commit incest because it cannot understand the prohibition against incest. Incest exists only as the transgression of the taboo against it.

　　反乱伦的禁忌，正如伟大的结构主义人类学家列维－施特劳斯所宣称的，是将人类同所有其他生命的种类区别开来的基本特性。对于一只猫、一只狗或一只熊，母女父子都可以成为性对象，但是无论何时何地的人类，都禁止乱伦。这意味着乱伦的禁忌在人类文化中占据一个独特的位置。它破坏和冒犯了人类生活中的自然特征和文化特征的二元划分。由于反乱伦的禁忌极为普遍，没有任何人类文化中没有它，在这个意义上，它对人类来说又是自然的，而非文化的。另一方面，它是人类社会与动物群体相区别的特征，所以它必须被定义为是文化的。反乱伦的禁忌，要么既不是文化的也不是自然的，要么二者都是，逾越了二者之间的藩篱。或者我们可以说，它盘旋在二者之间的边界上空。可以说，俄狄浦斯也是这么一回事。他就像兽类一样不能认识到，他的母亲就是他的母亲，因而也就是一个他被禁止与之结婚的人。只有当他认识到她是他母亲时，他才认识到他已犯了一个可怕的罪行。换而言之就是，反乱伦的禁忌，依赖对亲缘关系的指认。也就是说，这依赖于人类对语言的独特的拥有。不知情的俄狄浦斯不能将他的母亲称呼他的母亲，因而他就像兽类一样，人们不能说他犯了乱伦之罪。当他能称呼她为他的母亲时，他才知道他已经犯了乱伦的罪行。

"也就是说，这依赖于人类对语言的独特的拥有。"——这不是在说"符号化"么？人类加入符号之网，必然导致叙事链条的生成和更新——文化之网的一种编织形式。

【原文】The taboo against incest, as the great structural anthropologist Claude Lévi-Strausshas argued, is a basic trait distinguishing the human species from allother species of life. For a cat, a dog, or a bear, mother, daughter, brother, father may all be sexual objects, but all mankind everywhere at all times prohibits incest. This means that the taboo against incest occupies a peculiar position in human culture. It breaks down or transgresses the binary division between natural and cultural features of human life. Since the taboo against incest is absolutely universal, in the sense that there are no human cultures without it, itis natural to the human species, not cultural. On the other hand, it is a distinguishing feature of human, as against animal, societies, so it must be defined ascultural. The taboo against incest is neither cultural nor natural, or it is both, transgressing the barrier between the two, or, we could say, hovering on theborder between them. The same thing might be said about Oedipus, who is like a beast in not recognizing that his mother is his mother and therefore someone he is prohibited from marrying. He recognizes that he has committed an abhorrent crime only when he discovers that she is his mother. Another way to put this is to say that the taboo against incest depends on kinship names; inother words, it depends on the distinctively human possession of language. Oedipus in his ignorance cannot name his mother as his mother and so, likean animal, can be said not to be guilty of incest. When he can name her his mother he knows he has committed incest.

另一方面，俄狄浦斯确实已经犯下了可怕的弑父和乱伦的罪行，不管他那时是否知道。同样，这里对戒律的无

知，也许不能成为借口。当然，这部戏剧的力量，依赖于给出一个惊心动魄的难题的实例。这个实例，激发起对俄狄浦斯的同情，和对同样的事也可能发生在我们身上的恐惧。俄狄浦斯承认了他的罪行，通过弄瞎自己（象征性的阉割），通过将自己放逐出人群，以惩罚自己，沿途流浪，直到死亡。但是再从另一方面说，话又说回来：俄狄浦斯又如何能对他原非有意犯下的事负责任呢？

【原文】On the other hand, Oedipus has in fact committed the horrible crimes of parricide and incest, whether he knew it at the time or not. Here too, it may be, ignorance of the law is no excuse. Certainly the power of the play depends on giving a striking example of that, an example arousing pity for Oedipus and fear that the same thing might happen to us. Oedipus accepts his guilt and punishes himself by blinding himself (a symbolic castration) and by exiling himself from the human community to wander the roads until he dies. On the other hand, again, how can Oedipus be held responsible for acts he did notintend to commit?

按照当代批评者所说的，甚至不能完全肯定俄狄浦斯确实杀死了他的父亲。关于俄狄浦斯的父亲拉俄斯（Laius）在路口被杀害的证据中，有一个矛盾。在一个证词中，凶手据说只有一个人。在另一个证词中，却有三个凶手。正如克瑞恩（Creon）所评论的，"一个或三个，可不是闹着玩的。"俄狄浦斯不去分辨这些定罪于他的颇为含糊的证据，只求自责。他在这个原初的侦探故事中，同时扮演了侦探和凶手两个角色。

【原文】Nor is it even absolutely certain, as recent critics have argued, that he did in fact kill his father.

There is a contradiction in the evidence about the massacre of Oedipus's father, Laius, at the crossroads. In one account, the murderer is said to have been one man. In another account, there were three murderers. As Creon observes, "One man and three men just does not jibe." Oedipus condemns himself by putting the somewhat ambiguous evidence together in a way that convicts him. He plays the roles of both detective and murderer in this aboriginal detective story.

但是也许是这个叙述行为本身,"发明"了这项罪行,并将罪责指向俄狄浦斯。如辛西雅·蔡司(Cynthia Chase)在一篇精彩的文章中所评论的,罪行不存在于起初俄狄浦斯所不知道的他正在弑父或正在同他母亲发生性关系的"无辜"行为中,罪行也不存在于戏剧的"进行时"里,当俄狄浦斯一点一点地拼合了给定的材料,讲出了自己杀父娶母故事的戏剧情境之中。罪行存在于某个中间地带,存在于往事,和被现在的动机所驱使的,对往事的提取和编排之间。

【原文】But it may be this act of narration itself that creates the crime and points the finger of guilt at Oedipus. As Cynthia Chase has observed in a brilliant essay, the crime exists neither in the original acts, which were innocent, in the sense that Oedipus did not know that he was murdering his father and sleeping with his mother, nor in the "now" of the play, in which Oedipus bit by bit pieces together the data he is given and makes a story out of them. The crime exists somewhere in between, in the relation between the events of the past and the present recovery and highly motivated ordering of them.

这样说也许也言之成理：与其说《俄狄浦斯王》仅仅讲述了一个故事，倒不如说它戏剧化了一个关于故事讲述方法的惊人图解——把材料放在一起，弄成一个自成一体的传奇。这就是叙事行为自身的表演。《俄狄浦斯王》是一个关于故事讲述招致了可怕危险的故事。此间，故事的讲述行为，使得事情变本加厉地发生了。这导致故事讲述者宣判、弄瞎和放逐了他自己，也导致了他的母亲－妻子伊俄卡斯忒（Jocasta）自杀。

【原文】It might be argued that *Oedipus the King* does not so much tell a story as dramatize a striking example of the way storytelling, the putting together of data to make a coherent tale, is performative. *Oedipus the King* is a story about the awful danger of storytelling. Storytelling in this case makes something happen with a vengeance. It leads the storyteller to condemn, blind, and exile himself, and it leads his mother-wife, Jocasta, to kill herself.

所以，《俄狄浦斯王》远远没有对人类起源的问题给出一个清楚的答案。它是一个关于辈分错乱的故事。在故事中，儿子是他母亲的丈夫，母亲是他儿子的妻子，俄狄浦斯是他儿子的兄弟，诸如此类。在一个男人或一个女人需要知道自己是谁及来自何方的意义上，亲缘名分和身份是必要的。《俄狄浦斯王》提供了一个关于获取这种明晰确认的可能性被质疑和搁置的故事。是的，这部戏剧给了逻辑上不可解的人类起源的难题，赋予了一个叙事的形式。不禁可以这样说：当我们无法做到逻辑性地表达时，我们就用故事来讲。自从写成以来，《俄狄浦斯王》在许许多多个世纪中产生了巨大的影响力。这是对其作为成功叙事的见证。例如，这部戏剧给了弗洛伊德心理分析学的一个根本发现一个名称：所谓具备普遍意义的"俄狄浦斯

情结"。弗洛伊德宣称，所有的男人，都想杀死他们的父亲，并同他们的母亲发生性关系。对此，当代的女性主义者当然有理由对弗洛伊德的表述可以发出充分的异议，批评这种概括性说法是遗漏了人类的一半即所有女性。换一个说法，就是说一个特定的故事对一个女性读者或观众而言，可以具有对男性读者或观众来说非常不同的功能。

【原文】*Oedipus the King*, then, far from giving a clear answer to the question of man's origin, is a story about generational confusion, in which a son is also a husband of his mother, a mother a wife to her son, Oedipus the brother of his own children, and so on. Insofar as clear kinship names and identifications are necessary to a man's or a woman's sense of who he or she is and where he or she has come from, *Oedipus the King* presents a story in which the possibility of such clarity is questioned and suspended. The play, it is true, gives a narrativeform to the logically insoluble problem of the origin of man. What cannot be expressed logically, one is tempted to say, we then tell stories about. The powerof *Oedipus the King* through all the centuries since it was written istestimony to its success as a narrative. The play gave a name, for example, to Sigmund Freud's fundamental psychoanalytic discovery, the universality of the "Oedipus complex." All men, Freud claimed, want to kill their fathers and sleep with their mothers. Recent feminists have had much to say about theway Freud's formulation leaves out one-half of the human race, that is, all the women. Another way to put this is to say that a given story may have a function quite different for a female reader or spectator from the one it has for a male one.

《押沙龙，押沙龙！》是一九四九年诺贝尔文学奖得主，美国的威廉·福克纳的著名长篇小说之一，设定在他所熟悉的美国南方，把时空回推到十九世纪的白人奴隶主庄园。"押沙龙"是《圣经·旧约全书》里面大卫王的儿子，后率军叛逆而亡。

但是，即便把这个难题撇开，我们仍然要说俄狄浦斯故事的持续的成功，可能更多地在于它对叙事难题的有力的叙事性表达，而不在于它就人类起源和人类特征这个问题提供了什么解答。到了戏剧的结尾，叙述难题依然存在，虽然观众毫无疑问能更好地理解这个难题究竟是什么。若像我所做的那样，不断地从故事里寻找并拎出那些并不能推动叙事走向封闭的脱散线条，会阻止叙事达到最终的明晰性，使结尾仍保留了一个根本性的谜团，即俄狄浦斯何以要为并非他故意犯下的罪行而遭到惩罚。这样我们就需要另一个将用不同的方法来解决这些难题的故事，例如，莎士比亚的《哈姆雷特》，然后又需要另一个故事，例如福克纳的《押沙龙，押沙龙！》（Absalom, Absalom!），然后再下一个故事。我们对更多的故事的需要，从来不会终止。

【原文】But even if we put that problem aside, we would still need to say that the perennial success of the story of Oedipus may lie more in its powerful narrative presentation of the problem of narration than in any solution it presents to the question of man's origin and nature. At the end the problem remains, though the spectators no doubt understand better what the problem is. Nagging loose ends to the story, such as the ones I have identified, keep the narrative from reaching final clarity, and there remains at the end the fundamental enigma of why Oedipus should be so punished for crimes he has not knowingly committed. And so we need another narrative that will try in a different way to solve these problems, for example, Shakespeare's *Hamlet*, and after that another story, for example, William Faulkner's *Absalom, Absalom!*, and yet another, with never an end to our need for more stories.

要想更进一步推进问题的回答，下一步的方法，也许是来看两个极短的叙事，以此来鉴定故事的基本元素。如果我们面对一个叙事文本，能够同意地说"对，这是一个叙事而非别物"，那就说明必定存在着一些组建叙事的元素。那么，那些元素是什么呢？我把豪斯曼（A. E. Housman）的《棕熊》（"The Grizzly Bear"），和华兹华斯的《昏睡封闭了我的心灵》（"A Slumber Did My Spirit Seal"），作为我的微型例证。尽管它们是"诗篇"，它们当然也是叙事。请看：

【原文】A further approach to an answer to my questions may be made by looking at two extremely brief narratives in an attempt to identify the basic elements of a story. These are the elements that must be there if we are to say, yes, this is a narrative and not some other thing. What are those elements? I take as my miniature examples A. E. Housman's "The Grizzly Bear," and William Wordsworth's "A Slumber Did My Spirit Seal." Though they are "poems," they are surely narratives too. Here they are:

棕熊

The Grizzly Bear

棕熊巨大又狂暴；

The Grizzly Bear is huge and wild;

他已经把宝宝吞掉。

He has devoured the infant child.

宝宝还未发觉

The infant child is not aware

他已被大熊吞吃。

He has been eaten by the bear.

昏睡封闭了我的心灵
A Slumber Did My Spirit Seal

昏睡封闭了我的心灵；

A slumber did my spirit seal;

我已无人间的忧惧。

I had no human fears.

她似已化作一物，无法感受

She seemed a thing that could not feel

尘世岁月的触动。

The touch of earthly years.

一动不动的她，全无动力，

No motion has she now, no force;

既不能听也不能看；

She neither hears nor sees;

融入大地昼夜滚转的轨迹，

Rolled round in earth's diurnal course,

连同山岩，连同树林。

With rocks, and stones, and trees.

这样的解构主义叙事学，或者叫后叙事学，一方面是对结构主义叙事学形式分析的极大简化，另一方面的一些提法，则会从阅读效果的角度切入，打开修辞分析的广阔天地。米勒爸爸所说的"附身托声法"（prosopoeia），不是在一般意义上所理解的"拟人"，即童话里面阿猫阿狗都能说话那么简单。这里的意思是说，让一个人

这两个微型叙事包含我所提到的任何叙事的基本元素，即便是卷帙浩繁、叙述详尽之作如托尔斯泰的《战争与和平》，或乔治·艾略特的《米德尔马戚》（Middlemarch），也必定有。首先，需要有一个初始情境，和导致这个情境发生变化或反转的情节发展，和可能是由这个情境反转所造成的意外发现。第二，必须通过应用一些拟人修辞的手法，用符号——如成文叙事的书页上的词语，口述形态的故事的抑扬顿挫的声音——创造出角色。无论情节如何重要，不用拟人化修辞，就无所谓讲故事。一个叙事至少要有三个角色：一个主角、一个对手和一个有所思的见证者。有时候主角、对手或者读者可以做见证者。第三，必须有对某种形象化要素——例如一个喻像（trope）或喻像体系，或一个"复杂词"（complex word）——的形式编排或重复呈现。换一个说法来说，这第三点，就是必须有某种形式的叙事韵律，来调教那个核心喻像或"复杂词"。我可以断言，任何故事，为了成其为故事，就必须具有这些元素的某种版本：开端、推进、反转；拟人修辞，或者，更精确并专业地说，拟人托声法（prosopoeia），使主角、对手或见证人"栩栩如生"；使形式独特或反复出现的元素围绕一个核心形象或复杂词。

甚至不符合这种范式的叙事，也通过对我们脑海里根深蒂固的对于叙事该如何行事的期待，予以反讽，而获得其意义。

【原文】Both of these minuscule narratives contain what I claim are the basic elements of any narrative, even the longest and most elaborate, Tolstoy's *War and Peace*, say, or George Eliot's *Middlemarch*: there must be, first of all, an initial situation, a sequence leading to a change or reversal of that situation, and a revelation made possible by the reversal of situation. Second, there must be some use of personification whereby character is created out of signs—for example, the words on the page in a written narrative, the modulated sounds in the air in an oral narrative. However important plot may be, without personification there can be no story telling. The minimal personages necessary for a narrative are three: a protagonist, an antagonist, and a witness who learns. Sometimes the protagonist, the antagonist, or the reader may be the witness. Third, there must be some patterning or repetition of key elements, forexample, a trope or system of tropes, or a complex word. To put this third requisite another way, there must be some form of narrative rhythm modulating that trope or word. Any narrative, then, to be a narrative, I claim, must have some version of these elements: beginning, sequence, reversal; personification, or, more accurately and technically stated, prosopopoeia, bringing protagonist, antagonist, and witness "to life"; some patterning or repetition of elementssurrounding a nuclear figure or complex word. Even narratives that do not fit this

paradigm draw their meaning from the way they play ironically again stour deeply engrained expectations that all narratives are going to be like that.

例如《棕熊》这首诗，就对那种觉得我们能从经历中获得长进的想法，予以了反讽。"宝宝"从被棕熊吞吃的这一经历中，一无所获。这个小故事是叙事形式的一种版本的范例。在这一版本中，目睹其事的叙述者知道得比主角要多。实际上，这首诗是一个夸张性修辞的例子。这种夸张性修辞的运用，本身就是笑点。无论是俄狄浦斯这位历尽苦难的曾经的婴孩，还是诗里面作为正面"好人"的宝宝，都根本没有机会去反抗在诗里以棕熊的拟人形式出现的"坏人"。

【原文】"The Grizzly Bear," for example, plays ironically against our assumption that we learn from experience. The infant child learns nothing from experience. The little story is an example of that version of narrative form in which the witnessing narrator learns more than the protagonist does. In fact, it is a hyperbolic example, and that is part of the joke. No Oedipus, this child; nor does the "good guy," the infant child, have any chance at all against the "bad guy" in the form of the grizzly bear.

读诗，是当年"新批评"学派的看家本领呀。想必米勒爷爷年轻时，从当时权倾英美大学的新批评学

有变化有节奏的重复性结构，贯穿了这首诗。这个故事用平易好懂的陈述句式讲述，一、三行用一般现在式，二、四行用现在完成式。最后两行既可作两句来读，也可作一句来读。头两行，实质上都是单个的完整句子结构，使读者预期第三行也会如此，但接着他就发现第四行实际是第三行的延续。从诗句结构来看，这首诗的形式被称为

派的老师手里，受到了严格的细读训练。但这并不妨碍他日后成长为北美解构主义的参天大树，并没有"狗熊掰棒子"。所以真诚希望国内理论界不要"炫酷"。哪怕能够实践任何一种文本实践也好。在此文的后面，米勒爷爷又说了："在德曼的模式中，'解构'指的是从经验获得知识。"——也就是说，解构首先是一种实践，一种从经验中获得知识的很好的实践，而不是空洞抽象的理论。

【原文】The pattern of rhythmic repetition with variation here takes the form of the reuse of the same grammatical pattern throughout the poem. The story is told in flat, declarative sentences, two of them turning on "is," two on "has." The last two lines can be read either as two sentences or as one. The fact that the first two lines are single end-stopped sentences prepares the reader to expect the third line to be the same, and then he discovers that the fourth line in fact continues the third. The patterning is what is called chiasmus, the crisscross reversal of elements. The grizzly bear is first at the beginning of a sentence, then at the end of a sentence. The infant child is first at the end, then at the beginning. The story begins with the bear and ends with the bear. The child is encompassed within the text, as indeed he is by the bear when he is eaten by him.

真心希望国内学界要对这样的话要当真，不要从保罗·德曼和米勒这样的解构主义大师那里拿来了芝麻而丢了西瓜，或者说买椟还珠。

米勒爷爷写这种理论话语的普及文章，仍然不忘去采用语言艺术可以利用的各种形式，去对所要讲解的语言工艺，有条件的话，就直接在自己的讲述性文体里面进行示范。这种写法，有多精心。所以我在进行翻译的时候，也尽量用中文的语言机制来进行对应。你看这段最后一句"The child is encompassed within the text, as indeed he is by the bear when he is eaten by him"，貌似啰嗦，其实是为了开启下段的拟人化问题，让你预先注意到诗句中的两个"他"，及其重复性。

啊，"chiasmus！"多么熟悉的声音，如同老电影《搭错车》里面的"酒干倘卖无"一般，让我想起我做学生期间，一门课上，关于我本人的一个私人版本的典故。对不起是我跑题了。

这个微型叙事的基本喻像也是一个"附身托声"的修辞，把熊拟人化地称为"他"。当宝宝也被称为"他"时，熊的"他"也得到了重复，虽然无论是这个孩子还是熊，都没有自我意识和对语言的最低限度的掌握，可以证明能合法地应用这个人称代词。

【原文】The basic trope in this minuscule narrative is also a prosopopoeia, the personification of the bear as a "he." This is repeated when the infant child is alsocalled a "he," though neither the child nor the bear have the self-awareness and minimal mastery of language that justifies the use of the personal pronoun.

有一种螳螂捕蝉、黄雀在后的感觉——不同人物的认知状态，处在不同的叙事权限下。叙事者站在露西的背后，他通过说露西"既不能听也不能看"来暗示自身："我是那有眼能看，有耳能听，能够理解的人中间的一个。"叙事者的背后，则是作者华兹华斯。

《昏睡封闭了我的心灵》是一个比《棕熊》复杂得多的叙事。但是，像《棕熊》一样，它讲的是一个双重故事，一个关于一个无知无觉的主角，诗中的"她"，和一个知情的叙事见证人，诗中的"我"的双重故事。但在这首诗里，叙事者现身说话了，而不是像在豪斯曼的诗中，只是作为一种反讽的、简洁的事实讲述的暗示而出现。现在，诗中的"她"（在华兹华斯的露西抒情组诗中，"她"通常被假定为露西，这首诗是露西诗之一），"既不能听也不能看"，但华兹华斯的叙事者则能说，实际上，"过去我一无所知，现在我明白了。我不像露西。我是那有眼能看，有耳能听，能够理解的人中间的一个。"它暗指《马太福音》13:12-13，耶稣解释关于播种者的寓言时，正是这样说的："凡有的，还要加给他，叫他有余。凡没有的，连他所有的也要夺去。所以我用比喻对他们讲，是因为他们看了看不见，听也听不见，也不明白。"

华兹华斯的后面是米勒爷爷的文本对其的嵌套。米勒爷爷的后面，则是我的文本对米勒的文本的嵌套。我的背后，则站着读者你们。米勒爷爷又在巧妙地打一个比方，暗示能打开叙事之谜的人是"那有眼能看，有耳能听，能够理解的人中间的一个。"米勒爷爷也挑明了华兹华斯所暗示的圣经寓言里面的一层意思，即耶稣讲道理，也离不开叙事。耶稣也是通过寓言——一种暗示性的叙事，来暗示故事里的"意义"是暗藏的，不是能简单地陈述挑明的。

【原文】"A Slumber Did My Spirit Seal" is a much more complex narrative than "The Grizzly Bear", but, like "The Grizzly Bear", it tells the double story of anunaware protagonist, the "she" of the poem, and a knowing narrating witness, the "I" of the poem. Here the narrator speaks for himself rather than being present as an implication of ironic, laconic truth telling, as in Housman's poem. Now the "she" of the poem (usually assumed to be the Lucy of Wordsworth's so-called Lucy poems, of which this is one) "neither hears nor sees," but Wordsworth's narrator can say, in effect, "Before I was ignorant. Now I know. I am one of those, unlike Lucy, who has eyes and sees, ears to hear with and understand." The covert reference is to Matthew 13:12-13, Jesus' commentary on the parable of the sower he has just told: "For whosoever hath, to him shall be given, and he shall have more abundance: but whosoever hath not, from him shall be taken away even that he hath. Therefore speak I to them in parables: because they seeing see not; and hearing they hear not, neither do they understand. "

根据保罗·德曼的说法："所有文本的范式是由一个形象（或一系列形象）和对其的解构所组成。但由于这个模式不能由一次最终的阅读所固定，因此就造成了赘余修辞的溢出，由此则讲出了前面叙事的不可读性。"德曼对"叙事"和"叙事法"这些术语的用法在此表明，对他而言，所有的文本都是"叙事"。所有的叙事，从华兹华斯的《昏睡封闭了我的心灵》到安东尼·特罗洛普（Anthony Trollope）的《他知道自己正确》（He Knew He Was

Right），或亨利·詹姆斯（Henry James）的《卡萨玛西玛公主》（The Princess Casamassmia）这样的大部头小说，如果说它们不过都是对某核心形象或形象系统在表达上的探索而已，那确实是武断了。但无论如何，人们还是可以靠谱地指出，特罗洛普的大部头小说，基本上是根据如何形象地表达"我知道我正确"安排结构的，而《卡萨玛西玛公主》则是根据如何形象地表达"我发誓"而设计的。

【原文】According to Paul de Man, "The paradigm for all texts consists of a figure (or a system of figures) and its deconstruction. But since this model cannot be closed off by a final reading, it engenders, in its turn, a supplementary figural superposition which narrates the unreadability of the prior narration" (de Man, 1979, 205). As de Man's use of "narrates" and "narration" here indicates, all "texts," for him, are narrations. To say that all narratives, including everything from "A Slumber Did My Spirit Seal" to big novels like Anthony Trollope's *He Knew He Was Right* or Henry James's *The Princess Casamassmia*, are nomore than the exploration of a single figure or system of figures is to make a large claim, to say the least. Nevertheless, it can be shown that Trollope's bignovel is genetically programmed, as one might put it, by the question of what is figurative in the expression, "I know I am right," and that *The Princess Casamassima* turns on the question of what is figurative in the expression, "I pledge myself. "

解构原来是这么回事呀——从语言的微观层面入手，摈除成见，获得新知。"不可读性"则是解构的对象。对不可读性的不断解读，似乎已经成为一种解构方法论了。这里面还有一个潜台词：文本化

在德曼的模式中，"解构"指的是从经验获得知识，"不可读性"指的是不可能一次就一劳永逸地从经验提取真知。"不可读性"通过反复应用一个形象或其某种新变形而体现出来，哪怕这种反复应用已经显得虚幻和不可信。

【原文】In de Man's model "deconstruction" is a name for learning from experience, and "unreadability" is a name for the impossibility of doing that once and for all. The "unreadability" is indicated by the reuse of the figure or some new version of it even when it has been shown to be illusory or deceptive.

就是叙事化。米勒爷爷在前一段已经说了：(按照德曼的"用法")，所有的文本都有叙事性。我们的各种遭遇和经验，一旦得到表述，就成了叙事，似乎也具备了文本的结构，或者可以像文本那样去读，并在一次次"不可读性"的发现中，进入我们的经验的核心，提取出实际上已经在步步推进的求知。

燕卜荪何许人也？从很多方面，都值得说说。从传奇般的学者生涯来看，他曾经是剑桥大学一顶一的文科"牛人"，然后"留校"当"青椒"，不想因为在其私人抽屉里发现避孕套而被剑桥认为是未婚"败德"，而被扫地出门。(当然，这是过去时代的事情了。今

换而言之可以说，一个叙事，甚至一部像《他知道自己正确》这样的具有生动而典型的人物、事件和真实细节的，篇幅浩繁而情节复杂的小说，也可能是对一个"复杂词"的共振频段的探索。"复杂词"的提法，是从威廉·燕卜荪（William Empson）那里借来的。一个复杂词，在特定的意义上，也就是一个形象。它是一组也许矛盾的含义的焦点。这些也许矛盾的含义由修辞置换而连在一起。如 worth 可以兼有经济的和伦理的意义；right 可以指"有权利"（have the right）、"正确"（to be right），或者只指"直线"（straight），如"直角"（right angle）。探索这种词在叙事中的效果，就要看它处在一个怎样的特定语境或情景中变得如鱼得水。这就像语言课上的练习，"用下列词语造句"，或在更难的作业里，"用下列词语讲一个故事"。对燕卜荪来说，一个复杂词可以是诸般不确定性的所在。对燕卜荪来说，无论这些不确定性如何复杂，它

第三讲　聚焦于解读叙事

天我们会觉得，有套总比无套好，对不对？……）从今天回头看，燕卜荪终其一生可以说是"德艺双馨"，绝对是剑桥大学和当时虚伪的社会成见委屈他了。但有这样一个耻辱的帽子扣在头上，燕卜荪显然在英国的名牌大学和上流君子圈子里待不下去啦，年纪轻轻就去了"远东"，特别是在二十世纪三十年代到四十年代，在燕京大学和西南联大任教，自然成为一整代中国的外文才俊所仰望和缅怀的宗师。从学术这条线索来说，燕卜荪在学术上的地位绝不仅限于远

们都需要被结合在一起，需要被放进一个统一结构之中。相反，我认为一个复杂词也可能是基本上不一致的含义的交叉路口。这个真相可以由绝不能还原到统一体中去的叙事残片来揭示、披露和展示。

【 原 文 】Another way to put this would be to say that a narrative, even a long multi-plotted novel like *He Knew He Was Right*, with all its wealth and particularity of character, incident, realistic detail, may be an exploration of the resonances of a single "complex word," to borrow William Empson's term for such words. A complex word is in a special sense a figure. It is the locus of a set of perhaps incompatible meanings, bound together by figurative displacements, as "worth" may have both economic and ethical meanings, or as "right" may mean to have the right, or to be right, or simply to be "straight," as in "right angle." In a narrative such a word may be explored by being given contexts or situations in which it may be appropriately used. This is like that exercise in language classes, "Use the following words in sentences," or, in more difficult assignments, "Invent a story in which the following words are used." For Empson, a complex word may be the locus of ambiguities, but these are held together in a unified structure, however complicated. I suggest that a complex word may, on the contrary, be the crossroads of fundamentally incongruous meanings. This fact may be revealed—unrolled or unfurled, so to speak—by narrative disjunctions that can never be brought back to unity.

东，而可以说是文本细读的一代宗师，开启整个英美"新批评"时代的同路人，但新批评后来的那些死板的清规戒律完全框不住他。他的拿手好戏是分析诗歌，所以才会说出"无论这些不确定性如何复杂，它们都需要被结合在一起，需要被放进一个统一结构之中"这样的话来。但研究叙事的复杂性，与研究诗歌的统一性、内在美截然不同。比如

苏联蛰居的跛腿大侠巴赫金，其对话语对话、众声喧哗等的说法，肯定不是建立在"统一结构"之中的。后面在其他的节里，会专门细说。其实这世界上本来就有两种文学迷，一种是读诗的，另一种是读小说的，是不同的思维型。前者的高端是复杂的完美主义者，后者的高端是复杂的动态主义者。在这两种文学迷之外，还要数量较小的第三种，戏剧迷——这一种更复杂，这里就不展开说了。

要想"具体"一些地去把这有点儿隐晦的意思，掰开了揉碎了去讲，就可以回来分析《昏睡封闭了我的心灵》。在这首诗中，用来生成叙事的主打修辞，是一个将青年女子称为"物"（thing）的喻像。这个喻像，正好与前一首《棕熊》将一只熊称为"他"的喻像，成为对称的镜像。华兹华斯的措辞风格如同家常话，就像在一首民谣的叠句里面所唱的那样："她是一个小东西，还不能离开她的妈妈。"华兹华斯的这个小故事里面的叙事者其实是在讲述这样一件事："起先我认为她是一个东西，因而能够不面临死亡，但是现在我知道我大错了。现在我知道她是短暂的，因为她已真正变成了一个东西，就像岩石、石碑，和树木一样，尽管在另一个意义上，她也就分享了地球的不朽，这表现在它的永无休止的旋转中。地球不停地转圈、转圈、转圈，她也随之运动。她不再能听和观望，而我却属于那有眼能看，有耳能听，还能理解的人们中间的一个。"

【原文】What these somewhat cryptic formulations might mean, "concretely," as one says, may be made clearer by way of a return to "A Slumber Did My Spirit Seal." The genetic, narrative-producing figure here is the trope calling a young girl a "thing." This trope is the symmetrical mirror image of calling a bear a "he." Wordsworth's figure is part of everyday speech, as in the refrain of the folk song: "She's a young thing and cannot leave her mother." "At first I thought she was a thing," says in effect the narrator of Wordsworth's

little story, "therefore immortal, but now I know how wrong I was. Now I know she was mortal because she has literally become a thing, like a rock, or a stone, or a tree, though in another sense she shares the immortality of the earth, expressed in its eternal revolution. The earth goes round and round and round, and she moves with it. She neither hears nor sees, but I am one of those who has eyes and sees, ears to hear with and understand. "

不管怎么说，诗的第二节在表面上似乎出现了语义的疏漏，使得露西死亡一事的来龙去脉，没有被谈及，而是发生在两节诗中间的间隔中。第二节的诗句，以战胜死亡的宣言形式而露面，显得有能力说出真相似的，像是说：“从前我认为她是不朽的。现在我知道所有的人都是短暂的，甚至露西。所有的人终将变为物（things）。”但是具有反讽意义的是，这个关于认识与说出真相的权力的宣言，与最初对“她看起来像不死之物”（a thing that could not die）这种虚妄的断言，并没有多大不同。让我来解释为什么会这样。

【原文】The second stanza, however, commits again the linguistic error that the blank space between the two stanzas demystifies by being the locus of Lucy's death. The death occurs in the blank, outside of language. Language begins again in the second stanza as the claim of a mastery over death, taking the form of the ability to say the truth about it. "Before I thought she was immortal. Now I know all human beings are mortal, even Lucy. All human beings become, at last, things." But this claim of knowledge and of the right to

speak the truth may ironically be not all that different from the first illusory assertion of knowledge: "She seemed a thing that could not die." Let me explain how that is the case.

与"物"（thing）这个喻像所对称的，是拟人化的"触动"（touch），二者共同形成德曼所断言的，作为叙事核心的"形象体系"的一个微型例子。如果露西仅仅是一个物，那么时间，更确切地说，"尘世岁月"，则被拟人化为一个有生命的存在。这个存在，试图去"触动"露西，但却不能够，因为露西是一个"物"。同样，叙述者也在他的天真无知中"昏睡"，"封闭"在关于死亡的知识之外。在这里，"触动"一词具有很强的性暗示意味。当叙述者了解了死亡的普遍性之后，拟人修辞不仅没有消失，还毫厘未损地回到了第二节诗中，虽然是以沉默或隐蔽的形式。它在"滚转"一词中回来了。"尘世岁月"被拟人化为一个贪婪的存在，某种与豪斯曼诗中的棕熊相类似的东西，一个想触动露西、抓住她，拥有她的人。诗中的主角不是地球（尘世），而是"尘世岁月"。在诗的第二节中，这种形象的拟人修辞，毫厘未损地留在地球循轨道而滚转的意象中。这种滚转，正是衡量尘世的日子、岁月的尺度，并且"滚转"了露西。叙事者陈述露西的状况为"一动不动，全无动力"。运动和力量，是牛顿物理学的两个基本因素。叙事者的陈述里面，也具备矛盾性。露西作为地球上的一部分，就像豪斯曼的诗中，婴孩被吞并入了棕熊一样，也被岩石、石碑和树木所吞并，参与了"滚转"，分享了地球的朦胧的生机、运动和力量，即便她自己已经不再能像《棕熊》里活蹦乱跳的宝宝那样，具备主体性的运动和力量。

【原文】The symmetrical counterpart of the trope

极了保罗·德曼，让人想起其书名《阅读的寓言》（The Allegory of Reading）。当然我们知道，米勒爷爷和德曼确实是好朋友。当德曼死后，其早年在比利时老家曾经为纳粹管制下的媒体撰稿一事被曝光后，米勒挺身而出，捍卫德曼的学术价值不被连带着"拉黑"。

in "thing" is the trope of personification in "touch." The two together form a miniature example of the sort of "system of figures" which de Man claimed might be the nucleus of a narrative. If Lucy is a mere thing, then time, or, more precisely, "earthly years," is personified as an animate being who might try to "touch" Lucy but who cannot touch her because she is a thing. In the same way, the narrator is "sealed" from the knowledge of death by the "slumber" of his naiveté. The word "touch" has a strong sexual implication here. Far from vanishing when the narrator learns about the universality of death, the personification returns intact in the second stanza, though in muted or covert form. It returns in the phrase "rolled round." "Earthly years" are personified as a rapacious being, something like that grizzly bear in the Housman poem, a being that would touch Lucy, seizeher, take her. Not the earth but "earthly years" is the antagonist in this poem. In the last stanza that figurative personification remains intact in the image of the earth's motion, measure of earthly days and years, rolling Lucy round. The narrator's formulation also contradicts in the moment of making it his own statement that she now has no motion and no force (the two basic elements in Newtonian physics). As part of the earth, incorporated in it with rocks and stones and trees, as the infant child is incorporated in the grizzly bear in Housman's poem, Lucy now shares in the "rolling," obscurely animate, motion and force of that earth, even though she no longer has the voluntary motion and force she had as a living child.

诗里面的叙事者兼见证人的过失和歉疚之处，在于他成了一种知识观念的传声筒，而且这种知识观念与他自己的话语，都建立在同样的修辞之上；他的错用，实际上成为对他要表达的意思的反讽。此外，有一些重要的事情，是发生在叙事的"述行"（performative）和知识论层面上。我用"述行"这个词，意思是说叙事是具备一种力量的。不同于叙事的传递知识或显得要传播知识的力量，叙事还具备这种导致事情发生的力量。从叙事是围绕着知识的语言构型的方面去看，这诗似乎在说"从前他像小孩一样无知。现在他认为他懂得很多，但他的话，显出他仍然像孩子一样无知。"从叙事是围绕着述行的力量来构型的方面去看，这个小故事，将一种可怕的可能性，戏剧化了。这种可能性，即修辞的运用，通过语言的魔力，来让自身喻像的情景得到真正的实现。在诗中，叙事者"他"认为"她"是一个物。死亡，在方生方死的尘世岁月的拟人化形式中，强迫性地把她变成一个物。这就好像如果我说"你是火鸡"，我就是要强制性地把某人真的变成火鸡；或者好像在卡夫卡的《变形记》中，格里高利·萨姆萨由于被他的家庭和社会当作蟑螂一样对待，他就真的变成了一只巨大的蟑螂。在《昏睡封闭了我的心灵》中，也许是诗人的语言的触动，将露西变成了一个"物"。另一首露西诗可以证明这一点："可怜可怜我自己吧，如果我说，露西将会死去。"然后她就真的死去了。

【原文】The narrator-witness's error and guilt may be not simply the claim of a knowledge that his own words ironically belie in his reuse of another version of the same figures he had at first mistakenly used. The performative as well as epistemological dimension of narrative may also be at stake. By "performative" I mean the power of a narrative to make something happen, as opposed to its power to give,

or to appear to give, knowledge. Seen as patterned around knowledge, the poem says, "Before he was ignorant as a child. Now he thinks he knows, but his words show he is still as ignorant as a child." Seen as patterned around the performative power of narration, the little story dramatizes the terrifying possibility that figures of speech may have a tendency to realize themselves by a kind of linguistic magic. He thought she was a thing. Death, in the personified form of those half-animate earthly years, obligingly turned her into a thing. It is as if I were to transform someone literally into a turkey if I said, "You turkey," or as Gregor Samsa, in Franz Kafka's "The Metamorphosis," is turned into an enormous cockroach after having been treated by his family and by society as if he were a cockroach. In "A Slumber Did My Spirit Seal" it may be the poet's linguistic touch that has turned Lucy into a thing. Another of the Lucy poems would support this: "Oh mercy to myself I said, / If Lucy should be dead," and then she does die.

为什么米勒爷爷总是如此反复强调拟人化修辞或"附身托声"？因为叙事总是关于欲望——比如说占有的欲望（如奥赛罗），和探求实情的欲望（如福尔摩斯）。欲望

《昏睡封闭了我的心灵》证明，即使在这样一个短故事中，我所界定的那些基本元素也都在场。它还证明，叙事一方面要依赖拟人修辞的喻像，另一方面，叙事可能就是需要先被解构然后又被盲目重新得到肯定的形象的体系。在这个例子中，似乎叙事者并不知道他所宣称知道的。换而言之，拟人修辞作为基本的叙事修辞，是语言机制里面太有必要的组成部分，以至于不能被抹除，即使我们清楚地认识到它是虚幻的。

【原文】"A Slumber Did My Spirit Seal" is an example

归根结底是属于私人的、个体的。不管不同人的欲望可以多么相似，但仍然不能换位——私人的欲望，使得每个个体变得独一无二。是私人的欲望和好奇心，驱使着讲述和收听。

of the presence even in such a brief story of all those basic elements I identified. It is also an example both of the way a narrative depends on the trope of personification and of the way it may be a system of figures deconstructed and then blindly reaffirmed. It seems in this case that the narrator has not really learned what he claims to have learned. To put this another way, it seems as if personification, the fundamental trope of narrative, is so necessary a part of language as to be by no means effaced, not even by the clear recognition that it is illusory.

欲望和好奇心，往往也是一回事，不论是占有女人、男人、财富、真理还是心灵。在这个意义上，如同我们常说的是"党指挥枪"而不是"枪指挥党"一样，是欲望启动了叙事结构，而不是叙事结构启动了欲望。在这个意义上，在米勒爷爷的叙事三问："我们为什么非要故事不可？"、"我们为什么对'同样'的故事要个不停？"和"我们为什么总是要更多的故事？"里面，只有第二问，与类似于"机械工程"的结构主义叙事学的关联多些。米勒调用了心理分析和认知科学的话语回答了第一个问题。他又调用了解构主义式文本分析的方法，解答了第三问。——先是通过解读古希腊悲剧《俄狄浦斯王》，来让我们领略叙事行为是人探索"我是谁"的内在需要，永不停息。然后，又细读两首出自名家之手的极其短小的微型诗，把它们当作极短的故事来看，给我们"解剖麻雀"，看到叙事是怎样运转起来的。那么，欲望如何参与到了故事的讲述和阅读、倾听中？下一节就来好好谈谈欲望是如何启动叙事、驱动叙事结构的。

3.4　课间甜点：也来说一说解读韵文／诗歌

这一讲总括为"聚焦于解读叙事"。但现在是课间休息，请允许我稍微"失焦"一下，说说解读韵文／诗歌。

我经常觉得，喜欢读文学的人，可以分成两种：善于读散文／小说

的和善于读韵文 / 诗歌的。善于读此的，不一定善于读彼。（当然还有第三种，就是两手都硬，都善于的。）解读的路数也不一样。

暴露一下我本人的倾向吧。相对而言，我本人在文本细读上面，在解读散文 / 小说上面比较自信、拿手，对于解读诗歌则比较捉襟见肘。……所以你看，这就是为什么"聚焦于解读叙事"能洋洋洒洒成为一讲，而对于让我本人更佩服而身不能至心向往之的诗歌解读，则放在了"课间甜点"里面。

——做不出诗歌解读的"大餐"，就做几块小甜点吧。

你品尝一下这几块小甜点，就可以庶几体察一下文学的非叙事性、弱叙事性一面。这几块小甜点，其实是以在叙事性方面并不突出的韵文 / 诗歌做参照，将叙事问题放在更广阔的文学体验中，来为课间休息结束后进一步思考叙事问题做准备。

所谓文学的非叙事性、弱叙事性一面，包括了很多东西，比如很多的非叙事诗，绝大多数的抒情诗、非叙事性民谣等。它们一般都被人们在习惯上称作"韵文 / 诗歌"。当然，此事不可深究，因为现在有很多"诗歌"如同小说、散文一样并不押韵。这里说的"散文"，有广义、狭义两个层面。在广义层面上的"散文"，对应的英文词汇是"prose"，是指所有无须押韵的，着重于说理或叙事的文体，包括小说。在狭义层面上的"散文"所对应的英文词汇是"essay"，大致与我们当今文学谱系下的"散文艺术"（就是中学语文告诉我们的"形散神不散"的那种……）画上等号。

但不管怎么说，除了以往的史诗和长篇叙事诗，韵文 / 诗歌更是被

用来作为抒情的形式，而不是叙事。

就是说，如果我们从作家的角度来看，会发现诗人和小说家的首要区别，是在是否要讲故事上面。小说家总是要讲故事的，并且要把故事写得好看。诗人则不然。相应地，从读者角度看，我们读者并不期待诗人也如同小说家那样擅长讲故事。读者对韵文／诗歌的文本细读、解读，关注点完全可以不放在叙事上面。

——那会是怎样的解读方式呢？什么才是诗歌里面的珠玉？如何才不会买了叙事的"椟"而还了诗歌的"珠"？

且让我们把这个课间休息环节所提供的有关解读韵文／诗歌的甜点，一块一块地吃起来——体验的、理论的、实践的。

（1）

众所周知，文本细读（close reading）是英美二十世纪上半叶"新批评"流派的招牌。一个很重要的事实是："close reading"作为文学分析的一种手艺活儿，在那时候最拿手的就是应用于诗歌阐释上面，达到了荡气回肠，非此不可的效果。比如瑞恰慈、艾略特、燕卜荪，这些都是读诗、分析诗的奇才。我在课上所运用、展示的"close reading"——米勒所理解的"slow reading"，都是西方文学理论和批评界在一九五零年后，秉承新批评方法，在解读散文诸文体（prose）方面的"转产"。

下面，我想先让大家体验一下，对于韵文／诗歌的文本细读，可以有怎样的境界。

其中的一种境界，就是那些对诗歌语言非常敏感的人，跨越种族、

历史、国界的"同人"境界吧。可以用美国南方人宇文所安（Stephen Owen）的杜诗解读来示范。

而且这位"汉学家"，并不承认自己端着任何的理论套路。他觉得他只是"读诗"而已。

哈佛教授宇文所安是一位高手。他来自美国南方，与操着南方口音的一些乡亲们一样，对语言的韵味细节特别偏爱，并且把这一才华倾注到对中国古典诗文的把玩上面。总之我觉得，爱诗、懂诗者是不分文化畛域的，诗歌无国界。宇文所安为什么不可以是杜甫的知音呢？（我想——李白如果托生在二十世纪六十年代，一定也会抽着烟卷弹起吉他，与鲍比·迪伦气味相投的。）

宇文所安的诗歌解读，有时也会走偏，或者被人说成"过度阐释"。古人固然说过"过犹不及"，但我觉得要是真想体验诗歌细读方法上的极致，则宁可失之于"过"，也不要失之于"不及"。

感觉宇文所安文本细读做得最淋漓尽致的，是一九八五年的 *Traditional Chinese Poetry and Poetics: Omen of the World* 一书。这是他最"凌乱"的一本，直到两年前才有了中文翻译。下面展示的两首杜诗解读，就是从这一本里面提炼而来的，取其精华去其糟粕吧。为了阅读和理解的方便，我对于宇文所安的行文，也进行了提炼、补白和改写，希望是做出了比宇文所安的原文更"像"宇文所安之精髓的诗歌解读普及版。

下面就请逐一赏玩吧。宇文所安所原创，我所改编的对杜甫《旅夜书怀》《春日忆李白》的解读。

赏玩了宇文所安的诗歌解读之后，我再请你吃下一块"甜品"——调用巴赫金的理论话语资源，来谈谈诗歌不同于散文的语言特质问题。

赏玩之事，不等于学问，也不等于"诗学"。所以不谈考据，也不谈宇文所安如何在一些细微之处借鉴中国传统诗文评却不加标注。赏玩之事，关乎体验读诗这件事儿本身所带来的享受。当然，宇文所安的诗歌解读值得赏玩，关键还是在于宇文所安自身的功力。他既能细读杜甫，也能细读华兹华斯，还能讲出东西方诗歌的异同。如果仅仅从中国诗文评里拾掇些冷门儿的牙慧，是拼凑不出自家精彩的解读的。在这个意义上，他绝不仅仅是王夫之的操着美国南方口音的千古同人而已。

①
对杜甫《旅夜书怀》的文本细读

旅夜书怀

杜甫

细草微风岸，危樯独夜舟。
星垂平野阔，月涌大江流。
名岂文章著，官因老病休。
飘飘何所似，天地一沙鸥。

那夜他在船上，月光隐约勾勒出景物轮廓，而更清晰的细节则隐藏在黑暗中。他如何能描摹出那岸上轻摇的细草来？微风能在江面上感觉到，但他如何感知微风在岸上施加于细草的效果？这只能是基于非直接的指涉：只有动态的"细草"才能把"微风"显现出来，即便在不可见的黑夜里。

宇文所安没有提及《论语》里面孔子说的"君子之德风，小人之德草，草上之风必偃"。其实放在这个语境里是蛮"给力"的：君子的德好比微风，百姓的德好像细草，微风吹在细草上，草一定按照风的方向伏下。这不免又让我想起杜甫《春夜喜雨》里面的"随风潜入夜，润物细无声"。同样也是隐匿在暗夜中的"以德服人"的间接指涉。

这只桅杆高耸于他的上方。"危"，形容高而不稳，正如他随船颠簸而摇摆。他的游移的视线，从一事物移至另一事物。小小的细草和高耸的桅杆都在摇摆，只有岸不动。那是稳定的岸边，这是水和流动的世界，那边柔软、弯曲但坚固地扎根，这边僵硬、危险地摇摆，无根；那边细小而无意义，这边真正的重要。流动和无止境的运动，与稳定和坚固相对；独自旅行的一个人，与安全但是随风摇摆的岸上生存相对；危险的直立、巨大、高贵，与弯曲、微小、普通相对。这一简洁的图景模式投射出诗人心中的宇宙、道德、社会、文学的统一秩序。"风"是诗经中的"风"，指伦理的影响，使"众多"向它拜伏。

观者的视线从看不见的细草上升至桅樯，随后跃出到夜空。仍然是静态与动态相间的图式。星星扎根于夜空，如同细草扎根于岸。月影在江流中涌动，对应着桅杆的摇摆。从外界所体察出来的静态与动态的相间，在夜行江上的孤独诗人的内心产生共鸣，它们是他的不安、奔波、孤傲的投射。一根摇动不安的桅杆，一个月亮在长夜所散发的光华，一个被忘却的诗人，都被流动的江水所托起。

这里应该合法地联想到中国古人的"三不朽"情结，即《左传》里面的"太上有立德，其次有立功，其次有立言"。诗人害怕被历史长河所忘却的焦虑意味是明显的。江水的流动与《论语》里面的"子在川上曰：逝者如斯夫！不舍昼夜"形成指涉性关联。

他飘忽的视线在阔大的视野中凝聚为无垠夜色中唯一实现了自如移动，并整合一切孤立图景的能动角色，"天地一沙鸥"。诗是诗人思维运动的呈现形式。从杜甫这首诗的呈现形式来看，诗人极力

想冲破动态与静态之间的隔绝，力图实现和谐的交互，即打通芸芸众人和与遗世独立的自我之间的藩篱。这首诗的形式，就是克服诗人所觉察的世界秩序里面的隔膜的过程。它开始于对立的细草和危樯，在将自我物化为一系列的对应物后，诗人在沙鸥的比喻中，完成了对自我在意义世界中所处位置的最终想象式解决。

② 对杜甫《春日忆李白》的文本细读

春日忆李白

杜甫

白也诗无敌，飘然思不群。
清新庾开府，俊逸鲍参军。
渭北春天树，江东日暮云。
何时一樽酒，重与细论文。

在这首小诗中，杜甫作为年轻的诗人，赞美了比自己年长的前辈同行，闻名海内的李白，并表达了对重逢的渴望。但是，年轻的杜甫还是在对李白的颂扬声中含蓄委婉地贬抑了他。只有非常注意倾听这些诗句，才能听到贬抑李白的声音。杜甫毫不客气地发出了"细论文"的邀请。

"白也诗无敌，飘然思不群。"

——开篇"白也"这样的句式，在《论语》中是常用的。

孔子谈起他最得意的弟子颜回，是这样说的："贤哉，回也！一箪食，一瓢饮，在陋巷，人不堪其忧，回也不改其乐。贤哉，回也！"（《论语·雍也》）

颜回是孔门弟子中的第一典范。杜甫在颂扬李白时用这种能产生联想互文的句式，当然是对李白的高度赞美。不过也应该注意到：一个年轻的诗人赞美年长的诗人，用的却是师长孔丘谈起弟子颜回时那种爱护亲昵的口吻。当杜甫化用这一句式，以李白取代颜回的位置时，杜甫已经是在孔子的席位上讲话了。孔子表述自己的价值时总是用自谦的方式。所以在修辞效果上，当他对自己的才能不置一词，或者承认别人亦有胜己之处的时候，我们并不轻信他的自我贬低，而是对他的谦虚真诚肃然起敬，觉得在孔子众多品德中，谦虚实占有重要的地位。杜甫在这首诗里的谦虚就是精心的修辞。

再者，《论语》中的那种师长口吻，也使我们注意到描述品德的词句的微妙差异会带来不同的内涵。孔子经常称赞他的不同弟子各有其才。当我们听到孔子这么说以及后人对它此话语的模仿时，我们会知道，对某种才能的称赞，可能意味着其他某些重要品质的相应欠缺。孔子之所以这么说，是因为他为人宽厚，他宁愿只提出某人的一个优秀品质，让听者各自根据其才智来判断在哪些方面尚有不足。孔子说颜回"贤哉"，杜甫则说李白"诗无敌"。我们读到这里，不由得想问，杜甫在用《论语》中的语气称赞李白的同时，他的内心深处还认为李白有哪些不足。"诗无敌"意味着什么呢？当然，这首先是很高的恭维。但是，由于杜甫在这首诗开头，化用的是《论语》的句式，这使得他对李白诗才的称赞处于评价诗才的语境之外的儒家文化背景中。儒家文化的主流观点是，文学才能，一般只被看作修齐治平的副业。而且，只要比照一下《论语》中孔子用语的含蓄，就会觉得用"无敌"来做赞语，未免突兀，这样做会莫名其妙地惹起比较和竞争的问题。也许，年轻的杜甫一直在故作慷慨大方，以示毫无保留。但其口吻和修辞显得居高临下和没有说到点子上。李白的诗歌到底怎样"无敌"？不说清楚，就形同单纯地树立起一个让人嫉妒或揶揄的靶子。说者越显真诚，效果就越会

如此。可以说，杜甫给李白以热情洋溢、无以复加的颂扬，说他是所有诗人中最伟大的一个。

李白的"飘然"，像飞鸟，也像树叶，多么令人神往。他与芸芸众生板滞拘谨的生涯迥然有别。他的思想也是卓然"不群"——独一无二或孤立无援。"不群"，语出古代诗人屈原所作的《离骚》。屈原被放，远离庙堂，忧郁绝望，而自沉湘流。从"不群"二字中，我们会隐约听见屈原的哀怨之音。而当我们注意倾听时，其中的忧郁哀怨的不祥之音又极其微弱，被对于精神自由、卓绝才华的高声颂赞之声所淹没。

"清新庾开府，俊逸鲍参军。"

——颂扬的礼节，要求将被颂扬者与以前诗坛上的顶尖人物相提并论。假如杜甫没有把李白卓越的诗才称作"诗无敌"，那么，我们对这些相提并论就会更心安理得地接受下来，我们就会将这种赞扬暗暗理解为是在当代的"无敌"。然而，杜甫的颂扬却使李白得不偿失。庾信是南朝人羁北而终，虽在北朝位至"开府"（官至车骑大将军、骠骑大将军，开府仪同三司），却实质上被扣留北都，郁郁而亡，他这种无依无靠的境遇可能会让人想到"飘然"一词意义黯然的一面。

鲍照则死于乱军之中，重重地回报了"参军"俸禄。诗中每一

句这类的话都只是轻描淡写。不过，积少成多，把诗中许多这样的话并在一起，细察一下则令人吃惊。——在前四行诗中，杜甫把李白与四个人相提并论：一个是年轻早逝的颜回，一个是自杀身死的屈原，一个是晚年被扣羁留他乡的庾信，还有一个则是为乱军所杀的鲍照。

"渭北春天树，江东日暮云。"

——杜诗注家们都同意，本联是说李杜二人天各一方。"渭北"是指杜甫所生活的京畿地区。几百年前，北朝君主们对庾信文才爱护备至，不忍割舍，就将庾信扣留在这里。江东是指长江下游南岸地区，李白从宫廷流落民间后，即在此地漫游。杜甫在这一联中的对仗，并无深意吗？甚至不必像读《论语》时那样专注于微言大义，也能察觉得到。作为京畿地区的渭河一带，通常是与东南即江东地区相对而言，前者暗指宦途得志，飞黄腾达；后者则多半与寂寞潦倒、浪迹天涯、流离失所等相联系。禀性高洁，却过于卓然不群的屈原在那里赍志而殁，鲍照在那里死于小小的参军任上。相比之下，融融春日，象征着皇恩浩荡，用于生活在京畿地区的人身上正相吻合。霭霭云雾，沉沉日暮，则暗示着失宠和朝不保夕。这两句是杜甫在把自己依然生活在京华、享受着君恩的融融春阳，与李白自宫廷流落民间、浪迹东南大地相对比吗？假设我们不苟同那些杜诗注家的观点，我们还可以把这两行诗理解成指的都是李白的不同生活阶段。这样一来，杜甫就是在提醒李白，回想他失去君恩庇护，流落民间，在东南各地过着飘摇无依的流浪者的惨淡生活的过程。而且，这些眷恋昔日君恩的光辉，而今流落长江以南的人，都不会忘记这么一个榜样：另一个"无敌"的诗人屈原在绝望中终于自沉汨罗。但杜甫绝对不会同意上述解读。若能去问杜甫的话，他只会回答说，在这里只是因为与年长的友人李白远隔千里而心怀郁悒罢了。

"何时一樽酒，重与细论文。"

——当然，在孤寂艰险的绝望中，伟大的诗人并不是没有其他出路的。颜回可以安于箪食瓢饮，李白何尝不能与友人共饮，从杯酒中求得慰藉呢？为此，杜甫再次仿效孔子在《论语》中的口气，为他的诗写出了最后的两句。在《论语·学而》篇中，孔子说："赐也，始可与言诗也矣。"这是"某也"一语的又一用例。只是这个弟子是赐，即子贡，而子贡正好是常被拿来与颜回比较的。颜回离群索居，不幸早逝；子贡的特殊才能则表现在他能承认自己有相形见绌之处。子贡有自知之明，他尊重强于自己的孔子和颜回。（《论语·公冶长》篇）

杜甫的这首诗是以《论语》为基调写成的——《论语》对人类本质的最谨慎的判断是隐藏在微言大义中的，读时，我们要想法去理解比字面意义多出两倍甚至十倍的东西。无疑，杜甫是《论语》的信奉者，他说话的腔调总是仿效至圣先师孔子。这样，他就能大模大样地把伟大的李白变成受他溺爱称赏的对象。他为李白指出了两个典范。第一个是颜回，在孔子的弟子中，在成就上将来或许只有他能与孔子相比。当然，颜回的形象会让人联想到贫穷潦倒、离群索居和过早夭亡，让人联想到屈原、鲍照以及江东日暮。在诗末尾，杜甫给李白提出了第二个典范：子贡。这个典范意味着财富、长寿，能同享樽酒对饮之乐，共论诗之微言大义（在《论语》中，这是指孔子在裁决弟子对诗的理解时表示同意或提出异议）。但是，要过上子贡这种自由自在的生活，道德上得谦逊自抑，敢于承认别人确有胜己之处。子贡与颜回相比，自知不如。李白已经被杜甫"无敌"化了，顾名思义，就是没有敌手。这一般是惊人卓越的才华才能达到的境界。但一个从激烈竞争中急流勇退、从而给师长争光的人，也可以说是"无敌"的。

在诗的末行，我们看到的只是，杜甫强烈渴望与李白重逢，重温昔日与这个"无敌"诗人谈诗论文的欢乐。杜甫在这里是衷心地

钦佩李白，他为李白从宫廷流落民间真诚地感到悲伤；他为李白浪游东南各地深感忧虑。他盼望李白早日归来，与自己相聚。然而，在这个乍一看来意旨单纯的颂扬诗内部，杜甫的自尊心却巧妙地凸显出了真诚的高傲。杜甫这首诗之所以能引人入胜，是因为它既有一个宽厚高尚的外表，又有一个不易觉察出来的高傲内涵，二者同时占据了诗的语言形式。

（2）

上一节里面说到了，诗人和小说家的重要区别，是在于是否要讲故事。小说家总是要讲这样或那样、这类或那类的故事。诗人则不必。我们作为读者，对韵文 / 诗歌的关注点，也完全可以不在叙事上面。

——如果韵文 / 诗歌的魅力不在叙事上面，那么在哪儿？什么才是诗歌里面的珠玉？

简单而又不简单的答案是：魅力在于诗歌的语言。

——啥叫"简单而又不简单"？（做继续追问状——）诗歌在语言上的这种魅力到底是啥？这样的语言与无韵散文、小说等叙事性文类的语言，有没有本质上的区别？

如何去"打开"之，才不算是买了叙事的"椟"而还了诗歌的"珠"？

对于锲而不舍发自内心的发问，解答也自然会有很多。学界其实也如同"知乎"，会给你一大堆"公说公有理婆说婆有理"似是而非的解答，什么"奇诡的想象"、"优美的韵律"、"动感的节奏"、"言有尽意无穷"、"只可意会不可言传"等等。我个人觉得这些都没有搔到诗歌语言层面真正的痒处，只能算是"隔靴搔痒"，甚至是直接在空靴子的外

面搔痒，小腿和脚都不在那靴子里面。

当然我也知道，无论是"知乎"还是学界，隔靴搔痒、可遇而不可求是常态，直戳痒处是惊喜。

但今天就是有直戳痒处的惊喜要分享。这要感谢苏联理论"大神"巴赫金。

在解释诗歌语言的魅力（以及小说语言的丰富性）到底是怎么回事儿上面，巴赫金说了很多，大家只要翻看国内翻译的《巴赫金全集》（河北教育出版社，1998）第三卷"小说理论卷"这一"宝卷"里面的长文章《长篇小说的话语》的第二章"诗的话语和小说的话语"和第三章"小说中的杂语"就尽收眼底了。巴赫金"大神"博大精深的体系，从某种程度上说是一种加强版的语言（符号）学或语言哲学或现代修辞学。在之前还没有人像巴赫金那样，把语言修辞和社会历史看作是互为表里，囊括并洞穿了文史哲方面面很多深层次的问题。对于今天我们要讨论的诗歌语言话题来说，他从语言运用的角度来说事儿，把诗歌与小说的语言的不同之处，说得十分精彩。

（这样说，可能会让您觉得有些奇怪：为什么偏要借用一篇名为《长篇小说的话语》的文章，来解说诗歌语言的特质问题？是不是糊涂了？——好吧，我要说，巴赫金这种思考格局，比靠解读诗歌发家的英美新批评的方法、范式还要深广，更能直戳诗歌语言本质问题的痒处。您只管看下去，然后再判断我的脑子是否进水了也不迟。）

【稍微跑题一下儿，在此表达对巴赫金大神的膜拜之情。我前番尊称美国的米勒爷爷为"学霸"，而对于苏联的巴赫金（1895-1975），

则必须叫"大神"或"大侠"来体现他的段位了。这位瘸腿大侠（四十岁出头的时候因为骨髓炎恶化而一条腿截肢）的一生，简直就是"悲催"。沙俄灭亡的混乱乃至于斯大林"红色恐怖"年代对知识分子的威吓，都让这位大神赶上了。当巴赫金还是个文艺青年的时候，就被判刑流放，期满后流落在边远地区学校教书，五十多岁参加博士学位答辩，竟然也没有获得通过……这是怎样一种怀才不遇的极度"闷骚"人生？真真"鬼知道都经历了些什么"……彼时，西方学术的繁荣，与苏联是隔绝的。而当西方终于发现了这位巴赫金大侠，全世界学界为之震撼时，巴赫金他老人家已经去世了。……总之这位大神或大侠，属于世上最高段位的人文大师，是厚积薄发、饱经风霜的文学理论、符号学和哲学奇才，其成果足以供养千秋万代的博士论文和教授的饭碗……】

闲话少说。巴赫金认为小说语言与诗歌语言是十分不同的，前者在本质上是"对话"性质的，离不开巴赫金意义上的"杂语"、"复调"等，后者的特质则是隐喻象征性的，不管里面的喻像有多复杂，也不会产生不同声音的对话。

我只需引用《长篇小说的话语》里面的两小段话，就够"搔痒"了。

在我所引用的第一段里，出现了巴赫金所谓"杂语"（Heteroglossia）的一个著名定义，被写论文做研究的人们广为引用。由这段可以得知"杂语"为何物。在我所引用的第二段里面，巴赫金对他所理解的诗歌语言特质做了直接表述："（诗歌）语言象征义的两重（或多重）含义，在任何时候也不会唤醒双重的语气。"

【再啰嗦两句说说这两段话的翻译问题，然后就给大家端上简短

的引文，和对引文的分析"干货"。

我的引文不是直接采用国产《巴赫金全集》译本"宝卷"，虽然那是九十年代的精品。

我的中文引文是我自己翻的，是基于我对巴赫金英译的中文再翻译。

不懂俄文的我，最早接触和搞懂巴赫金，是在国外留学时，通过英文而进行的。我要引用的这两段话，都是来自于十多年前比较让我刻骨铭心的英文摘抄。（"Discourse in the Novel"，出自卡瑞尔·爱默生 [Caryl Emerson] 在八十年代初所编辑的英语世界经典性的巴赫金文集里的一种：*The Dialogic Imagination: Four Essays*。）回国后，我也用国产《巴赫金全集》中译本来定位我对巴赫金的理解，算是"殊途同归"吧。——但临到现在要引用时，我还是觉得自己翻译的引用起来才顺手，就忍不住自己从英文把这两段翻译成中文。（大家也可以用国产《巴赫金全集》来"殊途同归"一下儿。）】

好了，开始上菜。先端上来第一段引文——

"杂语"（Heteroglossia）一经被整合到小说话语的里面，（不论它是以哪一种形式被整合进来的），都成了他人的语言里面的他人的讲话样式。它服务于表达作者的意图，但这是以折射的方式来完成的。这种讲话样式，构成了一种特别的双声话语（double-voiced discourse）类型。它在同一时刻为两个说话人服务，同时表现两种不同的意图：正在说话的角色的直接意图，和所折射出来的作者的意图。

【原文】Heteroglossia, once incorporated into the novel (whatever

the forms for its incorporation), is another's speech in another's language, serving to express authorial intentions but in a refracted way. Such speech constitutes a special type of double-voiced discourse. It serves two speakers at the same time and expresses simultaneously two different intentions: the direct intention of the character who is speaking, and the refracted intention of the author. ("Discourse in the Novel" in *The Dialogic Imagination: Four Essays*, 324)

这段让我们看到了巴赫金自己对他所重视的"杂语"（heteroglossia）给出了怎样的说法。下面就让我们来进一步认识一下"杂语"是咋回事儿，有啥深远意义，以及对于我们要讨论的诗歌语言问题有啥参照价值。

我顶礼膜拜巴赫金大神，一个重要原因是他与学霸米勒爷爷等学者是做细读分析的高手。为了图解和分析"杂语"是啥，巴赫金顺手拈来并细读了从拉伯雷、狄更斯到屠格涅夫的一些小说文本段落，那种触摸文本的功力真是荡气回肠，令人叹为观止。唯一让我们中国读者觉得可惜的，就是西方（包括东欧、俄罗斯）这些研究，都是在他们洋人的文化共同语境里面展开的，不考虑跟遥远的我们中国文艺有关系还是没有关系。

既然巴赫金大神不是中国人，不会用中国文本来图解杂语，那么就让我这个中国人用中国文本实例来图解一下吧。（不刻意谦虚了。）为了深入浅出和节省篇幅，我就来一个便捷、通俗的。不找文学文本了，就拿二零零九年春晚小品《不差钱》里面"丫蛋"的几句台词来说事儿。

那位一心想去北京发展演艺事业的"丫蛋"，见到毕姥爷之后激动地说："我来自国际化大都市铁岭。"我觉得对这一句就能展开巴赫金意义上的"heteroglossia"分析。这句里面包含巴赫金所特别看重的那种"double-voiced discourse"——用他老人家自己的话来说（刚才的引文里面已经有了）："在同一时刻为两个说话人服务，同时表现两种不同的意图：正在说话的角色的直接意图，和折射出来的作者的意图。"

在丫蛋这句话里面，"正在说话的角色"当然是"丫蛋"本人。从这句台词里面表现出来的她的"直接意图"大概是："艾玛我知道北京是国际化大都市，咱来自铁岭，想来北京混，不能让北京的毕姥爷笑话咱不知道啥叫国际化大都市……"（是的，这才是她的"直接意图"。字面意义"铁岭是国际化大都市"不是她的直接意图。）那么从这句话里面"所折射出来的作者的意图"是啥？大概是"观众们你们当然知道，铁岭当然不是国际化大都市了。你们瞧，'丫蛋'这个土包子是真的激动了，她好紧张呀！"

这位"丫蛋"，紧接着说出一句更富含"heteroglossia"矿藏的话："毕姥爷求求您就让我留在北京吧，我感谢您八辈祖宗，做鬼也感谢您……"从中表现出来她的"直接意图"大概是这样："我太想来北京了，毕姥爷只有你能够帮到我呀你知道不？你要是不帮我，我咒你八辈儿祖宗，我就是做鬼也不会放过你。……"小品中的毕姥爷想必是"get"到了这个直接意图，听了"丫蛋"的这句话之后说："我听着怎么那么不对劲儿呢……""丫蛋"这段话"所折射出来的作者的意图"则是折射出来"丫蛋"对毕姥爷的期望值之高，高得甚至到了如果达不到她的

要求就会变成深切的怨恨的地步。作者以此折射了在机会极其不均等的国情之下，"屌丝"恳求"老司机""带带路"时内心复杂的爱与恨的交织。（是的，我的措辞，从二零零八年非线性地依次穿越到二零一二和二零一六年了。）

再快速复习一下巴赫金的原话："这种讲话样式，构成了一种特别的双声话语（double-voiced discourse）类型。它在同一时刻为两个说话人服务，同时表现两种不同的意图。"——你看，是不是这样？

其实通过我们对"丫蛋"两句话的细读，我们看到"heteroglossia"不仅仅可以是"双声话语"。在这两个例子中，我感觉到都至少是有三个声音在共同占用一句话的躯壳来表达不同的意思。——刚才已经分析到了"丫蛋"的直接意图和从她的台词里面折射出来的作者意图。其实，"丫蛋"的意图至少又分了两层：表层和深层。"毕姥爷求求您就让我留在北京吧，我感谢您八辈祖宗，做鬼也感谢您……"——表层是卑躬屈膝的正面恳求，深层则是弱者的威胁、怨恨。总之，其既感激涕零指望别人，又不爽于自己地位低下的矛盾心态，也折射于一句话的内在张力中。当然，巴赫金大神精通于分析各种复杂的"heteroglossia"，食不厌精脍不厌细。大家可以直接从他这篇《长篇小说的话语》长文章来领会。

如果你稍微扩展阅读一下（恕我不进一步引用了），会觉得巴赫金认为杂语对于小说的话语是非常重要的，没有杂语就没有小说。（再替巴赫金狗尾续貂一句。杂语和小说是一对好"基友"。这同时也间接地意味着：杂语和诗歌很难"CP"。）（但我也不觉得巴赫金陷入了简单化

的"二元对立"思维。巴赫金从来就没有简单过，更不会二元对立，而是强调比较的方法，和差异、"对话"的价值。否则，"Discourse in the Novel"这篇文章也不会庞大到将近一本专著的规模。）

按照巴赫金的意思，也就是说，散文（小说）的语言内核与韵文（诗歌）的语言内核是互为他者的关系。——如果你看了下面的引文，就会自行得出这样的观点了：

> 诗语的语言是隐喻象征性的，需要能够召唤出对于里面两重意思的精确感受。……但不管我们怎样来理解诗意象征（隐喻）中几重含意之间的相互关系，这种相互关系无论如何都不会是对话性质的。在任何情况下任何时候都无法把一个隐喻（比如说，一个暗喻）扩展为一次对话中的双方对谈。这也就是说，无法把里面的两重含意拆分为从属于两个不同的说话声音。正因为此，所以（诗歌）语言象征义的两重（或多重）含义，在任何时候也不会唤醒双重的语气。相反，在诗歌语言里面只有一个发音，只有一个语调系统，这样就足够表达诗意里面的复杂性了。对一个象征义里面不同含义之间的关系，可以从逻辑层面进行解读。（比如当作一个部分或一个个体之于整体的关系，或者比如一个专有名词变成了一个象征性符号；或者比如具体之于抽象的关系，如此等等。）也可以从哲学和本体论的层面进行解释，比如作为一种特定的表征关系，或是作为现象和本质的关系等等。也可以转换为突出这种相互关系的情态和评价方面。但无论如何，（诗歌语言）几重含意之间的所有上述各种相互关系，都没有超出，也不可能超出一个词语同自己（所指涉的）那个事物的关系的范围，或者所指涉事物的各个方面之关系的范围。
>
> 【原文】The poetic word is a trope, requiring a precise feeling for the two meanings contained in it... But no matter how one understands the interrelationship of meanings in a poetic symbol (a trope), this

interrelationship is never of the dialogic sort; it is impossible under any conditions or at any time to imagine a trope (say, a metaphor) being unfolded into the two exchanges of a dialogue, that is, two meanings parceled out between two separate voices. For this reason the dual meaning (or multiple meaning) of the symbol never brings in its wake dual accents. On the contrary, one voice, a single-accent system, is fully sufficient to express poetic ambiguity. It is possible to interpret the interrelationships of different meanings in a symbol logically (as the relationship of a part or an individual to the whole, as for example a proper noun that has become a symbol, or the relationship of the concrete to the abstract and so on); one may grasp this relationship philosophically and ontologically, as a special kind of representational relationship, or as a relationship between essence and appearance and so forth, or one may shift into the foreground the emotional and evaluative dimension of such relationship—but all these types of relationships between various meanings do not and cannot go beyond the boundaries of the relationship between a word and its object, or the boundaries of various aspects in the object. ("Discourse in the Novel" in *The Dialogic Imagination: Four Essays*, 327–328)

这就是说，对于巴赫金，诗歌语言的特质来自一个单一说话者（诗人）对于语言的多重含义的挖掘、驾驭。诗人如同"独裁者"，赋予语言以"团结、紧张、严肃、活泼"的效果。（请原谅我的"与本土接轨"的措辞，但是，你懂的。……）好诗歌的语言运作是一种高超的技艺，让一个词、一句诗，一个象征，一个意象，同时在不同层面展开，获得复杂的含义。这种说法儿，就与精通诗歌分析的与巴赫金写作时间平行

的英美新批评学派遥相呼应。新批评学派所爱说的诗歌语言里面方方面面的张力（tension）、肌理（texture）、悖论（paradox）、复义或晦涩（ambiguity）等等，与巴赫金说的"对一个象征义里面不同含义之间的关系，可以从逻辑层面进行解读。……也可以从哲学和本体论的层面进行解释……。也可以转换为突出这种相互关系的情态和评价方面。……"是兼容的。

当然，巴赫金的格局比英美新批评学派更加宽广。他孤悬于当时西方学术共同体之外，鹤立鸡群，反而集西方意义上的语言学、符号学、形式主义、结构主义等的思路于一身。所以我觉得借用巴赫金的洞见来直戳诗歌语言的魅力机制，反而比引用靠诗歌分析起家的英美新批评说得更透。

在巴赫金的概念体系里，"the prosaics/ 散文、平凡文体"是与"the poetics/ 诗学、诗歌文体"相对应的。"小说 =prosaics= 复调、杂语的运用。"——一言以蔽之，这体现了巴赫金所特别钟爱的"对话"性。说到诗歌语言，再替巴赫金狗尾续貂几句：诗歌语言不管有多复杂，也应该说是复杂的"单语"，而不是出现在小说或散文里面的那些"杂语"，因为一首诗里面的语言在"语调"或"声音"上是统一的。如果说语言是人类用来表述的仆人，小说语言的运用，是一仆二主乃至多主，高妙之处体现在"多主"上。诗歌则是一仆多能身兼数职，高妙之处体现在多才多艺上。

你还记得在上一节的内容吗？宇文所安是如何评价杜甫《春日忆李白》的？ ——"杜甫这首诗之所以能引人入胜，是因为它既有一个宽厚

高尚的外表，又有一个不易觉察出来的高傲内涵，二者同时占据了诗的语言形式。"——读诗高手宇文所安所说的"二者同时占据了诗的语言形式"，与理论高手巴赫金说的"在诗歌语言里面只有一个发音，只有一个语调系统，这样就足够表达诗意里面的复杂性"，难道不是异曲同工？

还记得米勒爷爷在分析叙事问题，分析到诗歌领域，华兹华斯的《昏睡封闭了我的心灵》时，提及读诗高手燕卜荪时说了啥？

> 对燕卜荪来说，无论这些不确定性如何复杂，它们都需要被结合在一起，需要被放进一个统一结构之中。相反，我认为一个复杂词也可能是基本上不一致的含义的交叉路口。这个真相可以由绝不能还原到统一体中去的叙事残片来揭示、披露和展示。
>
> （参见前面的4.3节"我们为什么总是要更多的故事？"）

米勒笔下的燕卜荪的意见（"无论这些不确定性如何复杂，它们都需要被结合在一起，需要被放进一个统一结构之中"），和上一段的宇文所安、巴赫金是不是也很像？

相反地，米勒的看法（"相反，我认为一个复杂词也可能是基本上不一致的含义的交叉路口。这个真相可以由绝不能还原到统一体中去的叙事残片来揭示、披露和展示"），则是不是与巴赫金所言小说语言里面的"杂语"精神（"它在同一时刻为两个说话人服务，同时表现两种不同的意图"）异曲同工？

回到上一节开头我的一段话：

> 我经常觉得，喜欢读文学的人，可以分成两种：善于读散文／小说的和善于读韵文／诗歌的。善于读此的，不一定善于读彼。（当

然还有第三种，就是两手都硬，都善于的。）解读的路数也不一样。

是的，米勒貌似是前者。（我本人也是。你呢？）宇文所安和燕卜荪貌似是后者。前者的高端是复杂的动态主义者。后者的高端是复杂的完美主义者。

巴赫金则在今天的讨论中，展现为是难得的"第三种"。（其实他整体上还是更偏重于前者。）

你正在看的这本《打开文学的方式》，确切地讲，是"打开一半文学的方式"，或者"打开文学的一半方式"。（此处应有笑声。）但也并非没有顾及韵文 / 诗歌的另一半，只不过是给紧凑地打包为"3.4 课间甜点：也来说一说解读韵文 / 诗歌"了。这一部分也还没完，请继续看。

（3）

还记得"3.4 课间甜点：也来说一说解读韵文 / 诗歌"开头的那段话吗？——

> 我经常觉得，喜欢读文学的人，可以分成两种：善于读散文 /
> 小说的和善于读韵文 / 诗歌的。善于读此的，不一定善于读彼。（当
> 然还有第三种，就是两手都硬，都善于的。）解读的路数也不一样。

你属于哪种"喜欢读文学的人"？我说了我属于第一种，"善于读散文 / 小说的"。所以，我不敢敞开了讲如何来解读解读诗歌——那不是我最擅长的。既然"做不成诗歌解读的大餐，就做几块小甜点吧。"

所以才有了课间甜点三块。现在是第三块。

第一块甜点是关于"体验"的。我们体验了善于读诗的，来自美

国南方的汉学大师宇文所安对杜甫两首诗的解读。

第二块甜点是关于"理论"的，借用苏联文艺理论大神巴赫金的研究，直戳诗歌语言魅力特质问题的核心。

这最后一块课间甜点，是关于"实践"的。

实践的理想状态，是自己动手去做。但这一本书不可能空一些页码让你自己去实践一番。那样的话，不仅编辑、出版社不会干，而且我打赌你也不会勤快到自己写一篇补进去的地步。

那就退而求其次，给你提供一个别人的实践，一个和我们各方面相仿的一般文学爱好者的实践。你看了以后也许会觉得：我也可以做到这样，让我自己实践起来，把诗歌打开！

下面就请看王 XX 同学的实践。他不是宇文所安，也不是大神巴赫金。他就是在二零一六年春季学期上我的解读课的一个同学。我也不是说他这一篇就是范文。我只是说，我们九零后同学，只要发力得法，得到好的引导，有些人就能够发现自己具备打开文学解读的能力。

你也可以这样。

我一字不易，把王 XX 同学的诗歌解读实践，贴在下面：

解读痖弦诗歌《上校》
王 XX

《上校》是一首现代小诗，只有十行三节：

那纯粹是另一种玫瑰
自火焰中诞生

在荞麦田里他们遇见最大的会战
而他的一条腿诀别于一九四三年
他曾听到过历史和笑

甚么是不朽呢
咳嗽 药 刮脸刀 上月房租 如此等等
而在妻的缝纫机的零星战斗下
他觉得唯一能俘虏他的
便是太阳

乍看之下，极为平常，也容易一知半解，但疑点多多。下面运用文本细读法，寻找构成诗中艺术世界的各种要素。

标题《上校》（上校是团长以上的军衔），暗示诗的内容，必定与军官、战场、死亡、伤残有关。

"那纯粹是另一种玫瑰／自火焰中诞生"，提起玫瑰，我们很容易将它同浪漫的爱情、美好的恋人联系起来，但在这里，"纯粹是"和"另一种"否定了通常意义上的联想。当玫瑰与柔情蜜意和浪漫爱情无关的时候，会是怎样的一种玫瑰呢？它"自火焰中诞生"，是"火"玫瑰。在颜色上排除了白玫瑰、黄玫瑰、粉玫瑰，是火一样红、火一样热的红玫瑰，而且火焰的形状也极似玫瑰的形状。不管是火焰般颜色的玫瑰，还是玫瑰般形状的火焰，它们会绽放在哪里？联想到这首诗歌可能的主题，我们不难猜测是在战场。

"在荞麦田里他们遇见最大的会战／而他的一条腿诀别于一九四三年"，这场大战中，上校受了伤，永远地失去了一条腿。子弹射出、枪管冒出的火光，是玫瑰；炮弹爆炸开花，是玫瑰；四面飞溅的鲜血与肉块，是玫瑰；断腿留下的创面，是玫瑰。反讽的是，玫瑰本来是恋人之间幸福交往的象征，这里却象征着摧毁对方身体，甚至消灭对方生命的连天炮火。

与血色玫瑰相呼应的是漫山遍野开满红花的荞麦田。查阅资料后我们可以了解，荞麦花有两种，一种是红花，一种是白花，从上下语境来看，这里的荞麦花，只能是红色的。这是诗歌选择色彩、

营造氛围的匠心之处，也是将最大的会战安排在荞麦田，而不是小麦田和玉米地的原因。玉米地、小麦田要么是绿色，要么是金黄色，绝对不是红色。除了色彩因素之外，荞麦生长在贫瘠的地方，生长在麦子长不好的地方，寓示着地方贫穷，在贫困的地方战斗。荞麦田本来是生产人类粮食的地方，荞麦花更可以成为人类的审美对象，但这里发生的人类行为却与自然美景形成强烈反讽，正如苏轼当年联想赤壁鏖战时的写景名句"江山如画"。

"最大的会战"，强调这次战斗的规模之大，前所未见，残酷性、惨烈性前所未有。连上校也要冲锋陷阵，挂彩捐躯。其他战士也就可想而知。会战中，火力密集，烈焰奔腾；会战后，尸横遍野，血流成河。这种让人不乐见、不忍见的场景，诗中以红花似浪的荞麦田和浴火而生的玫瑰来作寓意的呈现。玫瑰和荞麦，不再单纯是自然界的一种花卉和粮食，它们被赋予了多种蕴含，产生了一种表达的张力。

会战设定在一九四三年，其实包含着作者独特的用心。一九四三年是中国抗日战争由防御转入反攻的大转折阶段，八年抗战从此迈向胜利。同时，"一九四三年"也告诉读者："上校"的军衔，只能是国民党的军官。所以"他曾听到过历史和笑"，"过"表示过去时态，表明战争、胜利、欢笑已经结束。

作为军人，上校肯定听说过许许多多关于民族大义、精忠报国的民间历史故事，听见过讲故事的人和听故事的人一起为正义一方的胜利高声大笑，为战争的胜利欢欣鼓舞。无疑，这些历史故事影响了上校，国难当头，风华正茂的他冲上了抗日战场，为国家、为民族浴血奋战。抗日战争取得了胜利，是历史的胜利，上校听见的是举国欢庆的笑声。

"甚么是不朽呢／咳嗽药刮脸刀上月房租如此等等"，"不朽"就是没有消失，依然存在。战争结束了，欢笑结束了，没有随着历史消失的是什么呢？日光流年，生活琐细，上校对所谓"不朽"有了新的感触和认识。中国传统文化素来有着"三不朽"的学说："太上有立德，其次有立功，其次有立言。""立德"，即树立道德；"立功"，即在战场杀敌、为国为民建立功绩；"立言"，即提出具有真

知灼见、可以流传百世的言论。上校建功沙场，却享受不了胜利的果实和长久的欢笑，他的"不朽"，是日常生活中的种种琐细，是两腿不全，是身体抱恙，以及每月为房租所做的打算。"如此等等"还告诉读者：上校的"不朽"，并不限于上面涉及的三项内容，还会包括一日三餐的柴米油盐酱醋茶这些日常生活中各种平淡而琐碎的"等等"。昔日的战斗功臣在战后却过着拮据不易的生活，国家和人民既没有给他优厚的物质奖赏，也没有给他崇敬和功勋，现实的不朽对历史的不朽进行了意义上的解构。

"而在妻的缝纫机的零星战斗下／他觉得唯一能俘虏他的／便是太阳"，他的妻子十分贤良，感情上接纳他，生活上照顾他，时常接点缝纫加工零活，补贴家用，交纳房租，维持生计。在一片苍凉冷色之中，妻子的贤惠是唯一的暖色。"缝纫机的零星战斗"，与第一段"荞麦田里"发生的"最大的会战"，形成了大战与小战、国家和自家的强烈对照。这种"缝纫机的零星的战斗"必须四肢健全才能作战，一条腿的上校只能坐在旁边，看着他的妻子一个人孤独地战斗，继而由妻子感情的温暖联想到太阳的温暖。太阳不仅是温暖的，而且是无私的、公平的、永恒的，绝不会因人而异，对每一个人都是平等的。对上校来说，他的贡献和待遇、付出和获得形成巨大反差，他觉得温暖的、无私的、公平的，除了妻子，就只有对每个人都发光发热的太阳。这样，诗歌的境界一下子就从个人的遭遇、悲欢，提升到人类的一种普遍感情、普遍诉求和普遍认知。

在血与火的战场上，上校不曾被敌军俘虏。在和平时代，这样一个血性硬汉，却心甘情愿被太阳俘虏了。对家的温馨感受、对公平正义的渴求，是唯一的原因；另一方面，能够回报上校这位抗战功臣并使之感受温暖的，不是社会，不是制度，而是踩着缝纫机进行零星战斗的自己的妻和大自然的太阳。平凡与伟大、温情与批评、人类与人类、人类与自然，融合为一体。

细细读完这首小诗，不难发现，小诗不小，在简练的语言之中，蕴藏着复杂而宏大的意义结构，时间跨度大，感情起伏大，思想冲突大。描述场景由宏大悲壮到日常平庸；从激烈、壮观到平淡、苍凉；历史的，现实的，生活的，人生的，兼而有之。对历史的质疑，

对现实的无奈，对生存意义的叩问，都涵括在短短的十句之中。尤其是国家的胜利，并不意味着每一个功臣或人民都会得到同样的幸福；集体的笑声，也不意味着每一个个体都会获得同样的快乐。这种思考和呈现，让小诗超越了具体的人和事，指向了历史意义、人生意义的哲学高度。

3.5　叙事就是对"意义"的设定

"课间甜点"时间结束了。

一个足够长的"课间"，不是吗？（在这本书里，课间不是用时间，而是用字数来衡量。刚才关于韵文／诗歌的"课间"是一万六千一百五十字。）

现在请回来继续听我讲第三讲："聚焦于解读叙事"。

这一节的标题是：叙事就是对"意义"的设定。——仍然可以引用米勒爷爷的论述来做解题：

> 人类讲述故事的能力是男人女人——共同围绕着他们的生活——构筑一个有意义和秩序之世界的方法。我们通过虚构文学来盘查人类生存的意义，或许也能够创造出新的意义。

这在"3.1 我们为什么非要故事不可？"虽已经引用过了，但值得展开了进一步说，一万字也不嫌多。

讲故事这件事儿，在文学批评、研究术语里叫作"叙事"。叙事这事儿真的很重要么？——是的，非常重要。

叙事，是用语言来模拟和制造事件的方式。就是说，用语言来说／

写出一件事儿，这事儿也往往不一定是真发生过的，却能吸引人、影响人。（比如"You know nothing, Jon Snow"，比如夸父追日，或者"三体人"对人类的"降维攻击"，或者一只叫"维尼"的熊类和一只叫"跳跳虎"的虎类用人类语言交谈……）

叙事能够吸引人，这好懂。啥叫能"影响人"？——其实就好比"不管你信不信，反正我是信了"——这个"信"不一定是指在事实层面上的，也可以是情感、价值、思想等的各种层面的认同。比如塞万提斯笔下的堂吉诃德老爷读"骑士小说"入了迷，受到"影响"，自己就决定换个活法儿，真的抛下家业，按照想象中的骑士范儿出去行侠仗义了。而《堂吉诃德》问世之后的同时代读者，读了之后，则另有所思，至少一下子就让彼时流行的"骑士小说"不流行了。

前番"我们为什么非要故事不可？"和新番"叙事就是对意义的设定"，这两部分是直接对接的关系。

我们为什么非要故事不可？——米勒爷爷大谈了"虚构"问题。米勒爷爷认为"虚构－认可机制"是人类的一个基本活动，囊括了"博弈、角色扮演、白日梦和其他林林总总的表现形式"，其中"也包括文学"。对他老人家来说，文学上的虚构，叙事是大宗：

> 我们从文学虚构中学到了什么？我们学到了事物的本来面目。我们需要通过文学性虚构来品尝可能的自我并且将我们的状况在实际世界中进行推演和角色扮演。想想在虚构文学里有多少是关于成长的故事就知道了——比如说童话故事。在成长故事里更包括像《远大前程》或《哈克贝利·费恩》这样伟大的小说。如果用更现代的话语方式来表达亚里士多德的意思，那我们可以说通过虚构作品我

们得以塑造并且重塑我们的生活经验。我们赋予从生活中得来的经验以形式、意义，和一个线性发展的结构——其中包含着形态严整的开端、中间部分、结局，和中心主题。

（详见"3.1 我们为什么非要故事不可？"）

博弈、角色扮演、白日梦、能讲出故事的一类文学，这些脑力"活动"确实都是相通的——相通在叙事上面。总之，要有人物、情节，和对人物情节的合理解释。"博弈"——各种形式和内容的比赛——都包含着过程中的激烈对抗，和令人期盼又难以预料的最终结局（输赢、比分）。从叙事的角度去看，这不就是纯天然地在生成新的引人入胜的故事情节？电子游戏也是博弈的一个分支。那些角色设定类的电子游戏，叙事性因素则更为生动多变。就算我不玩儿电子游戏，我也知道这个——你得先在各种备选角色里面进行挑选，决定自己当谁，比如当孙权不当曹操。角色选定了，情境、情节就会一路生成，就能开始玩儿了。"cosplay"不也可以算是"角色扮演"里面的一个分支么？玩"cosplay"的人在过瘾地"cos"角色的衣服道具面貌之时，是为了让另一种过瘾从内心里释放了出来，即要"YY"该角色所参与其间的那些令人难忘的情节……"白日梦"是啥？——必须有情节和人物设定，对不对？一言以蔽之就是叙事。

（哇！天了噜！叙事研究也可以这样火爆！原来可以是"cosplay"＋角色设定＋"YY"这样的东西！……我似乎听到有读者在尖叫。）——是的，但理性分析才最"火爆"。关键是要找到并抽取出这种"逆天"的魔力共性，即这些好玩的东西的好玩儿之处到底在哪儿。

"人物＋情节＋前因后果"的魔性，其实就是叙事活动本身的魔性。——"make-believe"（虚构－认可），并给出理由，让人觉得有道理。你跨越了时空、性别、种族、阶级，甚至物种，获得了广阔的生命体验，和对意义的追寻。

　　比如说福楼拜的经典小说《包法利夫人》能带你深入地"cosplay"到十九世纪一个法国外省资产阶级女性的白日梦内心世界。这是从读者角度说的。作者又何尝不是如此？别看福楼拜在外表上是又矮又胖一个大叔，写《包法利夫人》的时候绝对是跨性别跨体型，把自己"cos"进去了，说什么"c'est moi"（"这就是我"）。当写到包法利夫人生病的时候，福楼拜自己身体居然也出现同样的症状……甚至不管你是男生女生，当你阅读怀特（E. B. White）的《夏洛的网》时，你都会不自觉地跨物种，认同于小猪威伯的角色……

　　好了，总结一下。按照学霸米勒爷爷的说法："虚构－认可机制"是人类的一个基本活动，囊括了"博弈、角色扮演、白日梦和其他林林总总的表现形式"，其中"也包括文学"。

　　叙事活动是以"虚构－认可机制"为前提的，这样才可以超越了年龄性别种族甚至物种的局限，更超越了时间空间，在各种角色扮演和设定以及白日梦中，极大地解放了和带来了人生体验。你从各个人生来折射、反观自己的人生。

　　关键是，这事情很过瘾。自从人类有了语言，从在部落篝火前讲故事开始，叙事活动及其不断衍生的各种分支、形式，让人类玩儿了几千年也不腻，而且仍然是"停不下来"的节奏，在电子游戏、"cosplay"、

动漫，和虚拟世界中不断延伸。

那么这件事的过瘾之处到底在哪里？——在于人对于"意义"的追寻。

人是唯一追求"意义"的生物。这就像前面第一讲就指出了彼得·布洛克斯所指出的，人是使用符号的动物，"homo significans"。语言等符号（sign）就是用来辨识和表述意义（significance）的。对意义的渴求，是内设于我们内心世界的，比如著名的"我是谁？""从哪里来？""到哪里去？"就如同一个弃儿，在内心深处一定有寻找自己亲生父母的强烈愿望一样，我们每天都在追问一些"意义"范畴的问题。"意义"，往大了说，指的是人生的意义，存在的意义，"三观"等，往小了说，指各种观念、意见、想法、思考，比如"结婚是为了啥？"、"要不要生孩子？"、"生活不是眼前的苟且，还有诗和远方的田野"、"穿戴名牌是图个啥？"、"我算是步入主流社会了吗？"……

人可以戒毒、戒烟、戒酒、戒色（比如僧尼）、戒赌，但就是戒不了对意义的追寻。

于是怎样？——

叙事就是对"意义"的设定。——对的，这就是这一节的标题。

> 人类讲述故事的能力是男人女人——共同围绕着他们的生活——构筑一个有意义和秩序之世界的方法。我们通过虚构文学来盘查人类生存的意义，或许也能够创造出新的意义。

天哪，又在引用米勒爷爷！

好吧——但叙事的令人着迷、令人过瘾之处就在这里。

再引用米勒爷爷对叙事的一点说法儿：

> 它能够为我们建议自我的存在形态或者行为方式，使我们在真实的世界中去模仿它们。顺着这个思路也可以这样说，我们读过恋爱小说之后，才会在生活中堕入爱河时意识到如此。从这个着眼点来看，虚构文学可以说具有无比的重要性。

这个在前面也引用过了，现在提出来单练，仍然字字珠玑、值得展开讨论。这里面出现了一个很容易被忽略的点：叙事作为意义的载体，把意义直接赐予我们了，然后才轮到我们用自己的生活来确认、实现那已经给定的意义。也就是说，对意义的判定，要先于对意义的体验、"验证"和理解。

这与人们平常认为的"先体验生活，后发现意义"顺序是相反的。"先体验、后发现"模式就相当于目前流行的"DIY 自驾体验游"模式。然而其实呢，深入思考之后就会发现，这一"不假思索"的共识本身就是个"坑"。

自驾游真的比组团游更随心所欲吗？组团游要被导游所管制，那么自驾游难道就自由吗？不尽然。那"bug"在哪里？——自驾游总是以穷游、百度等等上面那些"攻略"为亦步亦趋的模板，不过是"按图索骥"。这些个"攻略"，往往可以被视为一个叙事套路——时间、地点、情节，甚至这趟旅行的意义（复古、原生态、浪漫、小资、返璞归真等等不一而足）都已经给定了，只剩下您亲自用肉身来"自驾"一番，尽量确保在各个环节都不出问题，越像攻略模板越好，模仿一下设定好的

角色，验证一下"意义"而已。

再说"体验生活"这词儿。其实这是文革前"十七年文艺"话语里面的常用词儿，是老词儿了。啥意思？就是说要深入到工农兵厂矿农村部队基层，对具体的"生活"有了足够的"体验"之后，才能在创作中实现"升华"，相当于发现了真理，即正确的道路，写成既被工农兵群众所喜闻乐见又形象刻画了社会主义生产斗争和阶级斗争路线方针政策的好作品。——听起来也像"自驾游"一样，不是吗？这回的"bug"能在哪里？——"bug"仍然是按图索骥问题。在这种模式下，路线方针政策，作为意义，作为"攻略"模板，早已先行判定。"体验生活"这就又如同肉身"自驾"了——现在只需作者您用肉身来"验证"并"安利"一下，以便把意义通过文学叙事文艺叙事，传递到更多贫下中农和工人解放军战士的"生活"中，让他们也有机会复制出更多的"情节"来。更有甚者，在文革期间出现了更为露骨的"三结合"创作模式：领导出"主题思想"，工农兵群众出"生活"（细节），作者出"文笔"。（我听见有"广告狗"和"微信运营公号狗"在尖叫："OMG！这不就是我们公司么！离双十一还有仨月，我就要变成那个出文笔的了……"）——是的，太阳之下无新鲜事儿，虽然他们说"不是所有的牛奶都叫特仑苏"。

这似乎给人一种"生活中到处是坑"的感觉，如果你把叙事看作是"挖坑"的话。其实呢，你总得进坑，不进这个就进那个，区别在于哪些适合你，有益，哪些不适合，有害。（啥叫"适合"、"有益"？谁说了算？如何验证？——那就是另外一个深远的话题，不归我们这本

"文学解读讲义"来负责讲解了。）其实，人活着必然是"心累"的。不妨把各种叙事当作各种意义的竞技场，如同前面引用过的米勒爷爷的另一句话："不同叙事类型的流行程度在时间里的消长"，借助不同媒介形式，"从开始的口头讲述变成了印刷读物，然后又从印刷读物变成影视"，会"对文化形态的塑造具有不可估算的重要作用。"

在这个意义上，叙事便如同人生意义的发射源，通过小说、影视、视频、动漫、画报、游戏、小品等等的波段，不断地发射意义给我们人类的群体和个体。我们的头脑作为接收器，也有千差万别的型号，同一个脑子在不同年龄段和人生阶段也会取舍不同的信号，有的易于接收这个意义、不接收那个，有的要那个不要这个，在这个时候要这个，在那个时候要那个。接收到意义后，再在自己的生活中"落实"出如此意义来。

难怪米勒爷爷这样写道："我们读过恋爱小说之后，才会在生活中堕入爱河时意识到如此。"米勒爷爷是对的。——我们都不是人类里面开始谈恋爱的第一批人，也不是远离人类社会的人猿泰山。在我们真正"堕入爱河"之前，早已检阅了无数的"模板"。我是七十年代生人，记得上初中那会儿，班上就开始流传（传阅）琼瑶的小说，什么《心有千千结》、《彩霞满天》、《月朦胧鸟朦胧》，老师屡禁不止。按照米勒爷爷的说法，算是我那一代人的"恋爱小说"吧。读过琼瑶的"恋爱小说"之后，就有人开始"早恋"了……

每一代人有每一代人时兴读的"恋爱小说"和影视里面的恋爱模板。就算你特别"单纯"，从来不看这些东西，也没关系——相声、小品、

广告，和二十一世纪普及起来的网络、手机平台，都给你提供了太多普及型的翻版，想看不到都难。我们的恋爱，其实是模仿着这样一些个或那样一些个叙事所教给我们的谈恋爱，从玫瑰、红酒、钻戒、伴郎伴娘到情节、人物设定，一步步水到渠成的。从该说什么到如何去做，都是被调教出来的。当我们审视自己或别人的恋爱时，扪心自问，我们很难否认，内心却曾闪出过"这是韩剧式的"，或日剧式、美剧式，以及十九世纪英国简·奥斯汀小说式等等的联想，或者联想到特定某一个电影……这些都是通过叙事来"润物细无声"地设定到我们的头脑里，并不断通过新的叙事流入（"正三观"或"毁三观"的电视剧啦，小说啦），来维护或更改我们的设定。

回到更幼小的童年。人类个体在想去读"恋爱"小说，体会到"早恋"这档子事儿之前的幼小年龄，甚至在拥有记忆能力之前，就已经接受了叙事活动对自身的设定。也许你自己都不相信，我们早年一些最初的鲜活记忆，一些对我们人格成长的最初奠基，并不是建立在自我的记忆能力上，而是归功于大人反复讲述的结果。——我们记住的并得以还原的，不过是别人的叙事在我们身上所产生的效果。

举一个特别鲜活的，甚至有些极端的例子。说的是伟大的儿童心理学家、认知科学家、教育理论家让·皮亚杰（1896-1980）自己写下来的他自己幼年所"记忆尤深"的"坐在宝宝车"里面所突发的难忘事件。他研究个体思维发生和语言发展等问题，研究了一生，为世人提供了认知科学的本体论框架和教育学的"建构主义"方法论框架。所以，这位大师自己所记录下来的幼年"亲历"的事情，就特别让我觉得有意

思。您往下看看便知：一段特别真切的童年"回忆"就被皮亚杰严谨靠谱的头脑所解构了。皮亚杰让我们看到了如此情境：一段虚假但是活灵活现的叙事，居然设定了儿童自身最初的记忆：

> 在我的脑海深处，一直存在着一个孩提时代的记忆，如果它可信的话，那就太好了，因为它把我带回到一个常人还没有记忆的年龄。那时，我还坐在宝宝车里，被保姆推出户外。她沿着郎德附近的杰布斯——艾里瑟斯下坡路推着我走着。这时，有人企图绑架我，试图把我从婴儿车里拉出去，还好车内的带子把我系住了。保姆与那个男人扭打起来，他抓破了她的前额。如果不是警察及时赶到，还不知道会发生什么更糟的事情。即使是现在我还能认出那个男人，仿佛此事就发生在昨天一样，……但那男人逃跑了。这就是整个故事。作为一个儿童，我就有了自己曾被企图绑架这样一个非同凡响的记忆。后来——肯定是我已经十五岁的时候——我的父母接到了那位保姆写来的一封信，信中说，她不久前皈依了宗教，因此打算承认她的所有过错。她说，那个被绑架的故事是她编造出来的，是她自己抓伤了自己的前额。而现在，她愿意主动交还那块曾为了表彰她的勇敢而赠送给她的手表。换句话来说，我这个记忆中的事情没有一丁点是真实的，但是，我的脑海里又的确有着这段经历的极为生动的记忆，甚至在今天仍是如此。我可以把发生该事的精确位置指给你看，可以回想整个事情的经过。……我母亲一定是告诉了什么人，曾有人企图绑架我，……而我无意中听了这个故事，并且，从那时开始，我就重新构造那种想象——这种想象是如此有意思，以至在今天，它似乎仍然是我曾经历过的某件事的记忆……（《皮亚杰的认知和情感发展理论》，瓦兹沃思 [B. J. Wadsworth]，徐梦秋、沈明明 译，厦门大学出版社，1989）

皮亚杰再伟大，也是从"图样图森破"、"坐在宝宝车里"的童年

一步步走起，一步步伟大起来的。如同皮亚杰本人的例子所告诉我们的那样，我们在很小的时候并没有记忆能力，是靠大人的讲述——不管是真的还是假的——来建构我们自己人生最初的"故事"。即便是从那个阶段保存下来的照片、纪念物，和视频记录，也代替不了关于我们的故事本身，需要得到故事的"加持"，才具备了从旁对故事进行解释、评价、引证的价值，就如同连环画的画面本身代替不了连环画的故事一样。

当儿童的想象能力、语言能力齐头并进之后，就对画报、动漫，乃至故事书感兴趣了，然后进一步过渡到拥有识字能力，就可以自行阅读，无须借助大人口头转述了。还记得第一讲就说过的吗？——由符号所编织的意义网络从来也不曾离不开我们。用美国文化人类学家克利福德·格尔茨的话来说："人是悬浮于自身所编织的意义之网络中的动物。"我也说过，这一张文化符号之网如同于猪八戒的那件"珍珠衫"，我们是在童年开始说话的时候就穿上了，一旦穿上就再也脱不下来。

叙事就是对语言符号和视听等其他符号的穿针引线。叙事就是这一张文化符号之网的经纬线。也就是米勒爷爷说的"虚构－认可机制"囊括了"博弈、角色扮演、白日梦和其他林林总总的表现形式，也包括文学。"

从小学的"朱德的扁担"到少年时动漫的"我是要成为海贼王（那样）的男人（？）"，到美剧里的"凡人必有一死"，我们的一生都被裹挟在不绝于缕的叙事之流、叙事之网中，从故事中来审视自己目前的生活，或设想尚不存在的生活之可能。（没吃过猪肉，还没见过猪跑么？没谈过恋爱，就更要看小说，看韩剧。科幻小说里面发生的事情，虽然

在今天还是科幻，但未必不会在今后的社会里发生，对不对？）

（此处可以再点题一下：叙事就是对"意义"的设定。）

有一本比较通俗的专业普及小书，对叙事的深远意义这事儿说得也不错，特别是也提到了童年与叙事的问题，值得引用一下儿：

> 童话是幻想，但幻想对于儿童是必要的（我要补充说对成人也一样）；童话也许是想象出来的产品，但是它们传达了真理——关于人类个性等等的真理。（阿瑟·阿萨·伯杰，《通俗文化、媒介和日常生活中的叙事》南京大学出版社，2000，147。）

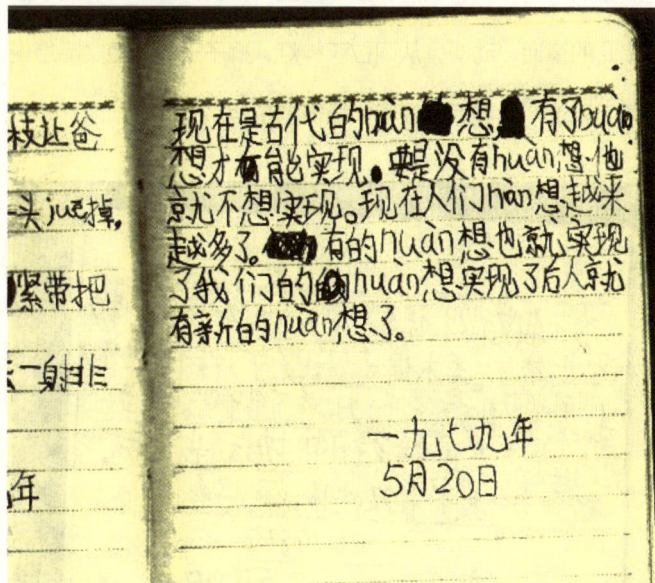

来一张插图，是我自家小时候的日记。好吧……"huàn 想"＝"幻想"

那么，童话作为锁定儿童为对象的叙事，向"传达"（或者说"设定"）了怎样的"真理"呢？

儿童从童话中学到一些非常有用的东西。他们了解到，为了达

到目的，他们需要帮助，这就意味着他们必须屈从于帮助他们的人的某些要求；他们还了解到，他们必须离开家去找他们所寻求的神奇王国（和他们梦中的王子和公众），而这样做的时候，他们得冒风险、经受考验和磨难。（阿瑟·阿萨·伯杰，《通俗文化、媒介和日常生活中的叙事》南京大学出版社，2000，102。）

是的，我们每个人都童心未泯，因为我们当初从童话故事里学到的那些"非常有用的东西"在我们的思维底层一直陪伴着我们，是潜移默化的真正的老朋友、老顾问。读到这里，在我们每个人的脑子里都会勾起成串儿的童话、动漫，从阿拉丁神灯、狮子王，到魔女宅急便，到你们看过而我这个七零后已经不大懂得的东西。

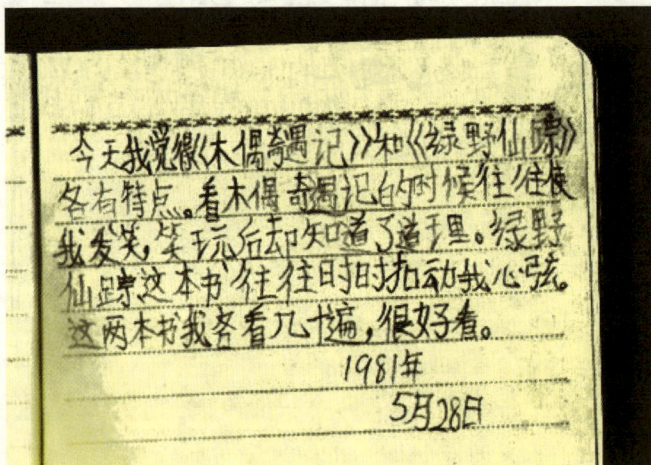

再来插入一张插图，仍然是我老的自家小时候的日记，说的是我读《木偶奇遇记》和《绿野仙踪》的感受……另外欢迎参加有奖竞猜寻找错别字活动……

人类的儿童具备我们这一符号动物物种（还记得彼得·布洛克斯形象地把人类叫作"homo significans"么？）追求意义（significance）的本能。这使得他们对适合儿童年龄阶段的理解和想象限度的故事，表现出强烈的兴趣。——他们其实是在刻苦地"自学"呀！所以儿童才会贪婪地、如饥似渴地、饥不择食地索要适合他们的故事。就如同更小一些的婴幼儿本能地使出"洪荒之力"去嘬奶嘴吃奶。婴儿使出洪荒之力嘬奶嘴吃奶，并不是说明他们知道"营养学"。事实上他们根本不懂得营养学，可以说既"不知其然"也"不知其所以然"。他们什么道理都不懂，但就是挡不住地遵循造物主所设定好的本能的节奏，拼命吃奶！他们所吸收的这些故事则给他们留下强烈的印象，乃至于终生的营养，甚至沉入了潜意识以至于自己都意识不到，说不出来。或者说就如同大自然里的动物，没有人教它，天生就知道去吃某某树皮某某药草，来帮助消化、帮助催情，或者补充某种营养，或者获得某种治愈。

（相比之下，人到中年的我，比婴幼儿要懂道理得多。人到中年的我懂得吃奶可以补钙，而且我的膝盖已经有毛病了。但是已经晚了。我就是比婴幼儿更拼命地吃奶，我的吸收能力也比他们差得远。或者说理智无用，过了这个村就没有这个店了。在文学阅读的年龄节奏上，也有相似之处。比如这本书开篇就说："对文学作品的感受力，是有时限的，一般来说，青春期最敏感，印象最深，受用终身；错过这个阶段，就永远错过了。此年龄阶段不"打开"文学，还待何时？"……）

而对于那些超越其年龄阶段、理解和想象限度、过于复杂而搞不懂的故事，儿童则将其视为无物、过眼云烟，如同鸭子听雷、春风过驴

耳。以成年人的标准来衡量，这是一种非常大智若愚的心态，是老天爷所提供的一种必备的心理健康机制。但也不排除，有时候复杂而并不温暖的一些不理解的印象过于强烈，而留驻在内心世界比较幽暗的角落徘徊不去，也是留驻了一生。

对适龄儿童来说，"三只小猪"的故事是好的——儿童喜欢三只小猪的故事就如同他们用洪荒之力来吃奶，故事的营养——阿瑟·阿萨·伯杰所谓那些"非常有用的东西"——会自然吸收，不需要知道营养成分是"团结起来力量大，不要气馁，要动脑筋，坏人最终会失败"。你把营养成分告诉他们，他们也不会懂。但听完故事，他们真的就"get √"了。你再看下面的插图，也是我童年那本日记里面的一则：

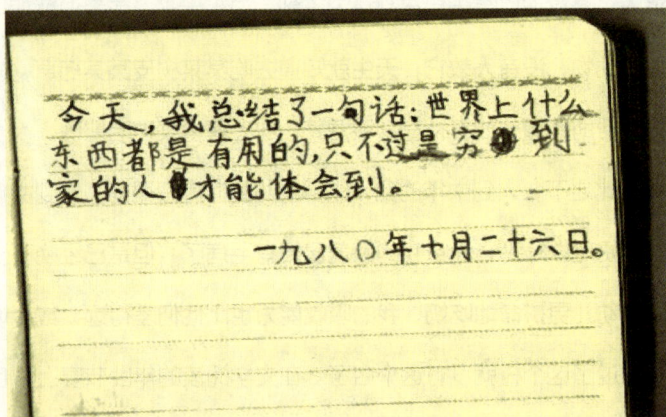

> 今天，我总结了一句话：世界上什么东西都是有用的，只不过是穷到家的人才能体会到。
>
> 一九八〇年十月二十六日。

当九岁的我，欣喜而满足地总结出这句关于"有用"的箴言时，我真的觉得是从自己脑子里冒出来的，很有种成就感。其实现在回忆起来，我明白，它不是来自于我自己的头脑，而是来自于当时所读童话《木偶奇遇记》里面的一段情节：匹诺曹饥饿难忍的时候，手头只有一个梨，

他嫌梨不解饱，就扔了……结果连梨也吃不着了。后来他爸爸盖比都先生教育他，大意是连一个梨也必须珍惜，因为有的时候，这真的可能就是全部的晚餐……

叙事对我们头脑里面意义的设定，就是这样神奇，潜移默化。我们一生都是这个模式——所有人都在故事中直接"get √"——由语言符号编织出来的故事具有生命力，直接入住到我们的生命中。

只有少数书呆子幸运如我，或者如我等，才得以有意愿，对"知其然知其所以然"这件事也产生了自然而然的追求，想要思考这事情是如何做成的。苏格拉底说"我只知道一件事，就是我一无所知。"所以即使思考不出来，思考本身也已经是一种完美的幸福。（如同前面所引用过的，米勒爷爷说"西方意义上的大学致力于找出关于每一事情和现象的真理、真相，就如同哈佛大学的拉丁文箴言所说："Veritas"。）

那我们也进一步求知一下：如果不是"三只小猪"，是"四只小猪"或"五只小猪"会怎样？——那就不适合儿童了，甚至留下心理阴影。

对儿童的思维和情绪承受力来说，故事里面的波折是有限度的，如果里面的矛盾斗争过于复杂，正面意义的降临过于姗姗来迟，比如说第三、甚至第四只小猪都被大灰狼吞下了，那很可能会导致儿童的心理崩溃，觉得这世界是一个没有公平正义和希望的世界，"感觉不会再爱了"。

当十二寸的黑白电视机进入北京小老百姓的日常生活，大概一九八零年或一九八一年的样子吧，电视里面播了一部外国老电影《简·爱》，就真把当时的我吓到了。——十岁的小男孩完全不理解《简·爱》里面复杂的"文艺"、"爱情"和罗切斯特先生的魅力等，更不可能知道上大

学之后才知道的著名的女权主义著作《阁楼上的疯女人》……（当时我们那个大杂院儿里还有女大学生家里木有电视，女大学生就搬个小板凳到我家来看《简·爱》。我上高中读了小说《简·爱》并且再次看了这部老电影之后，我才意识到我当年错过了啥东西……）

但能够把一个十岁的小男孩吓到的，也只能是电影里那"长发及腰"的罗切斯特先生发疯的前妻，那个"阁楼上的疯女人"，以及简·爱小时候寄宿学校那个可怕的院长了。我判断出来他们都是"坏人"。于是就有了这样的日记——

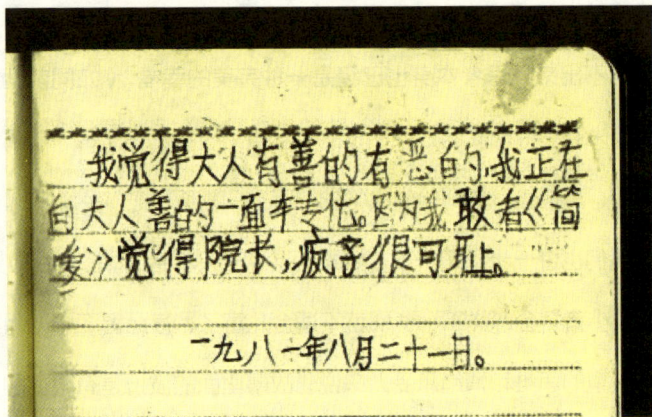

以至于现在你跟我说《简·爱》，我头脑里第一个反应，仍然是童年所被惊吓的那个"长发及腰"的"阁楼上的疯女人"……好吧，我"敢看"《简·爱》。我从小就很勇敢……

安徒生也把当时的我吓到了。——我说的是当时人民文学出版社的那本《安徒生童话和故事选》，前面有安徒生肖像画插页的那本。记得那天晚上下着大雨，爸爸妈妈出去了，我独自在家，就拿出爸爸新给

我买来的《安徒生童话和故事选》看。第一篇《大克劳斯和小克劳斯》就不太合乎口味。——用我现在的话来说，应该是北欧风格的这种原汁原味有些阴暗吧。但更主要的是，爸爸妈妈确实出去得太久了。于是我再看一眼安徒生先生的肖像，那种北欧人的清瘦高鼻梁深眼窝又让我觉得像是鬼一样吓人……

还好，爸爸妈妈在这个下大雨的晚上，在我彻底崩溃之前，及时赶回家了，把我从安徒生先生的形销骨立的阴影中解救了出来。……后来当我再大了一些之后，我酷爱上了安徒生先生，读遍了安徒生的所有作品，包括《她是一个废物》《柳树下的梦》这样的非儿童文学作品，和《幸运的贝儿》这样的半自传。但是，我仍然忘记不了安徒生先生对我最初的惊吓……

我感觉，人的年龄越大，心理承受力就越强，阅世经验也越多，需要的叙事也就越来越复杂、多面，甚至阴暗，"口味"会越来越重。比如说我那拨人，初中看琼瑶，然后有些人开始早恋，觉得恋爱就是两情相悦"慕少艾"，长大后才知道事情远远要复杂得多——你再让他／她看琼瑶或者《灰姑娘》之类，他／她就觉得小儿科了。长大之后的人，在寻找娱乐性的《何以笙箫默》《来自星星的你》之余，总是要看一些具备复杂性的东西，我那时候是《安娜·卡列尼娜》《复活》甚至陀思妥耶夫斯基。现在的大学生则在看《白夜行》《失乐园》、和村上春树等等。各种的小说、动漫、影视、游戏，其"烧脑"程度和"口味"之重，都如同奥运会的记录那样不断被刷新。

这多半是因为，儿时喜爱的"三只小猪"等等都过于"心想事成"

了。如果说叙事是对意义的设定，那么这是一个循序渐进的过程，让我们在越来越复杂的叙事中，不断懂得人类生存的更多因素，和在复杂的交错性的变量中如何来生活。

总之，是从"三只小猪"变成了四只、五只、六只乃至"N只小猪"，人生的意义问题也变得越来越沉甸甸的。

3.6　那么谁来设定叙事？——语言符号

叙事设定了意义。那么谁来设定叙事？——是语言符号。因为叙事是借助语言等文化符号来构建的。语言符号构建并设定了叙事。

这一节就来看看这是如何做到的。

在上一节"叙事就是对意义的设定"里面，我自己儿时的日记也被拿来用做榨取解说性价值，在这一节里仍然可以用来说事儿。

你看儿童是如何"get√"到故事里面的意义的？——靠的是对构成故事的材料形态即语言的极度迷恋！

打个比方。这就如同儿童是如何"get√"到玩具的"益智"功效的——靠的是无数遍地玩儿，靠的是对构成"益智"功效的材料形态即玩具本身的极度迷恋！

比如你看到了，我小时候看《木偶奇遇记》和《绿野仙踪》都"各看几十遍"。这真不是因为我反应迟钝，看几十遍才看懂。（我一直很正常的……）实际情况是，儿童往往要对喜欢听的故事要反复听，对喜欢

的书和录像要反复地阅读、观看。不信就复习一下米勒爷爷说的：

> 如果我们需要故事来赋予世界以意义，那么，该意义的呈现形态，就是该意义的最基本的载体。当孩子坚持要大人一字不易地给他们讲述他们早已熟悉的故事时，他们是很懂这一点的。如果我们需要故事来理解我们的经历的含义，我们就一再地需要同样的故事来追加那种理解。
>
> （之前在讲解米勒爷爷的"我们为什么对'同样'的故事要个不停？"时，早就引用过。）

不光我本人是这样的。后来我长大了，自己还没有孩子的时候，在国外留学，就对邻家小孩儿无数次看同一个动画片这事儿感到惊奇。等到后来自己有孩子了，发现自己孩子也是这样。后来经米勒爷爷这么一解释，才懂得，原来孩子们是在刻苦"自学"呀！

孩子们在自学啥？——

他们在自学语言符号所具有的神奇魔力，在字里行间，在反复的阅读、收听、观看中，获取一种快乐——体验那种由语言符号形式"赋予世界以意义"的"不明觉厉"的快感。

完整一些的道理是这样的：语言符号的运用，有自己的形式、路数。这些形式、路数，制约并决定着怎样用语言符号来讲故事，以及能讲出怎样的故事。

所以语言符号是"不明觉厉"的。

转了一圈，这就又回到这本《打开文学的方式》所反复强调的语言符号，和由此编织成的文化网络上面去了。——当然，这是必须的。因为对语言符号之网的解读就相当于对世间意义的认识。

看看（这本书里的）"我们的老朋友"弗莱大师又是怎么说的：

任何一个由语词所组成的序列，凭借这是一个由语词所组成的序列这一事实，实际上就意味着这成了一个表述性结构——居于其间的那些语词获得了各自相应的路数和形式。用语词来精确描述外在世界的任何事物都是不可能的，因为语词之间总会自行生成基于自身路数的主-谓-宾结构。它们持续不断地将现实塑形为从根本上讲是符合语法要求的再造。至于这样一个由语词所组成的序列是被叫作历史或者被叫作故事，是无所谓的。就是说，不管它是想追踪一串真实发生的事件，还是不是这样，都无关紧要。从语词表述的构形上来看，两种情况都同样是"神话性"的。

【原文】Every sequence in words, just by virtue of the fact that it is a sequence, is a verbal structure in which the words have their own patterns and their own forms. It is impossible to describe anything with definitive accuracy in the outside world by means of words, because words are always forming their own self-contained patterns of subject and predicate and object. They are continually shaping reality into what are essentially grammatical fictions. It doesn't matter whether a sequence of words is called a history or a story: that is, whether it is intended to follow a sequence of actual events or not. As far as its verbal shape is concerned, it will be equally mythical in either case.（还是我的翻译。"Symbolism in the Bible" in Northrop Frye and Jay Macpherson, *Biblical and Classical Myths: the Mythological Framework of Western Culture*. University of Toronto Press, 2004, 21.）

"我们的老朋友"弗莱大师说得已经很透彻了。再复习一下他老

人家说的"神话"（myth）是啥？——重温一下那个"夜行火车的车窗"比方里面的几句话：

> 所谓文化的光晕，不管它还叫什么，是靠语言和其他方式把我们同自然界隔开。这其中的语言机制也即我所说的"神话"谱系，或曰用语言所表达的人类所有创造之体系，在这个体系里面，文学位于中心。

"语言机制"的重要性就有如此。

再看"新历史主义"的招牌大师之一海登·怀特（Hayden White）怎么说：

> 诸如此类所谓"历史的方法"，其实不比"把故事讲靠谱点儿"那样的念头要多些啥。
>
> 【原文】So much so that the so called "historical method" consists of little more than the injunction to "get the story straight." (Hayden White, "The Fictions of Factual Representation" in *Tropics of Discourse: Essays in Cultural Criticism.* Baltimore: Johns Hopkins University Press, 1978, 126.)

如此说来，"历史的方法"就与叙事的方法并无本质区别，总之是要让语言按照自身的规律连成串，合理地说出时间地点人物（或拟人的人格化之物）和起因经过结果。而这位"海灯法师"（海登·怀特）的下面说法更是让历史专业的人觉得"亲者痛仇者快"。当然，觉得快乐的"仇者"，就是像我这样的文学专业的人。总觉得"海灯法师"是我们文学系安插到历史系的"内奸"：

一个历史叙事的情节结构（事情是怎样像它们发生的那样发生的）以及对于事情为什么发生的论断或解释，都是被在前面（对于"事实"所进行解释）的描述所预设的。这是在一个给定的语言运用的主导性情态模式的支配下进行的。这样的主导性情态模式包括：隐喻、借代、转喻或反讽。

【原文】The plot structure of a historical narrative (how things turned out as they did) and the formal argument or explanation of why things happened or turned out as they did are prefigured by the original description (of the "facts" to be explained) in a given dominant modality of language use: metaphor, metonymy, synecdoche, or irony. 前著，128.）

如此说来，历史学家算是干啥的呢？为啥要给他们发工资？（开玩笑）——"海灯法师"认为，历史学家的服务功能就和心理治疗师的功能差不多，是负责"治愈"的"治愈师"，都是通过重新为"病人"（既包括有心理创伤的精神疾患病人，也包括每每遭受社会历史创伤，需要对历史进行重新思考的人民群众）整合出靠谱的叙事（关于个人创伤或历史创伤的），让人获得治愈：

于是治疗师面临的问题，不是在病人面前举起事件的"真正事实"——那与病人所执迷的"幻象"所相反的"真实"。治疗师也不是要给病人上一门精神分析理论速成课，以此来启蒙病人，不是要通过对其忧郁的情绪进行分类定位，让他明白，其致郁的症状是某种"情结"的外部展现。如此的做法，应该是分析师将病人的病例向第三方转述时才该做的，特别是当第三方也是一名分析师……解决症结的关键，是应该让病人将其全部个人历史予以"重新情节化"。要用这种方式，来改变那些事件对他的意义，以及如此的改变对于

组成其生命的所有事件来说，意味着什么。

【原文】The therapist's problem, then, is not to hold up before the patient the "real facts" of the matter, the "truth" as against the "fantasy" that obsesses him. Nor is it to give him a short course in psychoanalytical theory by which to enlighten him as to the true nature of his distress by cataloguing it as a manifestation of some "complex." This is what the analyst might do in relating the patient's case to a third party, and especially to another analyst.... The problem is to get the patient to "reemplot" his whole life history in such a way as to change the meaning of those events for him and their significance for the economy of the whole set of events that make up his life. ("The Historical Text as Literary Artifact" in Hayden White, *Tropics of Discourse: Essays in Cultural Criticism*. Baltimore: Johns Hopkins University Press, 1978, 87）

可见，叙事问题不仅仅是文学研究领域的问题，也是历史研究领域的问题。应该说，说到这个地步是绝对公允的，并不是说一提到历史离不开叙事，就要让文学系吃掉历史系的"合法性"。从上面还可以看到，"海灯法师"也运用了与心理分析治疗师的类比，展示了叙事问题在更广阔人类经验叙述实践上的相通性。这本书在前面就强调从"个体发生"（ontogeny）和"群体发生"（phylogeny）两个方面来全面看待文学经验。确实，要表述出人生个体性的脉络即皮亚杰所说的成长问题、认知问题、儿童思维发展，加上心理学、精神病学意义上的人格养成，与要表述人类群体性的时间轴线活动即人类历史，从始至终都是发

现叙事、记录叙事、解读叙事。

那么，故事到底该怎样讲？有没有普遍的共性的规律可循？——当然有。故事都是用语言符号讲出来的，那么普遍的共性规律即"设定"，只能在语言符号的组合形态规律里面去找。

而对语言符号运作规律进行研究的领域，则非语言文学研究莫属了。所以说，研究了文学叙事，所得到的收获，对思考历史、心理学、精神病学、认知科学等所有离不开叙事的学科领域，都很有用。

下面就说一说我觉得有关叙事设定问题的最"干"的干货，用最生动、简明、通俗的语言来说。

在文学叙事里面，对同一个事情，不同的剧中人往往会有不同解释，最典型或者说众所周知的例子莫过于"罗生门"。同理，在"个体发生"的心理学、精神病学诸领域和在"群体发生"的历史学、社会学、人类学诸领域，不同的学派和个性的专家，会对相同的案例里面的"事件"做出不同的解释，赋予很可能截然不同的因果关系，成为不同的"情节"。

关于事件、情节、故事之间的关系，可以参照经典的叙事学以及后叙事学等的共识，设置出一个很有说服力的例子：

事件：国王死了。一天以后，王后也死了。

情节一：贤明的国王死了，王后悲痛欲绝。才过去一天，王后居然因为过度悲伤而无法承受，导致心血管破裂，也随死去的国王而黯然离世。

故事一：这是一个关于君王伉俪相爱情深，不求同生但求同死的感人故事，是这样的，有一天，国王死了，王后……过度悲伤……

心血管破裂……

　　情节二：暴虐的国王死了，王后欣喜若狂。才过去一天，王后居然因为喜出望外而无法承受，导致心血管破裂，可惜只比国王多活了一天。

　　故事二：这是一个关于王后终于盼来了暴虐的国王的死日，她由于过度兴奋而只比国王多活了一天的故事。国王死了，王后……喜出望外……心血管破裂……

　　再拿历史学说事儿。——历史学难道不就是这样，需要锁定某些个情节作为解释说明的论据，来讲出令人信服的历史故事么？（比如王后为什么死了。）……陈胜吴广起义时到底说了啥，是"吃他娘穿他娘"，还是"一人一个女学生"，还是"王侯将相宁有种乎"，难道司马迁听见了么？

　　书写历史，离不开历史学家。历史学家书写的时候又离不开语言设定。

　　这就又如同"海灯法师"所言：

　　　　一个特定的历史事件，是对在其之前某一个历史事件的条件下的一种实现。但这并不等于说，之前的事件导致或决定了后起事件，或者后起事件是前起事件的实现或后果。应当说，历史事件之间的关系，就如同在一段叙事或一首诗里面，一个意象与其在修辞中得到实现的关系。……诸如此类的历史事件之间的关联，既不是因果关系，也不是传承关系。比如，在意大利的文艺复兴文化和古典的古希腊－拉丁文明之间，根本不存在必要性的逻辑关联。早发的现象与晚发的现象之间的关系，纯粹是回顾性的，是由从但丁的时代到十六世纪以降的颇具声势的一些历史主体性人物所作出的选择，

他们把他们自己和其文化上的功劳归因于他们真的是从更早的文化典范继承而来。这一可关联性是基于在时间经验的维度上从当下往过去的逆推，而不是如同在传承性模式中，从过去传递到现在。

【原文】A given historical event is a fulfillment of an earlier one is not to say that the prior event caused or determined the later event or that the later event is the actualization or effect of the prior one. It is to say that historical events can be related to one another in the way that a figure is related to its fulfillment in a narrative or a poem... The linkage between historical events of this kind is neither causal nor genetic. For example, there is no necessity at all governing the relation between, say, Italian Renaissance culture and classical Greek-Latin civilization. The relationships between the earlier and the later phenomena are purely retrospective, consisting of the decisions on the parts of a number of historical agents, from the time of Dante or thereabouts on into the sixteenth century, to choose to regard themselves and their cultural endowment as if they had actually descended from the earlier prototype. The linkage is established from the point in time experienced as a present to a past, not, as in genetic relationships, from the past to the present. (Hayden White, *Figural Realism: Studies in the Mimesis Effect*. Baltimore: The Johns Hopkins University Press, 1999, 89.)

"海灯法师"这段话让我想起那位在二零一四年自杀的著名"治愈系"喜剧演员罗宾·威廉姆斯（愿这位饱受精神病痛折磨的大师在天堂安息！）曾经主演过的一部喜剧《鸟笼》里面的情节。

（那是一九九六年，我大学毕业没多久，还没有谈恋爱结婚，还

是和父母住在一起，买了"586"多媒体电脑，联想牌的，再买些盗版VCD——似乎也没有正版的——和父母一起看的。）

闲话少说。——该电影里面的威廉姆斯饰演一家同性恋酒吧的老板，有一次和他的"基友"斗嘴。"基友"撒娇说"这么多年为了你，我已经变得又老又丑又矮"云云。威廉姆斯这时回了一句非常符合逻辑但无疑让吵架的战火升级的反问："Did I make you short?"（是我把你弄矮的吗？）——为啥符合逻辑却会挑起战火？因为我们做出的各种表述，总是受到情感、欲望和当时的上下文语境的支配，逻辑往往不是最重要的因素。所以说，该基友在剧情中的那个时刻，发出各种抱怨是可以理解的，逻辑上的"不科学"也是可以理解的。威廉姆斯的符合逻辑的火上浇油却是"木有心肝"的……

我的意思是说，在历史领域也是一样，历史叙事往往经不起逻辑实证的检验，就如同基友说"这么多年为了你，我已经变得又老又丑又矮"一样，但往往在背后有很多非关逻辑自洽的道理（比如"有没有心肝"的问题）在起作用。这些因素既然在起作用，就有其价值，值得考虑。——国王死了，王后为何一天后死了？历史学家往往只能如同小说家一样去想象，就如同司马迁真的不可能查证到了陈胜吴广当年的手机音频一样。

以此类推，一些所谓的话语，比如关于"经济发展"、"个人成长"、"现代化"等有关经济、个体心理、文化史等等方方面面的表述性和思维性的框架，也类似于加以扩大化之后的叙事集合体，充满了"合理"的"想象"的成分，或者说在一定时间对一些人是合理的想象，在另外

时间或面对另外的人，则可能被认为是谬误，甚至"歪理"的"瞎想"。所谓历史、思想史、文化史等任何历史的话语或话语的历史的"建构"，往往是对或大或小的话题进行叙事性的"这么多年为了你，我已经变得又老又丑又矮"云云的搭建，解构则是对叙事进行"Did I make you short?"的抬杠、拆台。所谓历史翻案即是如此。

不光"翻案"在历史学领域是惯常事儿。整个儿的文科学术，本来也就是后面的翻前面的案，翻过来，又复过去，如同俗话说的——"三十年河东三十年河西"。

现代后期特别是后现代的学术话语，很多就是对现代前期主要是十八、十九世纪的一些奠基性质的西方话语进行解构。

上一节不是讲"叙事就是对意义的设定"么？——我们这批人，今生今世所处的当下学术语境，就是对十九世纪所为我们这个世界、各个民族、文明等级等所做的一些意义设定进行"解构"，比如对于曾经具备支柱性意义的黑格尔"历史哲学"观念：

> 从动物到那些"原始"社会再到具备"历史意义"的西方社会，（这样的衡量框架）不仅仅是评估性的，也是具备发展（属性）的。这一同样的概念，也导致黑格尔，在其关于历史哲学的讲稿中，把"中国"和"印度"看成是西方世界的先期形态，尽管它们都继续在它们的日子里和我们的日子里存在着。如今，那些在全球范围内存在的"原始"社会，被降格视为早期人类文明阶段的残余。这就把实际上共时的存在，摆放在一个历时的阶梯上。不仅如此，这种历时性阶梯，参与构建了一个极富戏剧性的故事框架——成长小说式框架——让西方的男性代表了文明的成熟，和对人成其为人的所有那些因素的实现。

【原文】The scale from animals to "primitive" societies to "historical" Western society is not merely evaluative but developmental. This is the same conception which led Hegel, in his lectures on the philosophy of history, to treat "China" and "India" as precursors of the Western world even though both continued to exist in their own day as they do in ours. Now "primitive" societies, which exist in the present all over the globe, are relegated to the past by being regarded as leftovers from an earlier stage of humanity. What is in fact synchronous is arranged on a diachronic scale. What is more, the latter constitutes a dramatic story, the Bildungsroman in which Western man represents the maturity of civilization and the realization of all that is human. (David Carr, *Time, Narrative, and History*. Bloomington: Indiana University Press, 1986, 182.)

从鸦片战争之后延续到晚清、民国的"西学东渐",是为了不再让中国落后挨打。显然,"落后必然导致挨打",也成为一种强有力的叙事,一直一脉相承到"发展才是硬道理"。那么"发展主义"呢,其滥觞仍然要回到十九世纪。其历史源头之一,是维多利亚时代由达尔文所首创的进化论话语,后来被"应用"于讲述社会文明的等级,即前述引文大卫·卡尔(David Carr)所说的将现代西方的男人放在文明进化金字塔顶端的意义设定模式。于是中国人、印度人等各种所谓"落后人种",当然不乐意了,就会重新审视本土资源,从中学为体西学为用到全盘西化的各种途径中,寻找让自家也能走向文明的金字塔顶端的对策,从严

复译述《天演论》进入中国，到五四新文化运动，到更后来的事情，都是如此。皇天后土的故事的和历史的因果关联框架，被"物竞天择，适者生存"、"哪里有压迫哪里就有反抗"等各种外来的意义设定所替代，不可逆转了。

但不管怎样，发展主义这样一个巨大的叙事套路所带来的意义设定，似乎是现代的法力无边的如来佛，让现代中国至今无法跃出其手掌心，不过在一根根天柱"西方现代性"的一些主要的话语基石上面，留下了"到此一游"的墨迹……

我们中国现代的所有现代文学史、社会史、思想史、学术史，其实都是关于这样一个在接受西方来的故事框架的前提下，把自己国家民族命运从该故事框架里面给定的输家角色，给改换为未来阶段的赢家角色。如何用外来的意义设定来讲好自己的故事并且激活新的设定？——这是引人入胜的关于民族文化意义问题的学术、媒体、思想"连续剧"，持续更新中……

不多说了。

再把思路收紧回来，点题一下。

"那么谁来设定叙事？——语言符号。"

叙事是对意义的设定。语言符号是对叙事的设定。

于是大致上有了这样一个图解：语言符号→叙事→意义的不断生成。

"意义的不断生成"又需要借助"语言符号的新运用"来做出新的表述，于是就成为：语言符号的运用→叙事→意义的不断生成→语言

符号的（再）运用→……，这就成了一个鸡生蛋蛋生鸡，无限循环的圆圈。

对于非叙事性或弱叙事性的文学，即不太需要在时间顺序中来展开的语言符号运作，比如诗歌，这个圆圈则是：语言符号的运用→隐喻或象征→意义的不断生成→语言符号的（再）运用→……。

这两个圆圈，往往又交错在同一张文化符号之网的里面，无限地自行循环、繁衍下去。

人类文明，就如同可爱的仓鼠在它的可爱的旋转笼子里面，自己的奔跑带动了笼子的旋转，乐不可支，或者如同孙大圣无论怎样生龙活虎，也跳不出如来佛的手掌心。

那么是谁最先划出这个圈圈，编出这个网的最初"design"呢？——谁是在幕后的"攻城狮"或"程序猿"？

如果一定要有一个逻辑上的起点，如同牛顿物理学的第一推动力的话，那么就需要从类似于"如来佛"或"程序猿"的角度来考虑问题，而不能从我们人类、孙大圣、仓鼠这种类似于用户体验的角度来考虑。在这个意义上，文学、社会学、人类学、历史学等等学科的多数研究领域都属于被"蒙在鼓里"。其实这很正常。我说这话，表示我也是被蒙在意义设定的鼓里，来揣测如来佛、安拉或者耶和华或者别的总"攻城狮"或"程序猿"到底是啥意义。当然，前提是如果真有这样一位总设计师的话。

对于基督教神学来说，"Word"和"God"是一回事儿。

这本书的前面也提到了，《新约全书·约翰福音》开篇第一段劈

头就是 "In the beginning was the Word, and the Word was with God, and the Word was God." 中文通常翻译作："太初有道，道与神同在，道就是神。" 很多人（包括我）不满意将"the Word"比附为"道"，觉得在"道"的过于"烧脑"的中国哲学式内涵里面不太容易凸出"the Word"所展示的语言属性。"the Word was God"分明给出了"语言符号表意＝上帝自身"这样一个等式的意味。在这个意义上，整部圣经就是上帝的"Word"。

另一个以"In the beginning"作为重量级开头的则是犹太教希伯来《圣经·创世纪》以及基督教《旧约全书·创世纪》：

（1:1）起初，神创造天地。/ In the beginning God created the heavens and the earth.

（1:2）地是空虚混沌，渊面黑暗，神的灵运行在水面上。/ Now the earth was formless and empty, darkness was over the surface of the deep, and the Spirit of God was hovering over the waters.

（1:3）神说："要有光"，就有了光。/ And God said, "Let there be light," and there was light.

（1:4）神看光是好的，就把光暗分开了。/ God saw that the light was good, and he separated the light from the darkness.

（1:5）神称光为昼，称暗为夜，有晚上，有早晨，这是头一日。/ God called the light "day," and the darkness he called "night." And there was evening, and there was morning—the first day.

（1:6）神说："诸水之间要有空气，将水分为上下。"/ And God said, "Let there be an expanse between the waters to separate water from water."

（1:7）神就造出空气，将空气以下的水、空气以上的水分开了。事就这样成了。/ So God made the expanse and separated the water under the expanse from the water above it. And it was so.

（1:8）神称空气为天。有晚上，有早晨，是第二日。/ God called the expanse "sky." And there was evening, and there was morning--the second day.

（1:9）神说："天下的水要聚在一处，使旱地露出来。"事就这样成了。/ And God said, "Let the water under the sky be gathered to one place, and let dry ground appear." And it was so.

（1:10）神称旱地为地，称水的聚处为海。神看着是好的。/ God called the dry ground "land," and the gathered waters he called "seas." And God saw that it was good.

（1:11）神说："地要发生青草，和结种子的菜蔬，并结果子的树木，各从其类，果子都包着核。"事就这样成了。/ Then God said, "Let the land produce vegetation: seed-bearing plants and trees on the land that bear fruit with seed in it, according to their various kinds." And it was so.

（1:12）于是地发生了青草，和结种子的菜蔬，各从其类，并结果子的树木，各从其类，果子都包着核。神看着是好的。/ The land produced vegetation: plants bearing seed according to their kinds and trees bearing fruit with seed in it according to their kinds. And God saw that it was good.

（1:13）有晚上，有早晨，是第三日。/ And there was evening, and there was morning--the third day.

......

这只是"创世"的头三天，但已经足够我们进行"细思恐极"的

细读分析了，哪怕我们彻底是基督教经典和神学的外行。——一点儿都不用有这个负担。

且看神是如何创世的？——神说："要有光"。——然后呢？——就有了光。

这先是一个语言符号行为，其导致的结果就是该语言符号行为的实现——"就有了光。"再比如，神说："诸水之间要有空气，将水分为上下。"神说："天下的水要聚在一处，使旱地露出来。"神说："地要发生青草，和结种子的菜蔬，并结果子的树木，各从其类，果子都包着核。"于是呢？——"事就这样成了"、"事就这样成了"、"事就这样成了"——"神就造出空气，将空气以下的水、空气以上的水分开了。"或"于是……"，总之是一丝一毫不差地描述、图解"事就这样成了"。神自个儿面对其造物的阶段性结果，还要进行追加性的语言符号命名："神称ＸＸ为Ｘ"句式。不仅如此，还要表述出被创造物的价值、意义，即神的态度——"神看着是好的"。

你看，上帝的创世，是不是符合："语言符号的运用→叙事→意义的不断生成→语言符号的（再）运用→……"这个我前面总结出来的模式？

再回到《新约全书·约翰福音》开篇第一段开头"In the beginning was the Word, and the Word was with God, and the Word was God."——完全可以翻译为"起初，是语言符号，语言符号与神同在，语言符号就是神。"——对不对？

再看看凡间大神巴赫金是怎么说的：

不是人生体验构建了表述形式。反过来说才对——表述形式构建了人生体验。表述形式先是赋予人生体验以形式，然后赋予体验以具体的方向。

【原文】It is not experience that organizes expression, but the other way around—expression organizes experience. Expression is what first gives experience its form and specificity of direction. (*Marxism and the Philosophy of Language*.Harvard University Press, 1986, 85.——当初在苏联出版的时候，巴赫金相当于"右派"，不敢真实署名，用了学界一个哥们儿的名字，但学界总是觉得至少应该算是哥们儿执笔或者干脆是巴赫金写的。……)

啥叫"表述形式"？——最主要不就是"Word"么？

也就是说，神做出了"要有光"的表述，于是就有了光。并且圣经经文是在做出"神看光是好的"这一表述之后，才轮到亚当夏娃及其子孙即我们，去体验光到底有啥好，比如光明、温暖、战胜黑暗、带来生命，等等，我们在上帝的 words 之后，进行对于光明、温暖、战胜黑暗、带来生命等的次生性表述，由此又构建了后来人的体验……

再比如说爱情，再比如说人性，比如审美。

"表述形式"里面是有"设定"的。

"设定"是可以总结出"套路"，即规律的。

万事皆有套路，叙事亦然。

对本节"叙事就是对意义的设定"问题进行有效思考、研究的一个角度，就是管窥其"套路"即"规律"的问题。

当然，叙事套路这个问题本身，也是博大精深的，光是专业标签

就分什么"结构主义叙事学"、"后结构主义叙事学"、"叙事修辞学"等等，不一而足，不仅仅是"what"，还牵涉到"why"和"how"，在这里总不能用一本书的篇幅来详细展开。所以这里只说了要"管窥"即"管中窥豹"或曰"食髓知味"，即精心选取一点点口感鲜美之处来请大家来品尝。

那就选取两个有趣的节点，分别是在宏观层面的关于"虚构作品的一种分类方式"和在微观层面的关于细部叙事修辞。如果用足球运动来类比，则前者是全局"阵型"，后者是细部"脚法"。

"虚构作品的一种分类方式"取自我们的老朋友弗莱大师的最重要的成名作——影响力直到今天的《批评的解剖》（Anatomy of Criticism）——的第一篇"散文"的开篇部分：

一、如果主人公在性质上超过凡人及凡人的环境，他便是个神祇；关于他的故事叫作神话，即通常意义上关于神的故事。这种故事在文学中占有重要地位，但通常并不列入规定的文学类型之内。

二、如主人公在程度上超过其他人和其他人所处的环境，那么他便是传奇中的典型人物；他的行动虽然出类拔萃，但他仍被视为人类的一员。在传奇的主人公出没的天地中，一般的自然规律要暂时让点路：凡对我们常人说来不可思议的超凡勇气和忍耐，对传奇中的英雄说来却十分自然；而具有魔力的武器、会说话的动物、可怕的妖魔和巫婆、具有神奇力量的法宝等等，既然传奇的章法已确定下来，它们的出现也就合乎情理了。这时，我们已从所谓神话转移到了传说、民间故事、童话以及它们所属或由它们派生的其他文学形式。

三、如果主人公在程度上虽比其他人优越，但并不超越他所处

的自然环境，那么他便是人间的首领。他所具有的权威、激情及表达力量都远远超过我们，但是他的一切作为，既受社会批评制约，又得服从自然规律。这便是大多数史诗和悲剧中那种"高模仿"类型的主人公，基本上便是亚里士多德心目中那类主人公。

四、如果既不优越于别人，又不超越自己所处的环境，这样的主人公便仅是我们中间的一人：我们感受到主人公身上共同的人性，并要求诗人对可能发生的情节所推行的准则，与我们自己经验中的情况保持一致。这样便产生"低模仿"类型的主人公，常见于多数喜剧和现实主义小说。"高"和"低"并不意味着在价值观上有上下之分，而纯粹是概略的提法，正像《圣经》批评家或英国国教徒所做的那样。在这一层次上，有时作家感到难于再保持"hero"这个词，因为在前几种类型中，这个词的含义更具限定性。例如，萨克雷便感到不得不称《名利场》是一部没有"hero"的小说。

五、如果主人公论体力和智力都比我们低劣，使我们感到可以睥睨他们受奴役、遭挫折或行为荒唐可笑的境况，他们便属于"讽刺"类型的人物。即使当读者感到自己处境与书中主人公相同，或可能沦于同样的处境，上述感受同样存在，因为读者是用更加自由的标准去衡量这种处境的。

回顾一下上述五个阶段，我们便会明白：一千五百年以来，欧洲的虚构文学的重心，不断地按上面的顺序往下移动。在中世纪以前的时期，文学紧紧地隶属于各种神话，包括基督教的、古代希腊罗马的后期的、凯尔特的或条顿部族的。如是当初基督教神话不传入欧洲并吞并了与之抗衡的其他神话传说的话，那么这一时期的西方文学本可更易于识别。西方文学若就我们所掌握的形式而言，那时已大部分变成传奇类型了。传奇的形式主要有两种，即世俗形式和宗教形式，前者描写骑士阶层及其豪侠行为，后者专写关于圣徒的传说。两种形式为了提高故事的趣味性，都重墨渲染主人公如何

奇迹般地违反自然规律。虚构的传奇作品一直统治着西方文学，直到文艺复兴时期，对君主和朝臣的崇拜才占领"高模仿"的显要地位。这种文学类型的特征十分明显地反映在以悲剧为主的戏剧体裁和民族史诗之中。随后，中产阶级的新文化把"低模仿"引进了文学，在英国文学中，这种低模仿从笛福时起，一直主宰到十九世纪末。在法国文学中，它的开端和结束都比在英国早五十年左右。一百年来，大多数严肃的虚构文学作品都不断地趋向于采用讽刺或反讽的模式。（《批评的解剖》，天津，百花文艺出版社，2006，45-46）

弗莱大师给出了这样一种"历时性"（即以时间为轴线）的分类方式，说"一千五百年以来，欧洲虚构文学的重心"，呈现了"阶段性"的嬗变。这样精辟的发现，能给优秀的文学史家和文学史论家如虎添翼。但事情还不仅于此。我们作为"受众"（读者、观众），终日被形形色色的文字和视听类叙事类文化产品（小说、网络小说、漫画、动漫、美剧英剧韩剧和电影大片儿……）所围绕，所煽情，所"五迷三道"。那么我们如果能够在"消费"（阅读、观赏）这些叙事类文化产品之余，能够从"分类"的角度，按照一定的评判标准，对其煽情效果追问一下是怎样"达成"的（how），那么就算是对弗莱大师这样一个历时性框架的"共时性"活学活用了。

我不多说了，你自己来试试？比如马丁大叔写的《权力的游戏》，"卷福"主演的《神探夏洛克》，还有托尔金写的《魔戒》、村上春树的《1Q84》、卡夫卡的《变形记》、韩寒《他的国》、《哈利·波特》，甚至曾经比较火爆的国产网络小说《诛仙》……当然，前面说的框架套路，

也可以是交错混杂，甚至平行使用的。比如在一些"穿越"文学或影视里，"一般的自然规律要暂时让点路"给主人公的离奇穿越事件了，但该作品又不能算是典型的"传奇"，因为主人公"在程度上"并没有"超过其他人和其他人所处的环境"（如"超人"或"钢铁侠"那样），甚至"论体力和智力都比我们低劣"，比如在一些"搞怪"的影片里。总之，弗莱大师的上述分类标准，不仅具备其自身的学理价值，也为我们对自身文艺接受经验的表述、定位，提供了宏大的参照系。

点到即可。

下面转到微观层面。

我第一个反应是韦恩·布斯（Wayne Booth）的名著《小说修辞学》（The Rhetoric of Fiction）。几十年来，这本《小说修辞学》为美国的英语系、比较文学系学生提供了货真价实的"工具箱"，打开后是各种"显微镜片"和"手术刀"，让大家得以深入钻研叙事的奥秘，看看"叙事的煽情和烧脑效果是怎样炼成的"。限于篇幅，下面我只从原著的第158页（The Rhetoric of Fiction, The University of Chicago Press, 1983）选取几种"透视镜"来展示一下它们各自的用途，你会觉得——"工欲善其事必先利其器"这话真是一点儿不假！

Scene and Summary/ 场面与概述

所有的叙述者和观察者，不论用第一人称还是第三人称，都可以把他们的故事作为场面讲述给我们，也可以作为概述讲述给我们。

"叙述者"或"叙事者"，是作者所设定的讲故事的"托管人"，比

如某个角色。"观察者"则是作者在文本里面的另一种代理人。有的时候，这个叙述者也履行"观察者"的文本功能。还有的时候，作者会在某一场景中启用文中（剧中）的其他某角色做"观察者"，让这个家伙来描述其所感受到的场面，传达给读者。通过这些设定性装置，作者在文本的幕后，时而通过其在文本里面的代理人，向我们展示场面，时而则提供概述。你意识到了吗？

比如，想想《红楼梦》，你能举出"场面"与"概述"的例子吗？在你举的例子里面，"叙述者"和"观察者"是谁？……

评论 / Commentary

那些既展示又讲述的叙述者，不仅依赖用场面和概述来直接叙述，而且还依赖评论……评论当然能够涉及人类经验的任何方面，而且它能以无数的方式与主要事件联系起来。

就是说，在"场面"、"概述"之外，叙述者和观察者在有的时候还承担了"评论"这个任务。也有的时候，藏在幕后的作者为了评论的效果和需要，也会专门启用某角色充当"评论者"。举一个中国传统旧小说的例子。中国旧小说里面管用的"说书人"，往往身兼场面、概述、评论的多重使命。从《蒋兴哥重会珍珠衫》（见于明代冯梦龙编纂的《喻世明言》/《古今小说》）的开篇即可看到非常典型的说书人进行评论的模式：

> "仕至千钟非贵，年过七十常稀，浮名身后有谁知？万事空花游戏。
>
> 休逞少年狂荡，莫贪花酒便宜。脱离烦恼是和非，随分安闲得

意。"

这首词名为《西江月》，是劝人安分守己，随缘作乐，莫为酒、色、财、气四字，损却精神，亏了行止。求快活时非快活，得便宜处失便宜。

说起那四字中，总到不得那"色"字利害。眼是情媒，心为欲种。起手时，牵肠挂肚；过后去，丧魄销魂。假如墙花路柳，偶然适兴，无损于事；若是生心设计，败俗伤风，只图自己一时欢乐，却不顾他人的百年恩义，假如你有娇妻爱妾，别人调戏上了，你心下如何？古人有四句道得好——人心或可昧，天道不差移。我不淫人妇，人不淫我妻。——看官，则今日我说《珍珠衫》这套词话，可见果报不爽，好教少年子弟做个榜样。

你看，诚如布斯所言，"评论当然能够涉及人类经验的任何方面，而且它能以无数的方式与主要事件联系起来。"——这里的评论通过涉及道德劝诫即放纵色欲会为命运招致不测和报应，从而与主要事件，即蒋兴哥重会珍珠衫的故事主体、主题，联系起来。

自我意识到的叙述者 / Self-conscious narrators

有的，能意识到自己是作家。(《汤姆·琼斯》、《麦田里的守望者》)

有的则很少讨论、甚至不讨论写作的问题。(《哈克贝利·费恩历险记》)

还有一种是那些似乎意识不到他们正在写作、思考、讲述的叙述者和观察者。(加缪《局外人》)

那就以布斯提到的，英国十八世纪小说的典范之一《汤姆·琼斯》为例。该小说的作者菲尔丁有时候会在小说叙事里面，直接以作者身份

介入并插话，就像这样："这一幕我相信有些读者会感到够长了，这时突然插进一个性质不大相同的场面，我们还是留待下一章再讲吧。"（转引自英国小说研究名著，伊恩·P. 瓦特《小说的兴起：笛福、理查逊、菲尔丁研究》（高原、董红钧译），生活·读书·新知三联书店1992，319）。这样的叙述者设定，与前面刚说过的中国传统小说里面"说书人"叙述者的设定和功能，真的有些形似之处了。

再看看塞林格的经典，《麦田里的守望者》（The Catcher in the Rye）英文版的开头：

> If you really want to hear about it, the first thing you'll probably want to know is where I was born, an what my lousy childhood was like, and how my parents were occupied and all before they had me, and all that David Copperfield kind of crap, but I don't feel like going into it, if you want to know the truth.

——这俨然是一个神气活现，自我存在感极其强烈的（青春期）"作者"的口吻哟，并且意识到自己这份儿"自传"性质写作，是"不屑于"与狄更斯的《大卫·科波菲尔》模式为伍的。当然，真正的作者，是退居幕后（到极点）的塞林格。塞林格借助霍顿这样一个叙述者（"能意识到自己是作家"）的口吻设定，讲述出了比霍顿自己能明确意识到的复杂性还要复杂、深刻的故事。而塞林格如此来设定霍顿，自有其复杂、深刻的理由，收到了富于洞察力的语言效果。

（当然，狄更斯笔下《大卫·科波菲尔》里面的大卫·科波菲尔和《远大前程》里面的皮普，也是"能意识到自己是作家"的叙述者。

狄更斯如此来设定科波菲尔，自有其复杂、深刻的理由，同样收到了富于洞察力的语言效果，其成功亦无法复制。对于狄更斯叙事特色的精微之处，这本书中前面已经翻译并展示了大师罗伯特·奥尔特的文本细读范例——《在阅读中体会狄更斯的风格》。而且前面也提到过，巴赫金大神在分析"小说的话语"时，对狄更斯小说语言进行了大量的细读分析。）

同样地，王朔《动物凶猛》里面的"我"，也是一个"能意识到自己是作家"的叙述者，讲述和思考的也是一个关于自我"成长"的故事，请看该小说的一段：

> 我像一个有洁癖的女人情不自禁地把一切擦得锃亮。当我依赖小说这种形式想说真话时，我便犯了一个根本性的错误：我想说真话的愿望有多强烈，我所受到文字干扰便有多大。我悲哀地发现，从技术上我就无法还原真实。我所使用的每一个词语含义都超过我想表述的具体感受，即便是最准确的一个形容词，在为我所用时也保留了它对其它事物的含义，就像一个帽子，就算是按照你头的尺寸订制的，也总在你头上留下微小的缝隙。这些缝隙积累积起来，便产生了一个巨大的空间，把我和事实本身远远隔开，自成一家天地。我从来没见过像文字这么喜爱自我表现和撒谎成性的东西！

还需要注意的是："能意识到自己是作家"的"自我意识到的叙述者"，不一定非得是采用第一人称的主角自传式设定，（即设定为让主角自己来写作自己的故事，如《麦田里的守望者》《大卫·科波菲尔》《远大前程》《动物凶猛》等，当然我们知道，"马小军"不是王朔，皮普也不是狄更斯），也可以是"非当事人"的"隐含作者"（不过多解释布

斯发明的这一概念了）来讲故事，如同前面举例的，《汤姆·琼斯》的叙述者，就不与故事里面的角色重合。再以狄更斯为例。狄更斯写过三部以沦落到社会下层的儿童为主角的成长小说：《大卫·科波菲尔》、《远大前程》，和《雾都孤儿》。《雾都孤儿》的叙述者不是设定为自述，而是类似于《汤姆·琼斯》式的"围观"性讲述。

那么，再来看看布斯所说的，那种"很少讨论、甚至不讨论写作的问题"的"自我意识到的叙述者"的叙事会是咋样呢？——既然布斯说了，马克·吐温的《哈克贝利·费恩》是属于此类。

那我们就看看《哈克贝利·费恩》，比如它的开头：

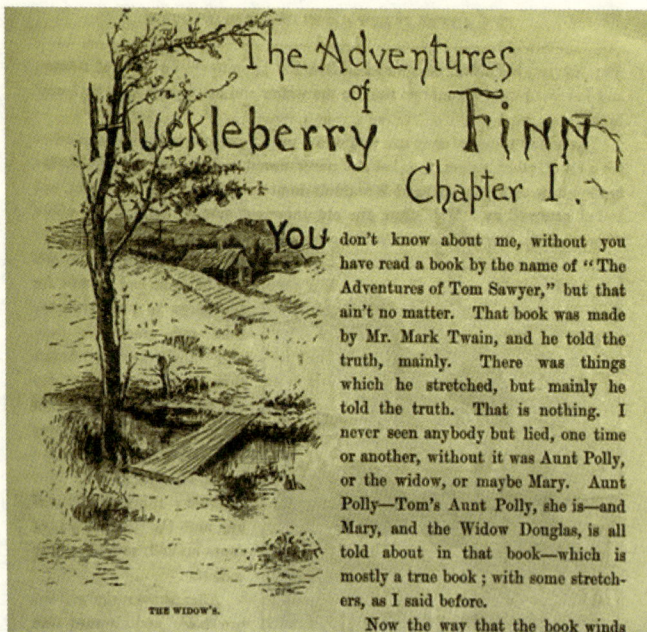

The Adventures of Huckleberry Finn
Chapter I.

YOU don't know about me, without you have read a book by the name of "The Adventures of Tom Sawyer," but that ain't no matter. That book was made by Mr. Mark Twain, and he told the truth, mainly. There was things which he stretched, but mainly he told the truth. That is nothing. I never seen anybody but lied, one time or another, without it was Aunt Polly, or the widow, or maybe Mary. Aunt Polly—Tom's Aunt Polly, she is—and Mary, and the Widow Douglas, is all told about in that book—which is mostly a true book; with some stretch-ers, as I said before.

Now the way that the book winds

THE WIDOW'S.

你看，叙述者是主角费恩，那个满嘴语法错误、半文盲而天真、率直、机智的费恩。他明明白白地说了，作者是"马克·吐温先生"。

也就是说，作者马克·吐温让他小说里的青少年主角费恩口无遮拦、童言无忌地"口述"他自己的故事，但是这位青少年讲述者则在第一段就明说了，作者是马克·吐温，并且说这位作者先生写下来的和费恩他自己讲出来的并不太一样，只能算是"基本上讲出了实情吧"。这样的设定，为啥特适合这本书？——大家可以自己想一想。

再看布斯说的另外一种——"还有一种是那些似乎意识不到他们正在写作、思考、讲述的叙述者和观察者。（加缪《局外人》)"。——好了，我觉得我不必每一个都讲。你们可以自己看看加缪的《局外人》，体会一下。

距离的变化 / Variations of distance

在阅读过程中，总存在着作家、叙述者、其他人物以及读者之间的隐含对话。四者中的任何一者，与其他任何一者的关系，从认同到完全的反对都可能出现，而且可能在道德的、智力的、关系的、甚至肉体的层面上发生。

1. 叙述者或多或少可能与隐含作家有距离。距离可能是道德的（《大伟人江奈生·华尔德传》中的叙述者与菲尔丁)。它也可能是智识的（马克·吐温与哈克贝利·费恩)。也可能是肉体的或时间的。

2. 叙述者也可能与他讲的故事中的人物多少有些距离。他们的不同可能是时间的，道德与智力上的，道德与感情上的。

3. 叙述者可能或多或少与读者的观念有距离。例如，肉体与感情上（卡夫卡的《变形记》)，道德与感情上。

4. 隐含作家可能或多或少与读者有距离。

——这是不是精密到了让你觉得"虐"的地步？但对于真正需要切入文本分析时，或者掩卷深思，想说明白那奇特的效果是怎样炼成的

时候，就会发现这些分类探测方式还是很好使的。

我就不一一赘述了，这里只想"本土化"一些，从本土资源里面寻找例子，让你一下子就觉得飞了起来。

比如就拿鲁迅的《孔乙己》开头几段就可以，一看便知：

> 鲁镇的酒店的格局，是和别处不同的：都是当街一个曲尺形的大柜台，柜里面预备着热水，可以随时温酒。做工的人，傍午傍晚散了工，每每花四文铜钱，买一碗酒，——这是二十多年前的事，现在每碗要涨到十文，——靠柜外站着，热热的喝了休息；倘肯多花一文，便可以买一碟盐煮笋，或者茴香豆，做下酒物了，如果出到十几文，那就能买一样荤菜，但这些顾客，多是短衣帮，大抵没有这样阔绰。只有穿长衫的，才踱进店面隔壁的房子里，要酒要菜，慢慢地坐喝。

> 我从十二岁起，便在镇口的咸亨酒店里当伙计，掌柜说，我样子太傻，怕侍候不了长衫主顾，就在外面做点事罢。外面的短衣主顾，虽然容易说话，但唠唠叨叨缠夹不清的也很不少。他们往往要亲眼看着黄酒从坛子里舀出，看过壶子底里有水没有，又亲看将壶子放在热水里，然后放心：在这严重监督下，羼水也很为难。所以过了几天，掌柜又说我干不了这事。幸亏荐头的情面大，辞退不得，便改为专管温酒的一种无聊职务了。

> 我从此便整天的站在柜台里，专管我的职务。虽然没有什么失职，但总觉得有些单调，有些无聊。掌柜是一副凶脸孔，主顾也没有好声气，教人活泼不得；只有孔乙己到店，才可以笑几声，所以至今还记得。

鲁迅这篇小说里面的叙述者"我"，是个"不觉悟"的群众，他与隐含作者鲁迅之间的距离直接造成了故事讲述里面的张力，邀请读者去

发挥主体思考，进行判断。（"1. 叙述者或多或少可能与隐含作家有距离。"）再想想鲁迅先生的《伤逝》里面写"手记"的叙述者涓生，在娓娓道来的细微之处，与隐含作者鲁迅先生又会有多么大的距离！隐含作者在看不见的地方，审视着悔恨但又寻求自我解脱的那位涓生的灵魂。

而这个咸亨酒店小伙计作为"孔乙己"故事的叙述者，与"君子固穷"的知识分子孔乙己的距离也是蛮大的。这样也是直接造成了故事讲述里面的张力，邀请读者去发挥主体思考，进行判断。（"2. 叙述者也可能与他讲的故事中的人物多少有些距离。"）

再拿《狂人日记》来说。其白话文部分的日记主体的叙述者，"狂人"，正是因为"狂"得与读者的观念有明显的距离，读者才会震撼，才会去思考为什么，才会受到启迪！（"3. 叙述者可能或多或少与读者的观念有距离。"）

> 凡事总须研究，才会明白。古来时常吃人，我也还记得，可是不甚清楚。我翻开历史一查，这历史没有年代，歪歪斜斜的每叶上都写着"仁义道德"几个字。我横竖睡不着，仔细看了半夜，才从字缝里看出字来，满本都写着两个字是"吃人"！

再稍微说一下"4. 隐含作家可能或多或少与读者有距离。"——如果鲁迅不是比五四时期的读者更深刻，有这样一个距离差，如何启蒙读者们？成年的童话作家写童话给儿童看的时候，中间必然相隔着不露声色的距离。任何"惊世骇俗"的作品的惊世骇俗，前提必然是与读者有距离。反面的惊世骇俗也是一样，比如欧洲曾经臭名昭著的色情虐待小说家萨德侯爵就与我们"正常"读者的观念，有很大的距离。

对实用的批评来讲，这些距离中最重要的大概是不可靠的叙述者与隐含作家之间的距离。这个隐含作家同读者一起对叙述者做出判断。如果叙述者被发现是不可信赖的，那么，他所展现的作品的全部效果就会改变。

可靠的叙述者和不可靠的叙述者

当叙述者所说所作与作家的观念（也就是隐含作家的旨意）一致的时候，我称他为可靠的叙述者，如果不一致，则称之为不可靠的叙述者。（举例：像《哈克贝利·费恩》的叙事者，宣称他生而邪恶，但作家在他背后却无言地赞扬他的美德。）

你可以把"不可靠的叙述者"理解为"不靠谱的叙述者"。——在日常生活中碰到不靠谱的叙述者咋办？听众就得自个儿多长点儿心眼儿呗。——在文学中碰到不可靠的叙述者，则往往是由于（隐含）作者的精心编排所致。也就是说，是作者故意让叙述者"不靠谱"，让读者"多操点儿心"的，于是，操心的回报，可能是独立判断，可能是深入思考，总之读者的主动性得到了锻炼。

最后举一个鲁迅《狂人日记》的例子。

号称现代白话文小说第一篇的《狂人日记》，是一个"文本嵌套"结构，白话文的日记主体，被嵌套在第一段的文言小序里面。——白话文部分的叙述者"我"是"狂人"，文言文小序的叙述者"余"则俨然是四平八稳的腐朽旧官僚。在时序上，白话文日记里面的"发狂"为先，文言小序里面的"治愈"反而是在后。——从叙述者上看，他俩俨然是互为不可靠的叙述者。（读者自然会想，我该信赖哪位呢？还是该自个儿拿主意呢？）而伟大的鲁迅先生，则俨然深居幕后，用这些精妙的叙

事手段来锻炼、启迪读者：

> 某君昆仲，今隐其名，皆余昔日在中学时良友；分隔多年，消息渐阙。日前偶闻其一大病；适归故乡，迂道往访，则仅晤一人，言病者其弟也。劳君远道来视，然已早愈，赴某地　候补矣。因大笑，出示日记二册，谓可见当日病状，不妨献诸旧友。持归阅一过，知所患盖"迫害狂"之类。语颇错杂无伦次，又多荒唐之言；亦不著月日，惟墨色字体不一，知非　一时所书。间亦有略具联络者，今撮录一篇，以供医家研究。记中语误，一字不易；惟人名虽皆村人，不为世间所知，无关大体，然亦悉易去。至于书名，则本人愈后所题，不复改也。七年四月二日识。

> 一

> 今天晚上，很好的月光。

> 我不见他，已是三十多年；今天见了，精神分外爽快。才知道以前的三十多年，全是发昏；然而须十分小心。不然，那赵家的狗，何以看我两眼呢？

> 我怕得有理。

读者诸君，加油呀！解读就是发挥主体性的正经事业。通过解读文本、打开文学，才不会让鲁迅先生和我失望。

3.7　课后甜点：从今以后少往"坑"里跳

回顾一下这本书在最开头说过了些啥：

> 设想一下，如果只是确认或想象自己被文学作品感动了，却不

会打开之，无能力去解读之，那将会是个什么状况？……那将会是这样的一段对话：

你："天哪，这小说写得太好了，太让我感动了，你们也都去看看吧！"

别人："是嘛，写得怎么好？"

你："就是好，我也说不出来，就是 really（真的）good, really really good, really really really good, really really really……"

别人："感动你的是哪儿？"

你："就是被感动了，我也说不出来是哪儿，太感动了！我 really 被感动了，really really really really……"

你，肯定也不想这样，或者说，早已厌倦了这样的没有存在感的被动尴尬了吧？——千百遍的"really"，也比不上一句话言传出"how"（怎样好）和"why"（为什么好）的问题，更给你带来成就感的干货。而且，在别人的眼里，也不是你的情迷"意会"，而是你的清晰"言传"，印证了你的思维素养和深度。

你的感动，需要"言说"。你的"言说"，就是你的"解读"，就是你对文学的"打开"。

别人根据你的"解读"，来鉴定你的思考深度、感受程度，和人文素养。

所以在这本书的解读路数里，我们不是来乱感动的。我们是来分析，"为什么"，我们就被感动了，以及我们是"怎样"被感动的。

这一讲里面讲了关于叙事的那么多精微深远的设定、结构、功能，都是伺候你去"解读"、"打开"叙事性文学 / 文化的要紧之处，看看你是"为什么"被感动了以及"怎样"被感动的。

至此，我所承诺的"三讲"已经讲完。（参见"0.3 三个系列讲座

帮你初步打开文学"。）它们分别是：

1. 第一讲 解读啥？ ——符号，或"老天创造了人，人创造了符号"

2. 第二讲 如何走起？ ——文本细读

3. 第三讲 聚焦于解读叙事——"我们为什么非要故事不可？"

通过这"三讲"，我觉得自己兑现了在《打开文学的方式》这本书一开头所作出的承诺——要教给你对"为什么"（why）和"怎样"（how）这两者的分析，打开我们所遭遇的感动，看看它到底是怎么回事儿。

你们是能看懂这本书的。而对于作者我本人的儿子而言，还不够看这本书的年龄，虽然他经常看到我在他妈妈的梳妆台上伏案疾书。（是的，华北之大，是安放不下两张安静的书桌的——安静的书桌给我儿子了。）——确切地讲，他看到的是我"伏梳妆台 - 慢敲 -Surface Pro 3键盘"。是的，我敲得很慢。——虽然没有慢到张衡写《二京赋》"精思傅会、十年乃成"或左思写《三都赋》构思十年的节奏，但在备课、家务、科研、教学、家事、烦扰、生计、人事、走神之外，也时断时续地写了两年。

（为啥他不能像你一样看这本书，难道是"十八禁"么？——不是的。我这就来说一说。现在是二零一六年九月三十日下午，我刚刚把儿子从小学接了回来——明天是国庆节，所以今天小学也想省事儿，上午开"运动会"，中午吃完饭就放人了。他得到我的允许，打开电视和歌华有线顶盒，点播电影看，看一个俄罗斯电影叫《穿越火线》，使得我得以继续"伏梳妆台慢敲"出后面的话，关于符号化生存、栖居的"坑"，

以及学会"解读"作为"解药"的重要性。)

人是"符号动物",这是人与其他动物的本质区别之一。人形"幼兽"个体,以在两岁左右粗通语言听说和交流为临界点,得以飞跃为开始尝试表达意义的幼小人类学徒,继续一步步"粗通文墨",直至够格成为具备复杂符号交流能力的"衣冠"中人。这是人类个体进化发展的自然规律,在此路途上一路进化下去,即是不可避免地陷入我所说的"文化符号之网"或文化这件看不见的"珍珠衫"的全过程。

但这件"珍珠衫",一旦穿上,就脱不下来了。所以前面也说了:

> 卢梭说:"人生而自由,但无时无刻不在枷锁中"。这个"枷锁",如同猪八戒的"珍珠衫",孙悟空的"紧箍咒",其实可以被理解为两层意思。其一是那些由国家机器做后盾的有形的社会限制,和网络监控、媒体审查等。其二则可以引申为无形的不间断地不知不觉地塑造着你的言语行为的"话语之网",小者如教你瘦身、时尚消费的商业广告,大者如指导你"三观"的集团、身份、性别,乃至国家政权的"意识形态"。这后者的威力,更是天网恢恢疏而不漏。你想:《祝福》里的祥林嫂,不是被具体某个有形的枷锁所害死,而主要是被精神上的无形枷锁摧残致死。在鲁迅先生的短篇小说里面,充满了所谓"近乎无事的悲剧"。为了反抗封建文化的"天罗地网",鲁迅等新文化运动的奠基者,也编织出"启蒙"、"革命"、"救亡"等新的文化构想。可见,文学文化领域是一个战场,不同的文化"编码",相互厮杀,都在争着去占据我们心灵里面的一个个节点。

在某种程度上,我们一生都是"图样图森破"地生活在符号表意之网中无法自拔,只是程度不同,五十步笑百步而已,如同"朝三暮四"这个典故里面的猴子一般。

故事是这样的：宋国有一个养猴子的家伙，因为大家的食物不够吃了，他就要让猴子们少吃，但又怕猴子们不干，就在"听证"环节搞出了语言表述上的"连环计"。他先对猴子们说："诸位以后呢，早上吃三颗橡实晚上吃四颗，够吗？"猴子们果然都火了，觉得缩减得太无理了。于是这个养猴子的人类精明家伙按照原计划换了口风："好好好有道理！那么以后早上吃四个——早上四个！晚上三个，够了吧？"猴子们果然都非常高兴了，就和谐了。（为节省篇幅，就不赘述原文了。典故出自《列子》。）

你看，那个养猴子的家伙只不过在说法上变化了些，其实对猴子们的实际待遇没有任何改善，不过从早上给吃三个栗子晚上给吃四个，变成早上吃四个晚上吃三个，但猴子们已经鼓起掌来了。看到了么？——凭借说辞本身，不用做什么别的，就能够取得截然不同的受众效果，这不是很神奇？故事的结尾还来了这么一句："圣人以智笼群愚，亦犹狙公之以智笼众狙也。名实不亏，使其喜怒哉！"——圣人用智力来把一群"傻缺"老百姓给关到语言的笼子里面，就如同养猴子的那个机智的人类家伙用智力把猴子们给关到语言的笼子里面。圣人或者养猴子人的里子和面子都不会吃亏，可是却能够做到让一帮"傻缺"老百姓或者"傻缺"猴子们高兴或者发怒。）……这真的很无语，难道不是吗？

所以，你看，不论是从机智的养猴子家伙／"圣人"角度来看，还是从猴子／"傻缺"的角度来看，研究研究言辞符号里面的奥秘——解读问题——不是很有用么？——这关系到是否能够知道自己到底是站在笼子的里面还是外面。

解读新闻、解读别人话里有话微妙之意所需要的解读能力，与解读诗歌、小说的那种解读能力是一种能力。一个人如果缺乏这个能力，就约等于"图样图森破"。这意味着：

一、自己就是易轻信，易被骗的"不明真相"的群众之一，如同"朝三暮四"这个典故原典里面的猴子一般。——是的，谈恋爱，不能"图样图森破"，参加社团、融入大学生活、当班干，乃至于以后找工作、混职场，均不能"图样图森破"。不能当了"图样图森破"的傻子而不自知。

二、有眼无珠。也发现不了真的好东西。分辨不出真正有内涵、用心良苦、和美妙的表述。也就是说，没有独立的判断力，只能在别人说好之后，跟着去读。如果别人说坏，也只好跟着说坏。但我们知道，很多我们现在认为是经典的东西，在当时，被人们认为是狗屎，而狗屎，却在当时被奉为圭臬……

我儿子年纪小，就如同当年的我，纯粹往坑里跳哇！

他年纪小，需要这样一个过程来"内化"符号之网的各种设定，也就是说"入坑"也是一种学习。

你则不必。因为该"出坑"了。

这本书，限于篇幅要求，暂且在这里结束一下吧。（所以期待续集。）

I0382-1-2

ISBN 978-7-5615-6360-1

扫码了解更多

定价:49.00元